PUBLICATIONS DE LA SOCIÉTÉ HISTORIQUE DU VEXIN

CARTULAIRE

DE

L'ABBAYE DE SAINT-MARTIN

DE

PONTOISE

PUBLIÉ D'APRÈS LES DOCUMENTS INÉDITS

Par J. DEPOIN

Secrétaire général de la Société Historique du Vexin
Administrateur de la Société Historique de Corbeil
Membre de la Commission des Antiquités et des Arts de Seine-et-Oise
Officier d'Académie

QUATRIÈME FASCICULE

PONTOISE

Aux bureaux de la Société Historique

1904

CARTULAIRE

DE

L'ABBAYE DE SAINT-MARTIN

DE

PONTOISE

MONTDIDIER. — IMPRIMERIE J. BELLIN

PUBLICATIONS DE LA SOCIÉTÉ HISTORIQUE DU VEXIN

CARTULAIRE

DE

L'ABBAYE DE SAINT-MARTIN

DE

PONTOISE

PUBLIÉ D'APRÈS LES DOCUMENTS INÉDITS

Par J. DEPOIN

Secrétaire général de la Société Historique du Vexin
Administrateur de la Société Historique de Corbeil
Membre de la Commission des Antiquités et des Arts de Seine-et-Oise
Officier de l'Instruction publique

CINQUIÈME FASCICULE

SUITE ET FIN DES APPENDICES GÉNÉALOGIQUES
RECTIFICATIONS ET CORRECTIONS

PONTOISE
SOCIÉTÉ HISTORIQUE DU VEXIN
52, RUE BASSE

1909

III. Vicomtes de MANTES

Mantes n'était pas primitivement compris dans le Vexin : ce fut occasionnellement, sans doute comme apanage de Ledgarde, fille d'Herbert II de Vermandois et épouse successive de Raoul I de Valois, de Guillaume Longue-Epée, de Thibaut le Tricheur et de Galeran, que le *château de Mantes* se trouvait en 1006 au nombre des vastes et multiples domaines de Gautier II le Blanc, comte de Valois, d'Amiens et de Pontoise. La première pièce qui constate cette réunion est une notice ainsi conçue :

> Anno Demini millesimo sexto, et indictione quarta, in Christi nomine ego GUALTERIUS comes, qui inter cætera bona *castrum quod Medunta dictum* tenere videor, notum esse volumus cunctis Dei Ecclesiæ curam gerentibus t. p. q. f. qualiter monachis de cœnobio *Gemmeticensis* et Sancti Vuandregisili tributum de navibus suis apud supradictum castrum condonavimus, tam propter optimum quemdam librum quem nobis dederunt, tam et maxime pro animæ meæ remedio ; cujus rei notitiam nostro jussu in hac cartulari membrana descriptam manu propria firmavimus (394).

A cette époque, les vicomtes de Mantes étaient donc les lieutenants du comte Gautier II. Il est assez probable qu'il les prit dans la famille des vicomtes d'Amiens : or, au temps de son père Gautier I, en 987, la vicomté d'Amiens avait pour titulaires *Roricon* et *Sansgalon* (Sagalon ou Sanson), fils de *Robert* (395). Nous allons retrouver précisément à Mantes un *Robert* et un *Sanson* occupant successivement la même charge sous Gautier II et Dreux son fils.

Le premier vicomte de Mantes qui nous soit connu porte le nom de *Robert*. Il figure avec Girbert, abbé de St-Père, le chambrier Audoin et son fils Hugues, et divers autres personnages, dans une charte inédite de l'abbaye de Fécamp qui a échappé aux historiens de Rosny et du Mantais. Un riche seigneur de la contrée, nommé Ouigrin, et sa femme Aélis, en offrant un de leurs fils à cette abbaye, lui donnent la moitié de la terre de Boissy (Mauvoisin) et deux pêcheries près de Rosny-sur-Seine (396).

(394) Copie. Recueil de Vyon d'Hérouval : Coll. Levrier, III, 21. — Dreux, comte d'Amiens et de Pontoise « superni Regis nutu », confirma cette exemption accordée par son père (Id., 22). — La comtesse Ledgarde (que le Martyrologe de N.-D. de Mantes qualifie « LEGARDIS comitissa de *Medenta* et *Meulenco*) fit le 4 février 978 donation à cette église, pour fonder son anniversaire, des villages d'Arronville, Mantes-la-Ville, Limay, Hadencourt, Issou et de la terre d'Antreville avec les églises et les dîmes. (Arch. de la Seine-Inf. G 1857). Elle donna vers le même temps « aux habitants de Mantes l'*île Champion* pour leur commodité et plaisir ». (Chrestien, *Chron. de Mantes*, éd. Grave, p. 74). — On ne sait où Chrestien a pris qu'après la mort de Ledgarde, Mantes fit retour au roi Robert.

(395) Le fils de Sansgalon, *Gui*, nommé dans une charte de St-Père, relative au Mantais, est, croyons-nous, l'ancêtre de la maison de Milly, où prédominent les noms de *Sagalon* et de *Robert*. — Cf. l'*Histoire des familles palatines* (en préparation) : *Comtes et Vicomtes d'Amiens.*

(396) Voir Pièce justificative n° I.

Cet acte, par un concours assez rare de synchronismes, peut être daté avec précision. La fondation de la Trinité de Fécamp est de l'an 1001 ; Girbert, abbé de St-Père, mourut, d'après Guérard, en 1002 (397).

Il est fort possible que *Robert* soit le personnage auquel la chronique de St-Nicaise a attribué abusivement le titre de comte de Meulan. D'après elle et l'*Art de vérifier les Dates*, ce Robert aurait fait bâtir le petit pont de Meulan pour accéder à l'île où le corps de St Nicaise aurait été déposé dans un oratoire par un de ses prédécesseurs (Cf. note 309 *supra*). Il aurait élevé les premiers remparts de Meulan pour remplacer l'ancien fort situé du côté de Nonciennes, entre Meulan et Vaux. Ce château neuf situé dans l'île, aurait été la résidence des comtes jusqu'à Robert de Beaumont, qui en fit édifier un autre au sommet de la colline de St-Nicolas (398).

Le second vicomte de Mantes dont nous ayons relevé le nom est *Sanson*.

Il est cité avec son titre (Sanso *vicecomes* de Medanta) dans une charte relatant la renonciation de Hugues, vicomte du Vexin, à des droits perçus en vertu de son office sur trois terres de St-Père de Chartres, Drocourt, Chaudry et St-Cyr-en-Artie. Hugues abandonne ces droits sur l'ordre de son seigneur, le comte Dreux. Le Cartulaire de St-Père enregistre une cession du même Dreux (Droco *comes* Ambianensium), à l'abbé Arnoul, de ses droits souverains sur les terres précitées. Dans cet acte, après les souscriptions du comte et de sa famille, vient celle de Sanson : « S. Sansonis » (399).

(397) Plus tard, Ouigrin se fit aussi moine à Fécamp, et donna à son monastère la dîme de Blaru, du consentement d'Aélis et de leurs autres fils, Hubert et Guérin. Hubert est très certainement le chevalier vexinois, mari d'Aigue et vassal des comtes Eudes de Chartres et Gautier d'Amiens, auquel l'abbé Girbert consentit, le 29 septembre 986, la main ferme d'une portion du domaine de Genainville.

Cet Hubert eut pour fils un autre Hubert, chevalier du château de Mantes, dont la veuve Adèle rendit en 1066, — plus de vingt ans après la mort de son mari, — ce domaine à l'abbé de St-Père (Guérard, *Cart. de St-Père*, pp. 169 et 185).

(398) Cette même chronique suppose que deux *Robert* se succédèrent et fait épouser au second une *Alix de Vexin*, fille de Gautier le Blanc. Nous avons vu que *Hugues I de Meulan* épousa la sœur de Gautier le Blanc et en eut deux des enfants que la Chronique de St-Nicaise attribue à Robert II : Hugues Chef d'Ourse et Galeran. Toutefois, il n'y a rien d'impossible à ce qu'une *Aélis* ou *Alix*, fille de Gautier I et d'Ève, ait épousé successivement Hugues de Meulan et Robert de Mantes. (Cf. Levrier, t. XI, pr. 80).

(399) Guérard, *Cartul. de St-Père*, pp. 173 et 175.

La charte du comte Dreux se place entre 1023 et 1033, dates extrêmes du magistère d'Arnoul.

M. Pfister (*Etudes sur le règne de Robert*, p. 212), dénie toute exactitude à la chronologie de Guérard, et s'appuyant sur la *Gallia*, propose de ramener à 1011 la date de la mort d'Arnoul. L'acte que nous citons et où figurent à la fois Arnoul et Dreux, s'oppose à cette conclusion. En effet, Dreux succéda à Gautier II, et celui-ci était encore comte de Vexin et d'Amiens le 9 juin 1017. (Voir plus haut, p. 307 et *Histor. de France*, X, 599). Arnoul n'est donc pas mort en 1011, puisque son administration fut contemporaine du gouvernement de Dreux.

On sait que Dreux entreprit en 1035, avec Robert-le-Diable, son suzerain pour le Vexin normand, un pèlerinage en Terre-Sainte, au cours duquel ils succombèrent tous deux. Ils ne laissaient l'un et l'autre que des enfants en bas âge. La veuve de Dreux, Edithe, princesse anglaise, emmena outre-mer ses deux fils, Raoul et Gautier, nommés avec elle dans la charte que nous venons de citer (400).

Henri Ier profita de ces circonstances favorables pour reprendre possession du Vexin et aussi du Mantais. Une charte du vicomte *Hellouin II*, renonçant à ses réclamations sur les terres de Chaussy et de Bernay, données à St-Père par son aïeul Hellouin I, est datée : « regnante HENRICO rege » (300).

Hellouin II était fils du vicomte de Meulan Hugues I. Nous pensons que Henri Ier lui donna la vicomté de Mantes (Hugues II Chef-d'Ourse étant mort sans enfants), tandis que Galeran, leur frère aîné, conservait Meulan avec le titre de comte.

Au commencement du règne de Philippe Ier, le Vexin (sauf Pontoise resté à la couronne de France) et le Mantais se retrouvent, avec les comtés d'Amiens et de Valois, aux mains de Simon de Crépy, fils de Raoul III et petit-neveu du comte Dreux. Simon en avait hérité à la mort de Gautier III, fils de Dreux, rentré, avant 1055, en possession de l'héritage de son père (401).

Ce changement politique eut pour contre-coup l'avènement d'une nouvelle famille de vicomtes. *Amauri Deliés* et *Raoul Mauvoisin*, dont nous avons parlé dans le premier appendice, se succédèrent sous Gautier III et Simon (402).

Lorsque Philippe Ier rentra en possession du Mantais, Simon s'étant fait moine à St-Claude, on voit entrer en scène un *Hugues Estavel*, cité comme un des chevaliers les plus considérables du Mantais, de 1066 à 1087. Il avait épousé *Helvise*, fille d'Anscher, gendre de Hubert de Rosny (403). Il en eut un fils, *Anscher II*, cité avec lui dans un acte du comte Simon (404). Or, une donation de la fin du XIe siècle, faite par Guerri Mauvoisin à St-Gilles de Mantes (35) est souscrite par

---

(400) Raoul est connu dans les chroniques de la Grande-Bretagne sous le nom de Raoul de Mantes ; il se maria en Angleterre et mourut jeune. Gautier III reprit plus tard possession du Vexin et disputa le Maine à Guillaume le Conquérant. On accusa ce dernier d'avoir fait empoisonner Gautier et sa femme Biote en 1065.

(401) *Cartul. de St-Père*, pp. 199, 625.

(402) Comme on voit reparaître chez les Mauvoisin le nom de *Sanson* attribué, comme prénom de clergie, à un petit-fils du vicomte Raoul, il est permis de supposer qu'*Ere*, sa femme, était fille du vicomte Sanson. Ere eut d'un premier mariage un fils appelé *Thibaut*, peut-être aïeul de *Thibaut I de Mandétour*, dont le fils aîné fut *Robert de Bouconvilliers*. Les Mandétour se retrouvent fréquemment en contact avec les familles Deliés, Mauvoisin, les vicomtes de Meulan et de Mantes.

(403) *Cartul. de St-Père*, p. 185.

Hugues Estavel se rattache apparemment à Hellouin II. Un petit-fils de celui-ci, HUGUES DE ROUEN, donna en 1093, à St-Martin, tout ce qu'il avait à Pontoise, *Emme*, sa femme, et *Robert*, son fils aîné, y consentant (Cartul. n°s XXX, XXXI). Une *Emme de Rouen* épousa un cadet de la maison de Beaumont le Roger, dont elle était veuve après 1139. (Arch. de l'Eure, G 122, fol. 37).

(404) Coll. Moreau, XLV, 172.

« Ascherius vicecomes et Hilduinus vicecomes ». Il est assez présumable que ces deux personnages étaient frères et se partagèrent la vicomté. Anscher fut le successeur de son père *Hugues III*, qualifié *vicomte* de Mantes (392) et qui avait lui-même remplacé Amauri Deliés lorsque celui-ci devint vicomte de Pontoise (13).

Hellouin III, vicomte de Mantes, est désigné par son titre (Hilduinus vicecomes de Meante) dans une notice du Cartulaire de St-Martin de Pontoise, relative à la voirie d'Hébécourt, et qu'on peut rapporter à 1080. Ce même texte fait mention de Guillaume, fils et successeur d'Hellouin III (Cartul. n° X).

Guillaume I nous est encore connu par un récit curieux du Cartulaire inédit de Saint-Wandrille ; on y raconte, sous l'année 1117, le pillage du village de Chaussy par Guillaume, l'enlèvement des bœufs, des chevaux et des autres biens meubles qu'y avaient les moines de Fontenelle. Le tout fut évalué à sept livres. Le vicomte, excommunié par les moines, consentit, pour être relevé de l'anathème, à leur engager pour six ans, ses droits de vicomté et de voirie (*vicecomitatum et viariam*), jusqu'au remboursement du montant du dommage. L'acte fut passé dans l'aître de Notre-Dame de Mantes, en présence de Raoul III Mauvoisin et de ses fils Sanson et Robert (405).

Il est question, dans cette notice, du consentement de *Hugues*, fils du vicomte Guillaume. Ce Hugues IV épousa plus tard *Basle* (*Basilia*), fille de Gautier Hait, vicomte de Meulan, et d'Ermengarde. Il succéda à son beau-père après le 28 décembre 1135 et, dès 1137, il réunit les deux vicomtés (406).

Hugues étant vicomte de Mantes, du consentement de sa femme et de ses trois fils Guillaume, Thévin et Galeran, autorisa les religieux de St-Nicaise à élever un pressoir à Mézy. L'acte de 1137, qui le qualifie vicomte de Meulan, nous fait connaître un de ses frères, *Gui*.

Hugues IV était encore vicomte de Mantes en 1165 (407).

En 1187, il était remplacé, comme vicomte de Mantes, par *Robert II*, en même temps que la vicomté de Meulan était occupée par *Amauri Hait*, qui se qualifie petit-fils de Gautier Hait. Amauri était bien un quatrième fils de Hugues : il vécut jusqu'en 1235, et dans un acte de 1224, il indique Robert comme son neveu. Robert II était donc petit-fils de Hugues IV par un de ses premiers enfants (probablement l'aîné, *Guillaume II*).

(405) Voir pièce justificative n° V.

(406) Cf. Cartul. de St-Nicaise de Meulan, ap. Levrier, *Coll. du Vexin*. XLIV, 52 (acte de 1133, par *Gualterius Hay, vicecomes Mellenti*). — Cartul. de Tiron, publ. par L. Merlet, I, 111, 217 (donation du 28 décembre 1135 par *Gauterius Hait, vicecomes de Mellan*, d'un gord à Mézy [et non Mées-en-Saonnais, comme l'a pensé l'éditeur], du consentement de ses filles, pour l'âme de son fils Thévin). — Pièce justificative n° VI, datée de 1137. — Cartul. de St-Nicaise. Bibl. nat. Mss. lat. 13888.

(407) A. N. K 24, n° 10⁵. — Il eut une sœur, vidamesse de Gerberoy, bienfaitrice du Bec (Eure, H 92, fol. 82).

Les moines de Jumièges obtinrent de Robert II l'autorisation de défricher 61 arpents du bois de Rainsoinde de Maudétour, veuve d'un Talbot (408).

En 1196, Robert, vicomte de Mantes, constate l'accord intervenu entre les habitants de cette ville et Gui IV de la Roche Guyon, pour régler les conditions de péage à la Roche (409).

IV. — VICOMTES DE MEULAN

Galeran I, comte de Meulan, avait, entre 1031 et 1033, un vicomte du nom de *Thévin* (Voir Pièce justificative n° IV). Nous avons indiqué plus haut (Appendice I, p. 247), ce vicomte *Thévin* frère d'Amauri (*Amelius*), comme fils de *Raoul Deliés I*, et par conséquent cousin de Dreux II, comte de Vexin, dans une charte duquel il figure.

Thévin, qualifié vicomte de Meulan, souscrit à la donation par le comte Gautier III, de l'église de Liancourt à Landri, abbé de St-Père (410).

Le vicomte Thévin (TEDUINUS *vicecomes*) fut avec le comte Gautier III, témoin d'une charte des comtes Eudes et Hugues (de Dammartin) pour St-Père de Chartres avant le 4 août 1060 (411).

En qualité de vicomte de Meulan, Thévin renonça aux coutumes injustes dont les tenanciers de l'abbaye de St-Père étaient frappés. *Gautier, prénommé Payen*, son fils et héritier, y consentit, en présence de Jehan, prévôt de Meulan, d'Eudes de Montmorency et du sénéchal Renaud (412).

Les libéralités faites par Thévin et ses descendants à une abbaye chartraine donnent lieu de croire que c'est à deux de ses fils que s'appliquent les mentions

---

(408) « Noverint universi quod ego ROBERTUS vicecomes *Meduuse* monachis *Gemmeticensibus* concessi ut extirpent et colant LX arpenta et unum de nemore RAINSENDIS DE MALDESTORT, et ADELMI TALEBOT et ODONIS filiorum suorum.... Actum apud *Chart* anno Incarnati Verbi M° C° LXXX VII°. Testibus GALTERO DE CORCELLIS tunc constabulario *Wilcassini* et THEOBALDO DE GISORS et pluribus aliis ». (Gr. Cartul. de Jumièges, fol. 11).

(409) Levrier, t. XIII, preuve 698.

Demay attribue à un *vicomte Amauri de Mantes* un sceau représentant un chevalier porteur d'un bouclier à umbon ; si l'acte porte la date de 1190, Amauri ne pouvait prendre d'autre titre que celui de *vicomte de Meulan* (Inventaire des sceaux de Normandie, n° 45 ; l'acte a trait au dou d'un pressoir à Mézy).

(410) « S. Teduini vicecomitis *Melienti* » (Guérard, p. 199 et 625). Il y a de cette donation deux variantes datées, dans les mêmes termes : « die dominica que dicitur Septuagesima, anno XXVIIII (ou XXIIII) regni Henrici regis [Francorum], super altare Sti Petri Gasiaci que prefati cœnobii cella est. » — La présence des souscriptions de *Garnier et Amauri de Pontoise*, de *Gautier de Poissy*, nommés en 1069, de *Dreux de Conflans*, dont le fils Girard vivait en 1098, donne lieu de préférer la date du 5 février 1061.

(411) *Cart. de St-Père*, p. 154.

(412) Id., p. 177. Cette charte indique comme témoin « Teduinus filius Viviani ». Ce Thévin, fils de Vivien, est donc certainement distinct du vicomte Thévin ; c'est un simple homonyme. Ceci suffit à démontrer le caractère absolument fantaisiste de la généalogie des vicomtes de Meulan, donnée par l'*Art de vérifier les dates* et par M. Emile Réaux dans son *Histoire de Mézy*, d'après la chronique de St Nicaise.

du nécrologe de la cathédrale de Chartres, relatives à *Thévin fils de Thévin* (7 février) et à *Robert fils de Thévin* (13 février). Ce dernier ayant été tué, sa mère *Odile* donna au chapitre, pour le repos de son âme, la terre de Cussey (413).

Il n'est pas impossible que le premier de ces personnages ait été le donateur de l'église de Morainvilliers, près Poissy, à l'abbaye du Bec (414).

Quant au second, il put être père d'un autre Thévin (TEDUINUS filius ROBERTI) témoin d'un acte de Gautier Payen, second vicomte de Meulan (374).

Thévin I avait cessé de vivre en 1072. A cette date, un diplôme en faveur de St-Germain des Prés présente, en tête des chevaliers, *Gautier vicomte de Meulan* (415).

Gautier I, vicomte, souscrit avec Guerri, vidame de Chartres, un acte du 3 mars 1082, portant abandon d'un droit de voirie sur une terre de St-Père de Chartres dépendant de Gohier d'Étampes (416).

A une date que nous ne pouvons établir avec précision, Gautier Payen (WAL-TERIUS *prænomine* PAGANUS, TEDUINI *filius et vicecomes castri Mellentis*), de concert avec *Rainsoinde*, sa femme, abandonna à St-Père (de Juziers) des droits de coutume sur la vigne du clerc Guérin et sur celle que Gautier Franc avait donnée au monastère à Mézy (*in territorio Maisiaci, villæ meæ*). Cet abandon fut fait à la prière du moine *Galeran*, prévôt du couvent de Juziers (417).

Rainsoinde étant morte quelque temps après, Gautier prit une seconde femme. Elle s'était d'abord appelée *Comtesse* ; à son baptême, elle reçut le nom de *Jourdaine* qu'on attribuait aux enfants purifiés avec l'eau du Jourdain (418).

Ces deux époux, en 1096, donnèrent du consentement de Bouchard IV de Montmorency, à la basilique de St-Martin des Champs, l'église de Montmartre avec l'autel, le cimetière, et une quantité de sol à l'entour suffisante pour l'installation des moines desservants (419). Ils y joignirent le tiers des dîmes et des

(413) Bibl. de Chartres, mss. 1034.

(414) « Donation faite à l'abbaye du Bec par TEDUIN, sa femme, et HUGUES leur fils, de l'église de St-Léger de Morainviller avec la 3ᵉ partie de la dixme de lad. paroisse. 1083. Cotté A ».
(Inventaire du Bec, Vᵉ. de Colbert, nᵒ 190, fol. 1179).

(415) Levrier, t. XI, preuve 174.

(416) Coll. Moreau, XXXIII, 149.

(417) Guérard, p. 173, 177, 187. Le moine Galeran fut témoin d'un acte du 12 mai 1069 (Id. p. 210).

(418) Les moines de ce temps, qui avaient une prédilection pour les jeux de mots, traduisaient *Jourdaine* par *Hodierna* : « Vir quidam egregius et miles strenuus PAGANUS appellatus, a baptismate WALTERIUS, et uxor ejus a baptismate HODIERNA, COMITISSA nuncupata... » (A. N. LL 1399, fol. 2).

(419) « Ecclesiam quæ sita est in monte qui nuncupatur *Mons Martyrum*, altare videlicet et corporum sepulturam, et tantum atrii ubi fierent officinæ fratrum, decimæ tertiam partem, et tertiam partem hospitum, terræque medietatem carrucæ ad possidendum. Hoc publice factum est in Bti Martini de Campis basilica... »
(A. N. LL 1399, fol. 2).

La date de cette fondation est bien de 1096 et non de 1116, comme le porte le texte publié par M. Ed. de Barthélemy (*Recueil de chartes de l'abbaye de Montmartre*, Paris, 1883, in-8ᵃ).

hôtises de ce domaine, qui embrassait la colline de Montmartre et ses abords, ainsi que la moitié de l'étendue de terre qu'une charrue peut labourer en un jour. Gautier se qualifie *« vir egregius et miles strenuus »*.

Aucun enfant de Gautier ne figure dans cet acte. Il est probable que la seigneurie de Montmartre était un bien propre de *Comtesse*, la seconde fille de Raoul II Deliés, veuve d'Hermer de Pontoise (p. 294 *suprà*). Cette conjecture acquiert une grande force, de ce fait qu'*Agnès*, fille aînée de Raoul II, fut la seconde femme de Bouchard IV (420) de Montmorency. Suivant l'usage féodal, *Comtesse* aurait tenu de sa sœur aînée en fief les domaines qui constituaient sa dot. Bouchard fut présent au convoi de sa belle-mère ; Gautier Payen n'y figure pas ; il mourut probablement peu après avoir fait en 1096, la fondation qui s'explique par les liens d'affection de la famille de sa femme envers St-Martin-des-Champs.

Gautier Hait, troisième vicomte de Meulan, se déclare petit-fils de Thévin I (406).

Nous le rencontrons en 1120, parmi les témoins d'un don fait par Galeran II, comte de Meulan, aux moines du Bec, de 10 livres de rente sur le tonlieu de l'eau, le jour de la dédicace de l'église St-Nicaise :

Anno ab Incarnatione Dni Mo Co XXo. Ego WALERANNUS comes *Mellenti*, filius ROBERTI comitis *Mellenti*, pro salute mea et pro remissione peccatorum patris et matris mee et o. ant. m. dedi ecclesie *Ste Marie Becci* et ecclesie *Sti Nigasii de Mellento* in die dedicationis ejusdem *ecclesie Sti Nigasii*, X lib. denariorum, pro unumquemque annum, de theloneo aque, videlicet Sequane, que currit per *Mellentum*. Huic donationi interfuerunt testes WALTERIUS vicecomes de *Mellento*, et WILLERMUS frater ejus (421) et THEODUINUS filius prefati WALTERII, ODO dapifer et WALERANNUS filius HUGONIS filii WALERANNI (422), MORINUS DE PINU et WILLERMUS frater ejus, ERNALDUS DE QUERCU et ROBERTUS HAY, HUNFREDUS cubicularius et RICARDUS pincerna, ROGERIUS capellanus, GODEFRIDUS cancellarius et EUSTACHIUS filius ODONIS dapiferi (423).

Nous savons par une autre charte de Galeran II, datée de 1141 et rappelant une série d'événements antérieurs, « qu'au jour où cette église élevée au dessous de l'île de Meulan en l'honneur de Notre-Dame, des saints martyrs Nicaise, Quirin et Escobille, fut dédiée par Geofroi II, évêque de Chartres, Gautier, vicomte de Meulan, imitant spontanément la libéralité du comte, gratifia de 10 sous de rente le prieuré pour l'entretien du nouvel édifice ».

Quelque temps après, Gautier fit au prieuré de St-Nicaise de nouvelles lar-

(420) Duchesne, *Hist. de la Maison de Montmorency.*

(421) *Guillaume*, frère de Gautier Hait, fut, suivant nos conjectures, seigneur d'Ajou, près Bernay. Il est la tige des *sénéchaux de Meulan*. Dans une étude plus développée sur la famille de Meulan, nous indiquerons sa descendance ainsi que celle de *Dreux*, seigneur de Boisemont, autre fils de Gautier Payen.

(422) *Galeran de Meulan*, fils de Hugues IV et petit-fils de Galeran, fils cadet de Galeran I, comte de Meulan. Voir § 2 de cet Appendice.

(423) B. N. Mss. lat. 13888, fol. XVIII. — D. Cotron, *Chron. de St-Nicaise*, fol. 169.

gesses. Il lui céda ses biens à Épône, ce que Louis VI confirma par un diplôme daté de Poissy en 1133 (424).

Puis il donna, pour l'âme de Thévin son aïeul, à la même église, la moitié de ses droits de pressorage à Montamet (425) et dans la ville de Meulan, son four dans cette ville et son moulin de Mézy. Les témoins furent *Dreux de Meulan*, son frère ; Eustache et Eudes, fils du sénéchal Eudes ; Gautier fils d'Herbert, Gautier de Moranvilliers (sans doute petit-fils de Thévin), Jehan de Mézy et Thierri de Luzarches. Ce dernier fut l'un des principaux bienfaiteurs de St-Laurent-du-Cournouillet, prieuré voisin de Us. Ces divers personnages furent réunis évidemment pour souscrire à un acte de famille (426).

Gautier II figure dans une notice du Cartulaire de Tiron, relatant la fondation, par Gervais, fils de Payen de Versailles, le 1er août 1128, du prieuré de St-Michel-au-Tertre, rattaché à celui de Louye près Nonancourt. Dans une charte du même recueil, datée du 28 décembre 1135, GAUTERIUS HAIT *vicecomes* DE MOLLAN donne à la célèbre abbaye un gord à Mézy et un arpent de vigne audit lieu, acheté par sa femme la vicomtesse *Ermengarde* (427). Le don est fait par Gautier, du consentement de ses filles, pour le repos de l'âme de son fils Thévin, mort prématurément.

Ces deux documents ont jeté le savant éditeur du *Cartulaire de Tiron* dans un extrême embarras. Il pouvait d'autant moins songer à identifier les noms de lieu qu'ils renferment avec des localités des bords de la Seine, que, par une translation onomastique dont il se trouve d'ailleurs de nombreux exemples, le prieuré fondé par Gervais de Versailles ayant disparu en raison d'événements que nous

---

(424) In nomine S. et I. T. Ego LUDOVICUS Dei gratia Francorum Rex... Elemosinam quam GAUTERIUS vicecomes MELLENTI, scilicet quicquid habebat apud *Esponam*, exceptis feodis militum, dedit ecclesie Bte Marie Stique Nigasii de Mellento... ex parte nostra, quia de feodo nostro erat, annuente Ludovico filio nostro in regem sublimato, eidem ecclesie... concedimus et *nos* eidem elemosine *deffensorem et protectorem donamus*...

Actum *Pissiaci* publice, anno Incarnati Verbi M° C° XXX° III°, regni nostri XX° V°, astantibus in palatio nostro quorum nomina subtitulata sunt et signa :

S. RADULPHI dapiferi, Viromandorum comitis ;

S. GUILLERMI buticularii ;

S. HUGONIS camerarii ;

S. HUGONIS constabularii.

Datum per manum STEPHANI cancellarii.

(Mss. lat. 13888, *Chartæ Regum*, VII).

(425) « Apud *Montem Amalfredi*. » Montamet est un hameau d'Orgeval.

(426) Petit Cartul. de St-Nicaise, Coll. Levrier, t. XLIV, fol. 52.

Dreux de Meulan, seigneur de Boisemont, n'était nullement fils d'un comte, comme l'ont supposé La Roque et le P. Anselme ; il était fils de Gautier, comme le constate une charte de Guillaume, petit-fils de Dreux (Levrier, t. XIV, pr. 661).

(427) *Cartulaire de Tiron*, t. I, p. 111 et 217.

ne saurions approfondir (428), le nom en fut transféré à une fondation faite dans diocèse du Mans, où elle existait encore au xvii° siècle (429).

L'attribution que nous avons rétablie est d'autant plus sûre, que le Cartulaire de St Nicaise de Meulan renferme deux textes relatifs à Gautier II où est nommée la vicomtesse *Ermengarde*, et où on explique que sa fille *Basle* porta son héritage à *Hugues IV*, vicomte de Mantes, qui releva dans la personne de son second fils le nom de *Thévin* (430).

Nous avons vu que Hugues vivait encore en 1165 (329). Il avait trois fils : *Guillaume II*, *Thévin*, *Galeran* (430). — L'aîné lui succéda probablement comme vicomte de Mantes et fut père de *Robert II*, dont nous avons parlé plus haut.

La vicomté de Meulan passa à un quatrième fils de Hugues IV, *Amauri I*.

Amauri, vicomte de Meulan en 1183, confirma les aumônes faites à St Nicaise par *Gautier Hai son aïeul* (431).

Vers la même époque, il fit don d'une terre partagée entre lui et son allié le sénéchal Roger de Meulan, à l'occasion de l'entrée de son fils *Nicolas* dans le cloître (432). La charte remarque que les moines acceptèrent ce futur novice, bien qu'il fût encore tout enfant.

(428) On ne peut douter que l'abbaye de Tiron n'ait perdu ou cédé cette dépendance très peu de temps après l'avoir acquise. En effet, dans les deux bulles d'Eugène III datées toutes deux du 30 mai 1147, publiées par M. Merlet, l'une d'après le Cartulaire, l'autre beaucoup plus étendue, d'après un original qui nous paraît interpolé, — il n'est nullement question de St Michel du Tertre ; on parle seulement de l'église St Pierre de Louye (*ecclesia Sti Petri de Audita, in regno Angliæ. — Cart.*, t. II, p. 60).

(429) Id. t. II, p. 251.

Aussi l'éditeur a-t-il été entraîné à rattacher à une contrée toute différente les lieux et les personnes dont il était question dans ces documents. Il est amené ainsi à supposer l'existence d'une vicomté à Moulins, hameau de la commune de Louvigny. Mézy, écrit *Messi* sur la charte, devient Mées en Saounois. Dans l'*Introduction*, c'est *Gervais du Verzet* qui crée son prieuré commune de Bourg-le-Roi, canton de St-Paterne ; dans les notes accompagnant le texte, c'est *Gervais de la Verserie* qui l'installe d'abord lieudit l'Abbaye près de Montigny, puis en la paroisse de Louvigny, non loin du prieuré de Perseigne.

(*Cartulaire de Tiron*, Introd., p. CXXII. Texte, t. I, p. 110 et 218).

(430) Voir Pièce Justificative n° VII et la pièce suivante du Cartulaire de St Nicaise :

« Sciant p. et f. quod Hugo vicecomes Medante et Basilia uxor ejus, filia Galterii vicecomitis, concesserunt... Sto Nigasio... concedentibus filiis, scilicet Guillelmo, Tivino, Galeranno, ut facient unum prelum apud Mesiacum ubi voluissent, et ut facerent ad ipsum prelum pressuram vinearum ire suarum, necnon et vinearum de quibus censum habeant, et omnium advenientium qui ad ipsum prelum venire voluissent. Testibus hiis : Hugone filio Galeranni, Odone de Ver, Radulfo filio Ascelini Medante. Galeranno de Sennevilla et Werrico fratre ejus, Hugone de Mesiaco, Johanne preposito de Mesiaco. Anschitillo, Galterio, Ernulfo, famulis monachorum ».

(Mss. lat. 13888, Charte Roth. diœcesis, m. xxxvi).

(431) « Ego Amalricus, vicecomes *Mellenti*, concedo Sto Nigasio elcemosinas Galterii Hai avi mei, scilicet totum tenementum meum quod habent in villa de *Murellis*... et molendinum de *Mezy* ». (Cartul. de St Nicaise, cité par Levrier, t. XIII, pr. 618). Le sceau d'Amauri est équestre et a pour légende S. AMAVRICI VICECOMITIS. — D. Estiennot y remarqua *un fascé* que portait déjà Hugues IV en 1137. (*Historia Sti Martini*, II, 48).

(432) Ego Amalricus vicecomes Mellenti, n. fieri volo... me donasse... monachis Sti Nigasii tria arpenta terre apud Mesiacum in quadam cultura que sex arpenta continet, cujus medietatem *cognatus meus* Rogerus,

Les vicomtes de Meulan étaient restés vassaux de Montmorency pour leur pressoir de Mézy. Amauri le constate en 1190 (433).

Voici quels étaient, sous Philippe-Auguste, les fiefs que le vicomte de Meulan tenait du roi :

Hæc sunt feoda que VICECOMES DE MELLENTO tenet de domino Rege, scilicet : vice comitatuum suum et duos homines quos ipse tenet de Rege apud *Mellentum*, et medietatem *Mellenti villæ* in omnibus, et in eadem villa feodum HUBERTI DE BOISEMONT, et feodum BERTRANNI DE SAGIACO in *Garenna*, et apud *Murillos* feodum JOHANNIS DE SPEDONA. Item ipse tenet feodum EUSTACHII DE RUELIO, illud quod Eustachius tenet apud *Ruel*, et apud *Bruel*, et apud *Jambevillam*, et apud *Bercium*, et apud *Sernencourt*, et apud forestam de *Ruel*.

Item illud est de feodo vicecomitis quod dnus AMALRICUS DE BLARRU tenet in *Garenna* in terris et in vineis.

Item tenet alia feoda a Dno Rege que pertinent ad vicecomitatum de pertinenciis de *Ruel*. Item vicecomes tenet feodum de *Gadencourt*. Item tenet feodum SENESCALLI DE MELLENTO scilicet *Ruelcourt* et *Villetam*, et conductus Senescalli, et feodum *Lesseville*. Item feodum quod hæredes ROBERTI vicecomitis tenent de prædicto Vicecomite. Item Vicecomes tenet feodum Britonis de *Folcinual*. Item feodum domine AGNETIS quod tenet a Senescallo Mellenti. Omnia prædicta tenet a Domino rege nomine unius feodi (434).

Le texte donné par M. Léopold Delisle d'après un Registre de 1210, transcrit au Manuscrit de Rosny, présente d'importantes variantes : Le vicomte prend le nom de *Mézy*, ce qui semble bien indiquer que la réunion du comté à la Couronne, en 1204, marqua la suppression du titre politique de *vicomte de Meulan*. Le vicomte tient du roi « hoc quod dnus JOHANNES DE RUEL tenet apud *Ruel*; et quod dnus ALMARICUS habet in foresta de *Ruel* et apud *Bruel*; et conductum *Mellenti* quod tenet Senescallus; et villetam quam tenet Senescallus; et feodum de *Espoone* quod JOHANNES DE ESPOONE habet apud *Murellos* et apud *Mellentum* villam; et unum feodum quod dnus PETRUS DE MAULE tenet apud *Duvencl*

---

senescallus MELLENTI, possidet, et ego reliquam medietatem possedi usque ad hanc donationem pro filio meo NICHOLAO factam, quem astante priore et conventu monachorum, obtuli Deo et Sto Nigasio, et monachi quamvis evo tenerum, tamen infantulum receperunt nutriendum et succedente etatis opportunitate monacandum, conjuge mea et liberis donum terre hujus gratum habentibus et perpetuo jure ratum. Testes ex parte mea ROBERTUS nepos meus. ROGERUS Dapifer. Hugo de Offrevilla.

Ex parte ecclesie : Willelmus de Vallibus. Hugo filius Gervasii. RADULFUS DE GISORZ et GOSSELINUS frater ejus. Guncelinus Faber et Gislebertus filius ejus. Berengerius famulus et alii multi.

(Mss. lat. 13888, *Chartæ Roth. dioc.*, n° XXXVI).

(433) Ego AMALRICUS vicecomes, HUGONIS vicecomitis filius, et TEDVINUS filius meus, assensu heredum nostrorum, ecclesie *Gemelicensi* partem quam habebam apud *Mesi* in pressura uvarum vince que dicitur *Bordel*,... concedente MATHEO DE MOMORENCI... dedimus... Actum publice apud *Meullent* anno Incarnati Verbi M C XC. — (Levrier, t. XIII, pr. 648, d'après le Cartulaire de St Nicaise, fol. 123. — Levrier remarque que le sceau d'Amauri, au lieu d'être *burelé*, présente une *bordure*).

(434) Levrier, III, 61.

(Denouval?) et feodum de *Sicco equo* (Secqueval) quod ipse vicecomes tenet ad unum feodum; et debet exercitum et equitatum ad suum custum » (435).

A partir de 1193, Amauri s'intitule habituellement *vicomte de Mézy* (436).

C'est le titre que prennent après lui :

Jakelin ou *Jacques*, en 1222 (437), mort après 1224, à la croisade contre les Albigeois (438) ; *Amauri II*, cité comme frère de Jakelin en 1224, son successeur dès 1227 (439) ; *Eustache*, fils de Jakelin, cité dès mars 1227 (439), reprend alors, en cette occasion, le titre de *vicomte de Meulan* ; mais depuis, il ne s'intitule plus que vicomte de Mézy, et même en 1269, ce n'est plus qu'un *titre* honorifique qu'il transmet à son fils *Jehan* dès 1271 (440).

Tous les descendants d'Eustache conservèrent ce titre sans distinction de primogéniture : il fut porté simultanément par Jehan (1271) et par *Jacques II*, son frère (1277). Leur sœur, *Hilaire*, épousa Pierre de Clamart, écuyer.

Une fille d'Amauri II aurait, si l'on en croit une transcription de dom Cotron (fol. 21), épousé un vicomte de Mantes, *Hugues V*, son arrière-cousin.

Les notes qui précèdent, bien que rectifiant les généalogies fabuleuses de la Roque et de M. Réaux, et beaucoup d'inexactitudes commises par le P. Anselme et par D. Cotron (441), ne sont encore qu'une contribution très restreinte à l'histoire des nombreuses lignées qui ont porté le nom de Meulan. Nous espérons plus tard, dans une étude spéciale, éclairer bien des points qui, actuellement, restent encore obscurs.

(435) Mém. des Ant. de Normandie, t. XV, p. 180.

(436) Robert le Vilain constituant une dot à son frère Sanson (*Simeon*), moine à St Nicaise, fait sceller l'acte « sigillo AMALRICI vicecomitis de *Mesineo* ». (Mabillon, *De re diplomatica*, p. 148). Amauri est qualifié seulement « AMALRICUS vicecomes » dans un acte passé à Bouconvilliers, devant Hugues de Maudétour, connétable du Vexin, vers 1193. (Cartul. de St Nicaise. — *Chartæ Roth. diœcesis*, n° XLIII).

(437) [Noverint] presentes et futuri Quod tempore quo d[nus Philippus Dei] gra. Francorum rex calceiam sitam inter [castellum] *Mellenti* et *Mesiaeum* per medium vinearum [fecit fie]ri, Ego JAQUELINUS vicecomes MESI [aci atque] nos ROGERUS senescallus MELLENTI et [Odo filius me]us habere volebamus viam in closo mona[chorum qui dici]tur de *Tourris* et vinea ODONIS DE SAGIACO [militis per eun]di ad viam aque. Et quia nobis institutum [est, hoc quod] habere volebamus injustum, nos illud dimi[simus et] reliquimus pro divine pietatis intuitu et [amore me]. *Belc[en]*. Quod ut ratum habeatur sigillorum [nostrorum mu]nimine roboramus. Actum anno gratie [M° CC° XX°] n°. (Restitution d'un fragment du Grand Cartulaire du Bec. Arch. de l'Eure, H 91). Jakelin est cité dès 1221 (Inv. du Bec, V° de Colbert, 190, fol. 1171).

(438) Le 8 juin 1227, « AMALRICUS vicecomes *Mesiaci* » fit remise du péage de Mantes aux moines de Jumièges (Levrier, t. XIII, preuve 874). Il céda au Bec, en avril 1235, ses droits de péage « in greva de *Medunta* ». (Levrier, preuve 897).

(439) Ego EUSTACHIUS *vicecomes* MELLENTI assensu et voluntate matris mee, confirmo... Sto Nigasio... elemosinam quam JAQUELINUS pater meus elemosinavit eisdem monachis, cum laboravit in extremis apud *Albig[enses]*, videlicet XII den. quod ipsi monachi reddebant annuatim de *l'Ajou Sti Negasii* et de dimidio arpento defuncti Gervasii Cofin, et pressoragii earumdem vinearum...

Actum anno dominice Incarnationis M° CC° XX° sexto, mense martio.

(Mss. lat. 13888, *Chartæ Roth. diœc.*, n° XXXVIII).

PIÈCES JUSTIFICATIVES

I. Jehan, abbé de Fécamp (1028-1079) notifie les libéralités antérieures de
Ouigrin de Rosny.

Hec est prima convenientia WIGRINI *quando de filio suo* RICHARDO *monachum fecit* (1001-1002).

In nomine sce et individue Trinitatis. Cunctis fidelibus Catholice fidei servientibus JOHANNES abbas *de Fiscanno* et omnes sui monachi, fideles orationes et peccatorum remissionem.

Notum sit omnibus vobis quod quidam homo nomine WIGRINUS cum uxore sua nomine ADELIZA, tacti respectu divino, venerunt ad *Fiscannum* et obtulerunt unum filium suum super altare Sce Trinitatis, et medietatem terre que dicitur *Bussi*, tali scilicet tenore ut unum arpentum, et hortum, et domum suam in beneficio de Fiscannensi abbate teneant. Homines vero qui intra silvam mansiones habebunt, cum omnibus suis costumis, ex integro et sine parte, ad Scam Trinitatem pertinebunt. Habitatio vero totius terre erit in Sce Trinitatis potestate. Prepositus vero in hac terra non erit, nisi quem Abbas Fiscannensis constituerit.

Hic prepositus extra silvam habitantium omnes costumas accipiet, et inter abbatem et Wigrinum equali mensura dividet. Duas etiam piscarias juxta *Rodeni* in Sequana ex integro et sine parte Wigrinus et conjux sua Sce Trinitati dederunt pro salute et redemptione animarum suarum. Hujus conventionis et donationis testes ex parte Sce Trinitatis fuere : Abbas GIRBERTUS. Benedictus monachus. Rogerius, Hugo m. WILLELMUS bu [1]. ROTBERTUS vicecomes. Hilduinus mo [2]. HUGO cam. [3]. Walterius Siflet. AUDOENUS cubicularius. Hugo filius ejus. Teodericus. Rannulfus. Osbernus. Berardus. Stephanus. Rotbertus Grosin. Et ex parte illorum WIGRINUS †. OSMUNDUS.

Hec est secunda convenientia WIGRINI *quando ipse factus est monachus.*

Dono ego WIGRINUS partem decime quam habebam in *Blareia* Sce et Individue Trinitati in loco qui appellatur Fiscannus. Dono etiam eidem ecclesie unum arpentum terre in *Busseio* et unum pomerium.

Nos filii ejus HUBERTUS et WARINUS concedimus.

Ego conjux illius ADELIZA concedo.

Signum WIGRINI †.

Signum † conjugis.

Signum † GUARINI.

Signum † HUBERTI.

Testes ex parte Sce Trinitatis : AUDOENUS. HUGO. ROGERIUS filius BONE CAUSE. Ingelbertus. Osmundus. Arturus [4].

(*Cette charte est extraite d'un cartulaire in-4° de la fin de l'onzième ou du commencement du douzième siècle.* — Copie de D. Le Noir, Coll. Moreau, XXI, 20).

---

1. Buticularius. — 2. Monachus. — 3. Camerarius.

4. Les souscriptions de cette charte offrent un intérêt particulier en ce qui touche l'histoire des noms de famille. Celui de la famille de *Bonnechose* remonte incontestablement au Xᵉ siècle.

II. Charte d'Alzon et d'Helvise.

Notum sit omnibus fidelibus quod ego ADSOR et uxor mea HELVISA et filii mei GAUFREDUS atque ROGERIUS dedimus jure perpetuo Sce Trinitati et domino meo, videlicet JOHANNI abbati, omnibusque monachis sub ipsius regimine famulantibus, pro eorum societate, duas partes decime de *Buloxevilla* et de *Magnevilla*, que michi usque nunc contigebant videlicet de XII^m hospitibus. Nam antea tertiam partem predicti seniores possidebant. Nunc ergo alias duas sicut diximus, eis concedo (438).

Et de meis bestiis, cum vero meus obitus advenerit, ex parte mearum rerum dabuntur fratribus nostris XXX^{ta} sol.

Si vero Fiscanno delatus fuero, illic pro ista conventione sepeliar.

Si vero noluero, in mea erit potestate ; tantum XXX^{ta} ex mea substantia habeant solidos.

Amodo autem quamdiu vixero, si ibi venero, caritatem michi facient domini mei et fratres in Domino karissimi.

(*Extrait d'un cartulaire in 4°, de la fin de l'onzième ou du commencement du douzième siècle.* — Copie de D. Le Noir, Coll. Moreau, XXI, 30).

III. Donation de Richard fils d'Hellouin.
(1066)

Rerum nostrarum ordinem litteris tradere multis modis probatur esse utile.

Quapropter RICHARDUS HERLUINI filius, comitis GALERANI Mellenti nepos, volo scribi quam erga *Columbensem* ecclesiam naturali devinctus amore, præcipue ob remedium animarum parentum meorum, necnon amorem fratris mei ROBERTI prædictæ ecclesiæ abbatis, ac etiam [Dei amicæ] religiosæ *amitæ meæ Helvisæ* reclusæ, clarissimo genere præfulgentis, do monachis in câdem ecclesiâ Deo famulantibus, partèm [possessionum mearum de *Villa Sancti Hilari*, uti eorum merito et precibus possim adipisci, non solum veniam peccaminum, sed etiam partem in regione viventium].

Itaque, inter alia, do prædictæ ecclesiæ ecclesiam *sancti Hilari*, et atrium et terram uni carrucæ sufficientem, et omnes consuetudines cum omni justiciâ loci illius, et omnes decimas.

Quod donum concessit SIMON DE MONTEFORTI a quo ea tenebam, et uxor ejus, de cujus parte hæreditas illa veniebat (439).

Actum est hoc publice apud Meullentum castrum, regnante [rege] Philippo, anno Incarnati Verbi 1066.

(*Extrait du Cartulaire de Coulombs.* Coll. Baluze, XXXVIII, 28. — *Les parties entre crochets sont rétablies d'après* Levrier, XI, 156).

(438) *Geofroi* devint abbé de Coulombs en 1046; il se démit en 1063 et mourut après 1066. Son successeur fut *Robert*, neveu de la B. Helvise, qui « reçut de son frère Richard, seigneur de St André de la Marche, l'année de son élection, les églises de St-Illiers, de Lainville et de Fontenay » (Lucien Merlet, *Hist. de l'abb. de Coulombs*, p. 10-14).

(439) *Simon I de Montfort*, fils d'Amauri I, épousa d'abord Elisabeth, fille de Hugues Bardoul et dame de Nogent, puis Agnès, fille de Richard, comte d'Evreux (Ad. de Dion, *Notice sur Beynes*, ap. Mém. de la Soc. arch. de Rambouillet, t. XI). Si, selon l'identification de Lattaignant, il s'agit bien dans cette charte de St-Hilaire de Charpont, canton de Dreux, commune limitrophe du canton de Nogent-le-Roi, et comprise autrefois dans le ressort de cette châtellenie, il en résulterait qu'Elisabeth Bardoul vivait encore en 1066.

Uxor supradicti RICHARDI erat BASILIA. Habuit duos filios JORDANUM et ROBERTUM, et unam filiam nomine EUSTACHIAM, quæ fuit facta monialis in ecclesiâ Sti Salvatoris Ebroicensis. Ipsemet RICHARDUS factus est monachus cum filiis supradictis in ecclesia Columbensi, qui habuerunt quemdam cognatum ASCELINUM cognomento GOELLUM (273).

(Note additionnelle tirée du même cartulaire. Levrier, XI, 156).

III b. Notices du cartulaire de Coulombs concernant la famille de Saint-André.

Notum sit omnibus quod RICHARDUS HERLUINI filius dum JOSBERTUS DE MONCELLIS apud villam que Altaria dicitur, loco prioris moraretur, THOROLDO abbate monachisque Columbensibus concessit ut omnes quotquot de fevo suo aliquid possident, ipsius quodcumque vellent in elemosinam conferrent. Ex quibus unus, scilicet ROBERTUS BOTEFLE, pro salute anime sue medietatem decime Tegularum indictis monachis dedit. Huic dono, apud Garennas concesso, indictus RICHARDUS, de cujus feodo movebat interfuit, et BASILIA uxor ejus, et JORDANUS filius suus, ROBERTUS filius HILDUINI.

Processu vero temporis, RICHARDO filio HERLUINI mortuo, JORDANUS filius ejus, qui ex jure hereditario successit, non solum patris concessionem ratam fieri voluit, at ipse de suo proprio terram unius carruce et ecclesiam cum decimis ad eam pertinentibus, apud S. Andream predictis monachis dedit, et decimam piscationis sue apud Garennas, et unum hospitem in eadem villa.

Postea vero JORDANO monachum induto, in manus fratris sui ROBERTI hereditas rediit, qui et ipse ea que predecessores sui ecclesie Columbensi concesserunt, non minus concessit. Post multum vero temporis, idem ROBERTUS, nudus nudum Christum sequi desiderans, omnibus quo possidebat renunciavit et apud Columbas monachi habitum suscepit. Hujus interim ASCELINUS GOELLUS heres effectus est; qui predecessorum suorum concessioni libenter acquiescit; necnon apud Sanctum Andream, extra portam oppidi, herbergamentum monachis in elemosina dedit; in quo loco quatuor monachis Domino assidue deservituris se necessaria administraturum promisit; quin etiam mortuum nemus ad calefaciendum, unum herbergamentum concessit in eodem nemore, necnon herbergamentum hospitum, quotquot supervenerint; quod herbergamentum GOSLINO monacho, tunc ejusdem loci priori, tradi precepit per HUGONEM ALBAM SPINAM et per ROBERTUM prepositum, et plures alios qui hujus doni testes extiterunt.

(Copie du Cartulaire ancien de Coulombs par Laisné, prieur de Mondonville. Mss. tr. 24133, p. 134. — Communication de M. Lucien Raulet).

Carta JORDANI filii RICHARDI domini Sancti Andree quâ, ex consensu BASILIE matris sue, et ROBERTI fratris sui, confirmat omnes donationes factas a patre suo et RICHARDO nepote, cognato suo, necnon donationem de ecclesia Sti Andree factam a dicto patre, exceptâ decimâ quam dictus RICHARDUS dederat ecclesie Sti Salvatoris Eboracensis quando EUSTACHIAM filiam suam fecit ibi sanctimonialem. Data tempore THOROLDI abbatis.

(Ibid. — Voir note 260).

Carta ROBERTI DE IVRIACO, quâ dat portionem suam de villa Sti Hilarii (en marge : St-Illiers-la-Ville), cum in lecto egrotus jaceret, et a SULPITIO priore, et GASTHONE et PETRO monachis, habitum monachilem susciperet, in presentia ANSELMI abbatis Becci et RADULFI TORELLI; quâ liquet dictum ROBERTUM DE IVRIACO dedisse judeis de Novigento, pro XXX lib. in vadimonium aureum calicem quem commodato acciperet a monachis Columbensibus.

(Ibid. fol. 124. — Il s'agit ici de l'église donnée par Richard fils d'Hellouin).

Carta Ascelini cognomento Goelli, ex dono Eustachii de Britolio municipii *Sancto Andreæ* domini et heredis effecti, de confirmatione supradictarum rerum et de hebergamento juxta portam *castri Sti Andreæ* in loco qui vocatur *Covialum* et usagio in nemore *Coviati*, ab eo datis ecclesie Columbensi, que duos fratres, Jordanem scilicet et Robertum, monachos suscepit.

(Ibid. fol. 136. — Voir note 273).

Carta Rotroci *Eboracensis* episcopi, data anno Domini 1141.... de calumnia quam Columbenibus monachis intulerat Rogerius Balbus frater Gaullini Lupell I, ob villam que dicitur *Altaria*, datam ab antiquo Helvise recluse, sororis (*sic*) Richardi filii Herluini, et hâc certâ liquet dictum Rogerium Balbum restituisse Col. monachis dictam villam liberam ab omni justiciâ, exceptis moltâ, corveis et auxiliis hominum ad facienda et reparanda fossata, sepes et palatia castri sui de *Sto Andrea*; et dat monachis Col. *Bte Marie Magdalene ecclesie* in predicto castro servientibus, v modios annone in molendino suo apud *Garennas*, et confirmat donum ecclesie Ste Andree factum a Jordano filio Richardi filii Herluini.

(Ibid. fol. 136).

IV. Charte de sauvegarde de Galeran I pour le domaine de Bouafle
(Entre 1031 et 1033).

Regni Francorum monarchiam Rege Roberto strenue gubernante, quidem eximiæ nobilitatis vir Albertus nomine, ipsius Regis Majestatem adiit, humili prece implorans quatinus quod ei voto inerat, scilicet quasdam res cupiens sancto contradere Petro Apostolo Gemmeticensis cœnobii in pago *Pingesiaco*, loco qui *ad Sanctum-Martinum* nuncupatur, sitas, pro animæ suæ parentumque suorum, avunculo videlicet patrui sui ejusdem loci abbatis Annæ nomine (440) et patris sui Alberti, cæterorumque, illius voluntate et auctoritate, per eum firmaretur (440 *b*). Cujus petitioni ipse præpotentissimus Princeps libentissime annuis (*sic pro* annuens), concessit ergo ecclesiam unam cum vineis multis, et indominicatis et aliis, terrasque arabiles cultas et incultas, cum prato et omni terra que pertinet ad eundem vicum. Quibus patratis, idem Albertus, quod Deo sanctoque tradideret Petro liberum ab omnibus malis inquietudinibus volens esse ac quietum, me comitem Walerannum aggressus, michi mulum magni precii unum dedit, eo pacto ut numquam per me nec per quemquam meorum ullius rei dampnum illi loco, ideo quippe quia vicinus meo castello est, inferrem. Ejus igitur rogatui favens, mulum recepi atque fide mea eundem locum me servaturum promisi, et diu in promissione perseveravi, donec Rotbertus Normannorum dux quasdam terras in Nortmannicis partibus michi auferens, zelo iracundiæ agitatus, præfatum locum vi cepi, meoque dominio subegi. Quod Albertus *abbas*, necne pater Gemmeticensis cœnobii Willelmus nomine (440 *c*) audientes, ilico me adierunt, conventionibus inter nos quoque actis, decem libras

---

(440) Ce texte est certainement corrompu. Nous croyons devoir lire : « avunculi videlicet patris sui, ejusdem loci abbatis Annæ nomine, et patris sui Alberti, cæterorumque ». Les trois frères *Aubert d'Orléans*, *Azcuer* et *Anna* ou *Annon*, abbé de Jumièges (943-944) puis de St-Mesmin de Micy (944-987), avaient une sœur, mère d'*Aubert le Vieux* et aïeule d'*Aubert le Riche*, auteur de la donation.

(440 *b*) La donation fut confirmée par Albert du temps de *Thierri*, abbé de Jumièges, élu après *Robert I*, qui mourut en 1014. Thierri vécut jusqu'en 1028 : « Huic et Albertus Dives, senioris Alberti filius et Annonis nepos, *Vetus-Vernolium* quod monachus Gemmeticensis cum prioratibus *Domnæ-Mariæ* in pago *Belismensi* et *Sancte-Mariæ de Boaflu* in *Pincesiaco* donaverat, Miciacensis abbas confirmavit. » (*Gallia Christ.*, XI, 987).

(440 *c*) *Guillaume I* fut abbé de Jumièges après 1028 et mourut en 1037 (*Gallia christ.*, XI, 957).

nummorum michi dederunt, ea projecto gratia, ut quousque hic cosmus volvetur, per mer hære-
desque meos ac eorum successores exinde detrimentum nunquam sustineant ; et licet firmissimâ
pace an dissidio discordiæ Franci Nortmannique vigeant, tamen prælibata possessio tuta perenniter
sistat. Porro tributum, malivola hominum futurorum vehementer cupiditate inardescente, si decre-
verint inaltari, non plus tribuant quam nostro tempore illis concessum est dare, videlicet pro unaquaque tonna in descensione denarios duodecim. Quod denique ipse manu propria subterfirmavi.

Signum WALE ✝ RANNI comitis.

Signum ✝ HUGONIS filii ejus.

Signum ✝ ADELAIS uxoris ejus.

Cæterum si quis ex meis posteris, auctore Diabolo et avaritiæ facibus accensus, hanc conven-
tionem quocumque modo corrumpere præsumpserit, sub Patris et Filii et Spiritus Sancti maneat
anathemate, et ab omnibus sanctis Dei reprobatus et condempnatus, de libro vitæ deleatur, et cum
illis inscribatur, qui diris vocibus acclamabant: *Crucifigatur*, Diabolo traditus, æternis incendiis
æternaliter urendus. Amen.

Acta est hæc descriptio HENRICI regis temporibus.

S. WIDONIS. S. HAYMONIS. S. ODONIS.

S. NIVARDI.

S. TEDEVVINI vicecomitis.

(Extrait d'un Registre de la Chambre des comptes. Recueil de Vyon
d'Hérouval: coll. Levrier, III, ¹).

V. *Charte de Hugues III de Meulan donnant l'eglise de St-Cosme*
à N. D. de Coulombs.

(1069)

Notum sit omnibus quod HUGO comes MELLENTI pro salute animæ meæ ac conjugis nostræ
ADELAIDIS, seu pro animâ genitoris mei comitis GALERANI et ODÆ genitricis meæ, Almæ Mariæ
cœnobii *Columbensis* libens concedo ecclesiam quandam, in honore SS. *Cosmæ et Damiani* in quandam insulam constructam, quæ fere jungitur *Mellenti castro*.

Eandem denique insulam, in quâ ipsa ecclesia sita est, per deprecationem GAUFRIDI abbatis
atque ROBERTI monachi, cujus pio studio grandiuscula facta est ipsa ecclesia, monachis ibidem
Deo degentibus concedo, ut ab hâc die deinceps perpetuo jure possideant, inhabitent et ædificent
sine refragratione cujuspiam ; atque si aliquis nostrorum fidelium ex propriis rebus aliquid contu-
lerit, annuo corde toto...

Actum publicè Columbis, dum commune bellum ibidem ageretur a ROBERTO *Carnotensi*
præsule cum *castro Novigenti*, anno Verbi Incarnati millesimo sexagesimo nono, indictione v,
regnante Philippo rege, anno regni ejus IX ¹.

S. Gaufridi abbatis.

S. Roberti monachi.

S. Gasthonis monachi.

S. Petri monachi.

---

1. La date de l'indiction doit être rectifiée.

S. Hugonis comitis.
S. Rotberti episcopi Carnotensis.
S. Gaufridi Nielphi.
S. Hugonis filii Gasthonis.
S. Richardi filii Herluini.

(*Extrait du Cartulaire de Coulombs.* Coll. Baluze, XXXVIII, 20).

V b. Largesses des comtes de Meulan au prieuré de Bouafle.

e. i. Hugues conte de Meullenc filz de Valeran donna aux religieux de Jumièges passaige pour leurs navires portant leur vin. *Item* ledit Hugues quicta et delessa ausd. religieux ung hanap de raisins qu'il avoit de coustume prendre chacun jour au temps de vendange aux vignes desd. religieux. *Item* par lad. charte Walterius de Taissuncurt donna ausd. religieux la disme du vin qu'il prenoit ès vignes de sainct Pierre en la ville de *Vaulx*; lad. charte datée de l'an mil cinquante six.

(Le domaine de Vaux appartenait à Jumièges depuis le xᵉ siècle. L'Inventaire de Bouafle (cote D 1) contient une charte d'Eudes, évêque de Chartres, adressée aux moines, le 5 avril 984 : « Quandam terram pertinentem ad fiscum qui appellatur *Trelum* (Triel), consentiente Hugone duce (Francorum) qui ipsum fiscum de nobis per concambium tenebat, ad manum firmam censualiter concedimus. Est autem ipsa terra in villa que dicitur *Vallis*, habet in totum bunuarias Vᵉ cum portu in *Secana* ». Souscriptions du chantre Raoul, de l'*archiclavis* Suger, du sous-doyen Salicon, des prévôts Gui, Atton, Bernard, etc.).

e. ii. Waleran conte de Meullenc quicta aux religieux de Jumieges ung pallefroy qu'il avoit accoustumé prendre et exiger quant leurs bateaux et vins passoient par Meullenc, ainsi qu'il appert par sa chartre sellée de son sceau.

e. iv. Robert comte de Meullenc confirme aux religieux de Jumieges les libertés qu'ils avoient acoustumé avoir au chasteau de Meullenc et en toute la terre de lad. chastellenie ; et leur quicta quatre moutons qu'il prenoit à Boafle. Lad. chartre datée de l'an mil cent dix huyt.

(*Inventaire des titres du prieuré de Bouafle.* Arch. Nat. Q 1* 1475).

VI. Pillage de Chaussy-en-Vexin, par Guillaume, vicomte de Mantes.
(1117)

Anno ab Incarnatione Dni Mᵒ centesimo septimo decimo, depredari fecit Willelmus vicecomes *Calceium*, et boves et equos proprios etiam, monachique alia preda fecit diripi. Quam cum reddere non posset, et violentia excommunicationis cum undique vehementer addiceret, computata eadem preda septem libris, coactus est vicecomitatum et viariam suam, pro concordia pacis, monachis Sci Wandregesili, Waltero priori et Willelmo camerario, et Goifredo filio Odonis, a festivitate Sci Remigii que in eodem anno fuit, usque ad excursum sex annorum, cum sacramento invadiare. Et si in excursu eorumdem sex annorum septem libras non reddiderit, quandiu reddende erunt, sub pacto ejusdem sacramenti monachi Sci Wandregesile supradictam viariam quiete et pacifice, per concessionem vicecomitis et filii sui Hugonis, possidebunt. Et si

Baldricus in eadem viaria aliquid calumpniari voluerit, paratus erit vicecomes in oportuno loco ubi cum pace convenire poterit, ut adversus eum placito raciocinaret quia in eadem viaria nichil debeat possidere. Et si aliquis forefecerit in eadem terra Sci Wandregesili, qualem pro sua injuria adquireret, vindictam per[solvet] monachis.

Hujus conventionis et sacramenti apud *Medantam*, in atrio ecclesie Sce Dei genetricis Marie, testes adhibiti fuerunt RADULFUS MALUSVICINUS et filii ejus SANSON et ROBERTUS, et Willelmus Rufinus, et Herbertus clericus canatus, et Bernardus ecclesie thesaurarius, et Theboldus de Faverilis, et WALTERUS filius GUERRICI DE PORTA, et Gladiolus filius Ginaldi.

(*Grand Cartul. de St-Wandrille*, fol. 319 v°. Arch. de la Seine-inférieure).

VII. Accord entre les moines de St Nicaise de Meulan et ceux de Bazainville.
(1137)

Ego TEDBALDUS abbas Becci, assensu capituli nostri, concedo et confirmo concordiam et pacem que facta est inter monachos *Sci Nigasii* et monachos de *Basenivilla*, scilicet de medietate cujusdam pressorii apud *Montem Amalfredi* siti, quam monachi de Basenivilla ex dono ERMENGARDIS vicecomitisse se habere dicebant, et similiter monachi de Sco Nigasio ex dono WALTERII vicecomitis. Cumque hinc inter eos certatio prolixa haberetur, ad hunc finem tandem devenerunt, quod monachi de Basenivilla ipsam medietatem quam clamabant quietam prorsus monachi s Sci Nigasii dimiserunt, et monachi de Sco Nigasio similiter dimiserunt monachis de Basenivilla decimas vinearum quas ipsi tunc habebant in Monte Amalfredi.

Actum est hoc anno ab Incarnatione Domini M° C° XXX° VII°, die festivitatis Sci Nigasii ipsius anni, in capitulo Sci Nigasii de Mellento, in presentia nostri, presentibus fratribus nostris dno Galeranno ipsius loci tunc priore, dno Roberto priore *Confluentii*, dno quoque Johanne priore *Baseniville*, et dno Hugone priore *Medante*, et Gaufredo monacho de Basenivilla.

Testes ex parte monachorum Sci Nigasii :

HUGO vicecomes MELLENTI.

WIDO frater ejus.

GALERANNUS DE MELLENTO. DROGO DE MELLENTO. Odo de Porta. Radulfus de Monteaureo. Garnerus prepositus. Odo magister. Rodulfus vassallus. Rodulfus serviens prepositi. Ernulfus famulus prioris Mellenti, et multi alii.

Ex parte monachorum de Basenivilla : Willelmus, Rodulfus, Rogerius, famuli ipsorum.

(*D'après l'original aux archives de Marmoutier* : Gaignières, mss. lat. 5441, fol. 268. — *A cette transcription est joint le dessin du sceau de l'abbé du Bec*).

IV

Sur les Maisons de CHAUMONT & de TRIE

I. Vicomtes de CHAUMONT.

La vicomté de Chaumont était au milieu du XIe siècle aux mains de *Galon I*, l'un des lieutenants de Gautier III, comte de Vexin.

Galon est qualifié *vicecomes castri Calidimontis* dans une charte de Gautier III du 22 janvier 1061 (441).

Il fut remplacé peu après par *Eudes*.

Celui-ci est qualifié de *vicomte* dans une notice relatant une usurpation faite après la mort de Gautier III (1065) et de Landri, abbé de St Père (14 mars 1067) au préjudice du prieuré de Liancourt (442).

Eudes est l'un des fils d'Ives I, comte de Beaumont-sur-Oise et d'Emme. Il est nommé dans un acte de famille daté de 1039 et resté inconnu de Douët d'Arcq.

Il occupait en 1059 les fonctions de chambrier du roi : Ives (II) son frère, dans un diplôme donné au cours du siège de Thimert, est désigné en ces termes : « Ivo frater Odonis camerarii » (443).

---

(441) *Cartul. de St Père*, p. 200.

(442) Voici les principaux passages de cette notice, non reproduite par Guérard et qui nous a été conservée par Gaignières (Mss. lat. 5417, fol. 187):

« Regnante rege Henrico, miles quidam nomine Watho, mortem malefidam sibi sentiens accelerare, totisque viribus cupiens inferni penas evitare, habitum secularem linquens, sub regulas S. Benedicti et abbatis Landrici Carnotensis cenobii, habitum monachilem de manu Gislemari m° (monachi) apud *Leuncurt* in ecclesia S. Petri festinus suscipiens.... annuente domino suo Walterio Comite, ex rebus propriis quas hactenus visus est possidere, loco eidem... dedit medietatem *Buxidi* tam in silvis quam in agris... Post cujus mortem Fulco gener

Eudes était encore vivant en 1085 et 1088. *Galon II,* l'un de ses fils, est mentionné en 1085 dans un diplôme de Philippe Ier donné au château de Pontoise (apud castrum *Pontisare* in camera mea) en faveur de saint Anselme, abbé du Bec ; la formule employée à son égard est « GUALO filius ODONIS DE CALVO-MONTE » (443). Vers 1088, un plaid tenu à Chaumont dans l'hôtel de Payen, fils de Hugues Francon, en présence de saint Anselme du Bec, eut aussi pour témoin « ODO vicecomes » (444).

Orderic Vital rappelle le mariage de *Rolande, fille d'Eudes de Chaumont,* avec Herbert le Bouteiller, « qui, privatus miles, in toto Vulcassino multum fungebat opibusque et filiis, validisque parentibus et affinibus ampliatus, pene omnibus vicinis suis eminebat ». Herbert était sire de Serans (dit depuis Serans-le-Bouteiller) ; il eut quatre fils de Rolande, Geofroi, Pierre, Jehan et Galon ; les deux premiers se distinguèrent en 1097 dans la défense du Vexin (445).

Nous sommes tenté d'attribuer à Eudes un troisième enfant : *Geofroi de Chaumont,* contemporain de Philippe Ier. Le prénom de Geofroi était porté par le frère aîné d'Eudes, qui fut le second comte de Beaumont-sur-Oise (446).

Galon II était, dès 1073, à la cour du roi, auprès de son oncle Ives, qui avait succédé à Eudes dans les fonctions de chambrier.

On trouve dans un diplôme donné à Étampes en 1073 par lequel Philippe Ier renonce aux droits de voirie établis à Juilly, les souscriptions suivantes : « S. IVONIS cubicularii. — S. GUALONIS ejus nepotis » (447),

Dès 1085, Galon exerçait la charge de connétable lors d'une des nombreuses mutations que subit cet office sous le règne de Philippe Ier (448).

---

ejus cum uxore mea ERMENTRUDE rapuimus et abstulimus... donum...; medietatem decime quam in *Leonisvilla* in terra supradicte ecclesie possidebamus eidem ecclesie dimisimus, annuente ODONE vicecomite ex cujus beneficio videbar tenere, et ROBERTO filio meo cum filiabus. Testes... OZMUNDUS DE CALVOMONTE, ROTBERTUS DE MARINIS, Rotbertus prepositus, WIARDUS DE COFFLENT, DROGO DE LOCONISVILLA, Walterius Pelanscanum (*Pelequien*), Warnerius vicarius et foristarius, abbas EUSTACHIUS,... Guillelmus de Domicilio, Giraldus frater ejus ».

Foulques et son fils Robert figurent en 1098 parmi les témoins du désistement de Guiard de Conflans : « Testibus... *Fulcone filio Joscelini, Roberto filio ejus* ». (Guérard, *Cart. de St-Père,* p. 511).

(443) *Neustria pia,* p. 482. — Levrier, VIII, 167.

(444) Mém. de la Soc. Hist. du Vexin, t. XIX, p. 111.

(445) Orderic Vital, éd. Le Prévost, II, 131 ; IV, 23.

(446) En 1062 Geofroi de Chaumont (GOSFREDUS DE CALVOMONTE) fut témoin d'une confirmation accordée par Guillaume (le Conquérant), comte de Normandie, des biens donnés en cette province à l'abbaye de Marmoutier. — Coll. Moreau, t. XXVII, p. 228. L'acte est daté : « apud *Hagam Bosville* » (la Haye-Bouvet, Eure ?) — Le même (GAUSFREDUS DE CALVOMONTE) est témoin d'un diplôme de Philippe Ier donné à Mantes en présence de tous les châtelains royaux de la contrée, entre le 23 mai 1076 et le 16 avril 1077 (Coll. Moreau, t. XXXI, fol. 163. Bruel, *Chartes de Cluny,* IV, 613).

(447) A. N. LL 1024, fol. 38.

(448) Il figure dans le diplôme cité page 301, à la fois comme témoin et comme grand officier. Il en est de même, d'ailleurs, du chambrier Galeran Blanchard.

Il n'en était plus pourvu lorsque, se trouvant en Palestine avec les Croisés, il périt dans la surprise d'un campement par l'ennemi. Les expressions élogieuses dont Guibert de Nogent se sert à son égard montrent en même temps qu'il était encore dans la force de l'âge (449).

D'après le P. Anselme, Galon II aurait épousé *Humberge*, fille de Hugues, seigneur du Puiset et de Mammilie de Roucy. Hugues I du Puiset, dit *Blavons* (1067 — †27 décembre 1094) épousa, non Mammilie (?) de Roucy, mais Aélis de Montlhéry ; il en eut bien une fille nommée Humberge, citée avec sa mère et ses frères dans une notice sans date, mais postérieure à 1089 (450).

Dreux, fils de Galon, fut envoyé fort jeune auprès de Simon, comte de Mantes et de Crépy. Il devint l'héritier de *Guillaume Aiguillon I*, d'une famille très ancienne de l'Ile de France (451) ; et comme lui-même donna ce double nom à l'un

(449) Ubi quemdam nostri egregie indolis juvenem, qui apud regem Francorum *comes stabuli fuerat*, nomine WALONEM, amittunt. (*Gesta Dei per Francos*, VIII, 9. — Cf. Duchesne, *Hist. de la maison de Guines*, Preuves, p. 325). — Galon pouvait avoir une cinquantaine d'années.

(450) *Cartul. de St-Père*, p. 240. — Ad. de Dion, *les Seigneurs du Puiset*.

(451) La famille *Aiguillon* remonte à *Landri*, qui fit don à Fécamp, le 8 mars 1058, d'une dîme qu'il tenait en fief de Guillaume, duc de Normandie. *Robert*, son fils, y souscrivit (Coll. Moreau, XXV, 249). — *Robert II* et *Manassé* (ROBERTUS et MANASSES filii ROBERTI ACULEI), allant visiter leur père, malade, à St Père de Chartres où il s'était fait religieux, restituèrent la dîme d'Argency à cette église ; ce que leur frère aîné, *Guillaume I*, approuva (Mss. lat. 5417, fol. 532). — Guillaume I fut probablement le beau-père de Dreux de Chaumont. — La famille se continua dans le pays chartrain. Vers 1121, un *Guillaume Aiguillon fils de Robert II*, avec sa femme *Hysabel* et leurs fils *Robert III et Manassé II*, abandonna aux moines de Tiron la voirie d'une terre entre la route de Chartres et la vallée du Loir (Merlet, *Cartul. de Tiron*, I, 171) ; il leur confirma aussi la terre de Villandon près de Voves « concedentibus filiis et filiabus suis ROBERTO, MANASSE, ROGERIO, MAIOT, MARGARITA » (Id. 193). — Il mourut en 1159 et voulut être enterré au Grand-Beaulieu, près de sa femme Elisabeth (ou Isabeau). Après avoir célébré ses funérailles, *Nivelon*, fils de Guillaume, donna pour le repos de l'âme de ses parents, deux arpents de pré à Sours (Cart. du Grand-Beaulieu, n° 410, Bibl. de Chartres). — M. L. Merlet l'a confondu avec Guillaume Aiguillon de Trie qui se croisa en 1146 : il ajoute qu'il était seigneur de Barjouville près de Chartres et *de Trie* (?) — C'est à cette souche chartraine qu'appartenait *Guillaume Aiguillon*, chevalier, mari de Marguerite.

Ce couple, avec leurs deux filles *Hélisent* et *Isabel*, concéda le fief donné aux lépreux du Grand-Beaulieu à Gourdez, dans leur seigneurie, par Gautier de Rambouillet (N. acq. lat. 1408, fol. 255). Un acte intéressant de 1212 mentionne les mêmes personnages :

« Ego WILLELMUS AGUILLON miles... vite preterite et injuriarum quas intuli Carnotensi ecclesie recordatus, necnon excommunicationum quas, propter hec, multas incurri absque ulla quam inde solverim satisfactione emenda, ductus penitentia et compunctus, in horum recompensationem et in remissionem peccatorum meorum et antecessorum meorum, dicte ecclesie... donavi totam viariam quam habebam tam in parochia *Bariouville* quam in parochia de *Moranceis*, concedente uxore mea MARGARITA fide interposita, et concedentibus filiabus meis HELISENDE et YSABEL...

« Actum anno gratie M. CC. XII. quinto decimo kal. aprilis ». — (Mss. lat. 10095, fol. 99).

Le même, en juillet 1216, du consentement de sa femme Marguerite, donne à N. D. de Chartres, une rente de 3 setiers d'avoine et de 3 poules que l'église lui devait sur un hébergement à Bajouville (Id. fol. 100). Guillaume portait *barré de six pièces* (Ms. lat. 5185 I, fol. 307). D'autres branches des anciens *Aiguillon* sont restées en Normandie et ont de là passé en Angleterre (Cf. Le Prévost, note sur Orderic Vital, t. V, p. 450).

de ses fils, on doit croire que Guillaume Aiguillon fut son beau-père (Cartulaire, n⁰ XXIII).

Au moment de partir pour la Croisade, peu après 1099, il fit appeler Thibaut, abbé de St-Martin, pour lui restituer une dîme à St-Ouen-l'Aumône, donnée par Guillaume Aiguillon à ce monastère, et dont il s'était emparé. Il laissa deux fils, qui prirent le nom de Trie ; nous y reviendrons plus loin.

L'Histoire manuscrite de St-Germer attribue à Dreux un frère, *Hugues Pain d'Avoine*, qui abandonna le monde pour embrasser la vie religieuse dans ce monastère.

A ce moment il fit à son frère Dreux, auquel revenait une partie de son héritage, d'instantes prières pour qu'il consentît à laisser à l'abbaye toute la dîme de Fresnes, paroisse du Beauvaisis, voisine de Chaumont, qui porte encore le nom légèrement corrompu de Fresnes-l'Eguillon. Hugues était aussi le bénéficiaire de l'église de Fresnes, car il ajouta à ce don celui de la moitié des cierges offerts à l'autel le jour de l'Assomption. St-Germer lui dut la moitié de tous les revenus que les châtelains de Chaumont percevaient à Bennecourt près de Bonnières, point célèbre au IXᵉ siècle comme ayant été le siège d'une des défenses militaires dont s'emparèrent les Normands. Hugues donna encore, à Bennecourt, un gourd dans la Seine, pour fournir des anguilles au monastère. Cette conversion du châtelain de Chaumont ne se fit pas *in extremis*, comme la plupart des prises d'habit fréquentes chez les chevaliers de ce temps : il exerça jusqu'à sa mort les charges de prieur et de prévôt et ne cessa de contribuer par son activité et ses bienfaits au développement matériel et moral de l'abbaye. Toutefois, la donation de Bennecourt, que Hugues Pain d'Avoine ne possédait qu'à titre de bénéfice, ne fut pas agréée par le roi Philippe Iᵉʳ: mais après sa mort survenue en 1108, l'abbé Hildegaire I, élu l'année précédente, alla trouver Louis VI, et, — moyennant l'hommage d'un cheval d'apparat, provenant des haras que le monastère de Saint-Germer entretenait dans la vaste forêt de Bray, où s'élevaient une quantité de palefrois et de roncins, — le jeune roi, dans l'intérêt même de cette production chevaline, accorda la jouissance qui avait été refusée par son père (452).

Voici le passage des Chroniques de St-Germer relatif à cet épisode :

HUGO DE CALVOMONTE dictus PANIS AVENÆ, GALONIS filius, DROGONIS frater, [et HUGONIS cognomento BORGNII *Calvomontis* comitis (*sic*) quem regiorum exercituum prefectum seu connestabulum quidam volunt, nepos, (*)] patruus INGELRAMNI DE CALVOMONTE seu DE TRIA, quem Sugerius S. Dionysii abbas, in vita Ludovici VI. virum cordatum et strenuum appellat, de quo mox plura dicemus, cum, relicta sæculari militia, monasticam vestem institutum salubriter ætate jam profectus *Flaviaci* suscepisset, rogassetque Drogonem fratrem ut ex iis bonis quæ reliquerat

(452) Luchaire, *Louis VI le Gros*, n⁰ 65. — Mss. lat. 13890, fol. 426. — Hildegaire remplaça l'abbé Jehan, mort le 13 avril 1106 (Mss. lat. 13817, fol. 378).

(*) Ce passage est incontestablement erroné.

et quæ hereditario jure possidebat, aliquam partem Flaviaco concederet, Drogo ipse fratris precibus libenter assentiens, ut aliquid utilitatis ex ejus conversione monasterio provenisset, interveniente amborum matre, totam decimam apud *Fresnas*, candelarumque in B. Virginis assumptæ festivitate medietatem, necnon *Benecurtis* omnium reddituum, tam in agris et vineis quam in censibus et hospitibus, mediam partem et in aqua gurgitem unum, unde solventur anguillæ, benigne impetiit. Sicque Hugo collatis Flaviacensi monasterio hisce bonis multum profuit, sed multo magis religiosa conversatione et propositis ad imitationem exemplis præclare prioris seu præpositi usque ad obitum exercens officium, et ad alia majoris momenti capessenda necessariis dotibus paratus, sine dubio promotus fuisset, si diutius vivere contigisset, si tamen jam parum diu vixisse dicendus est qui suo perfecte munere functus moritur. *Bernecurtem*, villam *Flaviacensium* monachorum ditioni DROGONIS DE CALVOMONTE ob HUGONIS fratris sui ibidem monachi gratiam liberalitate addictam, cum Philippus I Francorum rex, ad quem res ista aliquando pertinerat, Dei timore posthabito, violenter abstulisset, HILDEGARIUS (I. abbas S. Geremari) eo mortuo, Ludovicum VI qui in patris regnum successerat adiens, precibus et commonitione effecit ut rem oblatam libenter restitueret. Quiquidem rex oblatum ab abbate palefridum ex illo proletariarum equarum grege qui in vasta *Braii* silva alebatur, benigne suscepit utque ex hoc proletario grege magnam istam palefridorum et runcinnorum quos iis a quibus beneficii aliquid acceperant, grati animi testificatione impertere consueverant, multitudinem opportune educere poterant (453).

Ce texte est confirmé par une analyse du même titre fournie par Dom Caffiaux :

« *Galon* eut pour fils *Dreux* qui, à la prière de son frère *Hugues*, dit *Pain d'Avoine*, moine de St-Germer, donne à l'abbaye ce qu'il avait à Bennencourt, du consentement d'Enguerran, fils de Hilbert de Montdidier, seigneur du lieu. Le roi Philippe s'empara de ce bien, mais le roi Louis son fils le rendit à Hildegaire l'abbé. Dreux se fit moine ensuite à St-Germer et donna la dîme de Trie du consentement de son héritier *Enguerran* » (454).

Hugues, vicomte de Chaumont, approuvait entre 1110 et 1124, la cession d'une maison à Pontoise, ainsi que Payen de Gisors et sa femme Mathilde (Cartul. n° LV). Ce personnage doit être certainement identifié avec *Hugues le Borgne*, qui fut connétable durant tout le règne de Louis VI et dans les premiers mois de Louis VII. Hugues le Borgne appartenait à la maison de Chaumont (455), mais il ne put être, à coup sûr, l'oncle de Dreux et de Hugues Pain d'Avoine. Il cessa d'exercer la connétablie avant le 1er août 1138 (456), mais ce ne fut pas par suite de décès, car il vivait encore onze ans plus tard.

On trouve, dans la collection des *Historiens de France*, éditée par Duchesne, des lettres de Hugues, évêque d'Auxerre, et de saint Bernard, priant Suger, abbé

(453) Mss. lat. 13899. Histoire de St-Germer, fol. 426.

(454) Mss. 1209, fol. 242.

(455) « Signum HUGONIS cognomento STRABONIS tunc temporis constabularii nostri ». Acte de 1108 (Guérard, *Cartul. de N. D. de Paris*, I, 247). — « S. HUGONIS DE CALVOMONTE constabularii nostri ». Acte de 1111. (A. N. K. 21, n° 3. Tardif, *Cartons des Rois*, n° 349).

(456) Luchaire, *Actes de Louis VII*, p. 52.

de St-Denis, de chercher les moyens d'établir une trève entre Hugues de Marines et Hugues le Borgne (1147) (457).

A une date antérieure à la mort d'Hildegaire I (22 avril 1123), *Hugues* dit *le Borgne (Strabo), vicomte de Chaumont*, donne la dîme de Ons à St-Germer, en présence de l'abbé Hildegaire ; il nomme sa femme *Luce* et ses fils *Guérin* et *Galon*. Il est aussi témoin de la donation de Gautier de Reilly de ce qu'il avait à Jamericourt. Hugues le Borgne et Enguerran de Trie sont qualifiés « les hommes » de l'abbé (458).

Louis VI ayant dans l'été de 1134 (entre le 3 août et le 25 octobre), à la prière de la reine Adélaïde, donné aux religieuses de Montmartre les hôtes d'une ville qui devaient jouir de la même coutume que les hôtes de Bagneux, le diplôme mentionne la concession de Hugues le Borgne et de Luce sa femme (459).

Guérin, l'aîné des fils de Hugues III était mort dès le 31 mars 1149 ; à cette date son père abandonna à Mortemer tout ce qu'il pouvait avoir de droits sur la terre qui entoure le Chêne-Gihier, du consentement de Luce et de leurs trois fils, *Galon, Eudes* et *Hugues* (459 *b*).

En 1175, Galon III, fils d'Hugues le Borgne, fut témoin d'une charte de Jehan de Gisors, qui avait épousé sa sœur. Les archives du Val Notre-Dame nous

(457) Duchesne, t. IV, 522. — Suger s'étant fait donner par le roi et l'archevêque de Rouen Hugues III l'abbaye de St Pierre de Chaumont, autrefois occupée par des chanoines, y mit douze moines ayant à leur tête un prieur ; il fit bénir par le prélat rouennais, le cimetière et consacrer une église destinée à servir d'étape entre la France et la Normandie, notamment pour le transfert des reliques. Comme les frères manquaient de vignes à Chaumont, il leur céda 20 muids des vignes de Cergy donnés à St Denis par Louis VI et la moitié d'une dîme de vin achetée à Ableiges (Ed. Lecoy de la Marche, p. 183). La cession de St Pierre eut lieu en 1145 d'après D. Racine (Nécrologe de St-Denis, fol. CXLV. Bibl. Mazarine), qui donne une liste des prieurs, avec des détails intéressants sur l'histoire religieuse du pays.

(458) D. Caffiaux, vol. 1209, fol. 242. La charte où figurent *Luce, Guérin et Galon II*, est également citée par le P. Anselme. — L'Histoire manuscrite de St-Germer énumère ainsi qu'il suit les libéralités de Hugues le Borgne et des autres châtelains de Chaumont :

« *Calvomontis* proceres præter totam decimam apud *Fresnos*... et alia... HUGO cognomine BORGNUS, GALLO, INGELRAMNUS, GUILLELMUS, GUARINUS, alter HUGO, JOHANNES, JACOBUS, EGIDIUS et alii ejusdem familiæ dynastæ pia munificentia tribuere : apud *Ons in Brayo* totam decimam culticulorum et duas partes decimæ terrarum arabilium ; apud *Locomvillam* dimidium decimæ ; apud *Hosmunt* quicquid habebant in decima ; apud *Gahennium* decimam quæ de suo feodo erat ; apud *Fay* partem ecclesiæ, duas partes magnæ decimæ, octo hospites cum tota justitia et sexdecim minas avenæ ; apud *Dudelvillam* decimam quam habebant. Hec omnia a præfato HUGONI BORGNO oblata, GALLO filius ejus confirmavit. Ipse autem GALLO apud *Puteolos* quosdam hospites (præbuit) ». (P. 421).

(459) Luchaire, *Louis VI*, n° 538. — C'est par une erreur de fiche évidente qu'à la table, *Hugues le Borgne* est différencié du connétable *Hugues Strabon*.

(459 *b*) Voir les analyses littérales des chartes de Mortemer dans le Mss. fr. 20272. — On ne sait pourquoi Sainte-Marthe, en dressant, dans ce manuscrit, une généalogie des Chaumont, a fait de Hugues le connétable et de Hugues le Borgne deux frères ; et moins encore sur quelle conjecture il a échafaudé la généalogie qui les rattacherait, par un certain *Amauri de Chaumont*, à Hugues le Grand, comte de Vermandois, frère de Philippe Ier (Mss fr. 20272).

font connaître que, dès 1169, Galon et sa femme *Mahaut* avaient trois enfants : *Hugues*, *Jehanne* mariée à Gervais fils de Bouchard le Veautre (de la famille de Massy) et *Idoine*, mariée à Roger de Maule (460).

Mahaut paraît avoir survécu longtemps à son mari. En 1199, une charte rédigée dans la chapelle de l'Hôtel-Dieu de Paris la qualifie de « femme noble et religieuse ». N'ayant pas oublié la leçon de l'Évangile: « Ce que vous faites à l'un de ces tout petits, vous le faites à moi-même, » elle donne aux pauvres hospitalisés un demi-muid de blé d'hivernage dans sa grange de la Trouée, avec l'assentiment de son fils Hugues et de sa bru *Pétronille* (461).

Galon avait cessé de vivre en 1182, car son fils, *Hugues III*, vendit alors à l'abbaye de St-Victor des maisons à Paris provenant de l'héritage paternel. Il fit approuver cette vente par sa sœur Jehanne (462).

Nous possédons le sceau de Hugues III : il est rond, sur cire jaune, et assez fruste : on y distingue un cavalier, le casque levé, l'épée à la main ; si des armes figuraient sur son bouclier, elles sont devenues illisibles (463).

Ce sceau est appendu à un acte par lequel Hugues et sa femme Pétronille, pour la rémission de leurs péchés et en vue d'instituer un service annuel pour le repos de l'âme des Galon de Chaumont et de Gasce de Poissy, ayant d'ailleurs reçu des moines de St-Pierre de Chaumont une somme de 4 livres, renoncent à

(460) GALO DE CALVOMONTE concessit ut ecclesia de Valle Ste Marie terram III carrucarum, de territorio de *Corcellis* quam habet a Willelmo de Besu et Hugone filio Pagani, disrumpendam usque ad metas ante densum nemus positas ; et quod superfieret ultrâ metas de tribus carrucis, in proprios usus expendere... Concesserunt hec omnia MATHILDIS uxor ejus et HUGO filius eorum, et filie IDONEA et JOANNA. Testes HUGO prior ecclesie Sti Petri, IVO prepositus, PETRUS DE HARAVILLIERS, WILLELMUS filius GAUTERII DE MARINIS. (Copie certifiée. Titres orig. Mss. fr. 27201, p. 100). — Cf. Mss. lat. 5441. — Galon, pour fonder son anniversaire, donna au Val deux muids de blé et un d'avoine (LL 1541, fol. 18). Son sceau, équestre, porte : S. GALONIS DE CALIDOMONTE (M 573. — Douët d'Arcq, n° 1805).

— En 1170, Galon cédait à Mortemer tous ses droits de coutume « in terra circa *Quercum Hierii*, terram scilicet ad novem carrucas ». Il fit consentir ses enfants et trois de ses vassaux : Hugues de Locouville, Jehan de Pommereu et Gautier de Bertichères (lieu proche de Chaumont, à la portée d'une harquebuse, écrit Sainte Marthe, Mss fr. 20172).

(461) « MATHILDIS DE CHAUMONT nobilia mulier ac religiosa, non immemor illius quod a Domino dicitur : « quod uni ex minimis meis fecistis, michi fecistis », pauperibus *Domus Dei Paris*. dimidium modium hibernagii donavit de redditibus suis in granchie sua *de la Troe* annuatim... Ego HUGO DE CHAUMONT predicte domine filius et heres, et uxor mea PETRONILLA... assensum prebuimus... Interfuerunt, DROCO DE CARNUILEZ (le Cornouillet), RICHARDUS DE VENENIMUNT, GUILLELMUS DE MAIENTOT (Magnitot), frater Durandus, frater Garnerus, etc.

Actum *Parisiis* in capella pauperum predictorum, anno ab Incarn. Dni M° C° XC° nono ». (A. N. K. 182, n° 1).

(462) Elle résidait alors à *Esponia* (Epône ou Epaignes ?). Coll. Baluze, t. LV, fol. 279. — Dès 1177 Hugues était témoin d'une charte de Bouchard V de Montmorency.

(463) A. N. K. 26, n° 8. — S 2163, décrit par Douët d'Arcq, n° 1807: Ce sceau n'a que 55 millimètres. — Hugues se fit faire plus tard un sceau équestre de 60 mill. dont il usait en 1200. (L 756, cité par Douët d'Arcq, n° 1808).

toutes revendications sur les foires établies dans cette ville la veille, le jour et le lendemain de la fête de St Simon et St Jude. Cet acte fut passé devant un grand nombre de « barons », parmi lesquels Jehan de Gisors, Gautier de Marines et Thibaut de Chars. En voici le texte :

Quoniam mundus et ea que in mundo sunt, cito transeunt et ad nichilum rediguntur, modernis atque futuris notificamus quod HUGO DE CALVOMONTE cum uxore sua PETRONILLA, omni querela remota, ob remissionem peccatorum suorum et remedium animarum parentum suorum et amicorum, monachis ecclesie *B. Petri de Calvomonte* nondinas tribus diebus annuatim habendas concessit, videlicet in vigilia SS. Apostolorum Simonis et Jude, et in die festi et crastina die post festum. Quapropter quoddam annuale pro animabus patris sui GALONIS atque GACONIS DE PEISI faciendum ei concessimus, et quatuor libras donauimus.

Actum vero apud *Nateuillam* (464) coram multis baronibus qui hujus rei testes se fecerunt, scilicet JOHANNES DE GISORTIO, GAUTERIUS DE MARINIS, THEOBALDUS DE CHARZ, HUGO miles DE REBEZ, RADULFUS DET (465) qui tunc temporis prior erat, et JOHANNES sacerdos *de Bosguillout* (466).

Les foires dont il s'agit avaient été concédées par Philippe-Auguste dans un diplôme daté de Poissy en 1186 pour le repos de l'âme de son père Louis VII et de celle de Raoul de Vaux, inhumé à St-Pierre de Chaumont (467).

Roger de Hoveden rapporte qu'en 1196, dans un combat contre les troupes de Richard Cœur de Lion, « HUGO DE CHAUMUNT miles probus et dives, valdè familiaris regis Franciæ, captus est et Regi Angliæ traditus ». Il réussit à s'échapper du donjon de Bonneville-sur-Touques, et Richard punit impitoyablement ceux dont la négligence ou la connivence avait favorisé sa fuite (468).

Un acte passé à St-Germain-des-Prés, en 1195, nous apprend que Mahaut, mère de Hugues III, était sœur de Hugues de Chaillot (*de Challouet*). Ce dernier ayant vendu à l'abbé Robert IV sa part du bois des Jardies, Hugues de Chaumont

---

(464) Lattainville, canton de Chaumont.

(465) *D'Hez* ou *d'Æz*, nom d'une localité limitrophe de Chaumont, où était établi un prieuré bénédictin.

(466) Orig. K. 26, n° 8. — Sceau rond, en cire jaune, fruste. On y distingue un chevalier, le bouclier et l'épée à la main, le casque levé.

(467) In nomine... PHILIPPUS Dei gr. *Francorum* rex. Quod pietatis intuitu regalis largitur munificentia posteritatis aliqua non decet turbari malitia. Noverint igitur u. p. p. et f. quam ecclesie *Sti Petri de Calvomonte* ob anime patris nostri venerande memorie regis Ludovici et anime nostre remedium, et in remissionem peccatorum anime RADULPHI DE VALLIBUS cujus ibidem habetur sepultura, donamus in perpetuum nundinas tribus diebus annuatim habendas, videlicet in vigilia BBᵐ Apostolorum Symonis et Jude et in ipso die illius festi et in crastina die post festum...

Actum *Pissiaci*, anno ab Incarnatione Dni Mº Cº LXXXº sexto, regni nostri anno octavo... (Orig. A. N. K 26, n° 8).

(468) *Histor. de France*, XVII, 579. Le gardien de la prison fut pendu et son seigneur condamné à 1200 marcs d'amende envers le Trésor anglais.

y consentit ; et cinq ans plus tard, il cédait au même abbé le quint de son fief de Cachan, qu'il tenait du monastère (469).

Les sommes ainsi réalisées étaient apparemment destinées à préparer l'expédition de Terre-Sainte. Le sire « Hues de Chaumont » partit en effet ; mais le courage ou les ressources lui firent défaut, et Villehardoin le nomme parmi ceux qui se retirèrent de la Croisade à Venise en 1202, et rentrèrent à Marseille « à grand honte » (*Histor. de France*, XVIII, 439).

Les historiographes de la maison de Chaumont donnent de cette retraite la version suivante :

Hugues de Chaumont se croisa en l'année 1198 pour la conqueste de la Terre Saincte où estoient les principaux entre les François : les comtes de Champaigne, Blois et Chartres sous la conduite de Baudoin comte de Flandres qui avec plusieurs autres seigneurs se liguerent ensemble pour ce sainct effect et s'associerent avec les Venitiens pour avoir meilleur moyen d'estre assistez de vaisseaux pour le passage. En faveur duquel voyage prenant lesd. Venitiens l'occasion à propos, assiegerent avec cette armée de François la ville de Zaara en Esclavonie que, un peu auparavant, Bela roy de Hongrie avoit prise sur eux, laquelle fut reprise et y seiourna tout l'hiver le camp des dits François à l'encontre dudit roy de Hongrie.

Ce fut là que en une escarmouche et sortie, que feit ledit Hugues de Chaumont sur ledit roy de Hongrie, il luy enleva de force sa banderolle colonelle où estoient emprainctes ses armes *burelles d'argent et de gueules*. Ledit de Chaumont porta depuis ces armes pour marque de sa gloire et de sa valeur, quittant les anciennes qu'il portoit au précédent. Tous ceux de ladite maison de Chaumont ont depuis ce temps toujours porté lesdites armes et les portent encore aujourd'hui.

Ces armes sont celles des Chaumont-Guitry, qui ne descendent nullement de Hugues III. Nous verrons plus loin que le fils et le petit-fils du Croisé de 1198 portèrent des armes très différentes. Les Sainte-Marthe, qui enregistrent comme historique l'épisode de Zara, ajoutent comme référence : « Geofroi de Ville Hardoin mareschal de Champagne a escrit le susdit voyage de France en l'an 1200 où il nomme Hugues de Chaumont ». On vient de voir en quels termes.

Peut-être pour réparer sa défection et s'exonérer de son vœu, Hugues devint bientôt le promoteur d'une importante fondation monastique. Il avait épousé Pétronille de Poissy, fille de Gasce IV et de Jacqueline. Pétronille, qui était une âme très pieuse, l'excitait à appeler dans le voisinage de Chaumont des cisterciennes. Thibaut et Guillaume de Trie, chanoines de Rouen, Osbert, abbé de

---

(469) A. N. LL 1025, fol. 92 et 105. — Il s'agit des Jardies, près de Ville-d'Avray, localité illustrée de nos jours par la résidence de Balzac et de Gambetta. — Par une charte non datée, Hugues et Pétronille cédèrent à St-Germain des Prés « partem nemoris de *Jordiis*, quam ab abbate Sti Germ. in feodo tenebamus, quam a nobis Dnus Theobaldus Panis emerat, sed de jure retinere non poterat,... S. Hugonis de Bulliaco militis nostri. S. Girardi armigeri nostri. S. Richardi nostri majoris. Ex parte monachorum : (Robertus abbas), Erchembaldus miles de Meudon ; Simon li Vertres, Guichardus de Antoniaco, milites, Rainaudus de Yssiaco ; Walterius, Simon Marescallus ; Johannes de Theodasio ; Rainerius decanus ».

(Cartul. de Suresnes. A. N. LL 1041, fol. 3. Une mention marginale indique à tort la date 1130).

Lieu-Dieu, et l'archevêque Robert Le Baube, élu en 1208, l'encouragaient dans ce dessein. Il fut enfin réalisé par l'affectation à un établissement de religieuses du domaine rural de Gomerfontaine, près de Trie, propriété des Chaumont (470).

Hugues avait conservé, à Gomerfontaine, un manoir qu'en 1209, du consentement de ses cinq fils *Jehan, Jacques* (ou *Gasce*), *Gilles, Gervais et Hugues IV*, il légua, avec d'autres biens, à l'abbaye de filles qu'il avait fondée (471).

Cette année fut sans doute celle de la mort de Hugues III. On s'explique ainsi qu'à la même date, il ait fait à l'abbaye de Mortemer une autre libéralité (472).

Pétronille était veuve dès 1210. En avril 1212, elle approuve comme dame de Chaumont, avec Jehan, son fils, une cession de fief. Son entourage comprend les seigneurs de Boissy-le-Bois, de Magnitot, de Boisgarnier, de Pommereu, et son chapelain Richard (473).

(470) Ego Hugo de Calvomonte concessione Petronille uxoris meæ, consentientibus Johanne et Jacobo ceterisque filiis meis, pro salute animæ mee et pro anima patris mei Galonis et matris meæ Mathildis... confirmavi Deo et monialibus ordinis Cisterciensis totum masnagium meum de *Gaumerfonte* cum virgulto adjacente, quatenus in eadem loco religioni perpetue deditæ, ad honorem Dei et Beatæ Mariæ et sancti Johannis Baptistæ, necnon et sancti Jacobi, sanctique Johannis Evangelistæ et sancti Eustachii, et omnium Sanctorum, divina celebrentur obsequia. Dedi eisdem monialibus totam decimam anguillarum mearum in vivariis de *Gomerfonte* et de *Nateinvilla*, et centum solidos singulis annis, ad festum Sti Remigii, per decem annos percipiendos, ad edificiorum suorum constructionem, et tres modios bladi ad mensuram de *Calvomonte* in molendino de Gaumerfonte... Hiis testibus : domno Teobaldo canonico Rothomagensi, domno Osberto abbate Loci Dei, etc.

(Copie incomplète collationnée. A. N. K 191, n° 62).

(471) Ego Hugo de Calvomonte miles et Petronilla uxor mea, de assensu Johannis, Jacobi, Egidii, Gervasii et Hugonis, filiorum nostrorum, dedimus et concessimus in puram et perpetuam elemosinam Deo et ecclesie Beatæ Mariæ de *Gaumerfonte* et monialibus ibidem Deo servientibus, domum nostram de Gaumerfonte cum toto gardino et toto porprisio eidem appendenti, et duos hortos vicinos ante portam ejusdem domus, et pascuum nostrum de *Gillaurei* a via que descendit de *Nateinvilla* usque *Floocurt*, et piscationem unius piscatoris ad opus earumdem monialium in stagno ejusdem loci annuatim in omnibus festivitatibus Beatæ Mariæ Virginis ; et in censibus nostris de *Calvomonte* xx solidos annuatim ; et vineam nostram in *Valle de Joy* quæ appellatur vinea de *Glategni* (Glatigny, paroisse de Jouy-le-Moutier) et totam decimam quanti nos emimus a domno Roberto de Pommereus (Pommereu) milite, quam ipse tenebat in villa *Nemoris Gilloudi* (Boisgeloup, près Gisors), testibus hiis : domno Roberto archiepiscopo, in cujus presentia hoc totum factum fuit, domno Willelmo de Tria, canonico Rothomagensi, Johanne de Tria, Johanne de Boissi et Willelmo de Maignetot, militibus... Actum apud *Stam Mariam de Prato* juxta Rothomagum, anno Inc. Dom. 1209, in octava Apostolorum Petri et Pauli (K. 191, n° 63).

(472) Hugo de Calvomonte assensu Petronille uxoris mee et filiorum meorum Johannis et Jacobi, concessi ecclesie *Mortui Maris* quicquid juris habebam tam in granchia quam aliis consuetudinibus, in terris et nemoribus que possident apud *Giberri*, sicut mete ipsorum et fossata se preponent. Testibus Nicolao sacerdote de *Nateinvilla*, Johanne de Boissi et Willelmo de Maignetot et Roberto de Pomereus militibus, Bartolomeo Rege et multis aliis. Actum anno Verbi incarnati M° CC° IX°. (Orig. Arch. de l'Eure, H 653).

(473) Hec ut rata permaneant, ego Petronilla de Calvomonte presentem paginam sigillo meo confirmavi, testibus hiis : Johanne de Boissiaco, Willelmo de Mainnitoh, Walterio de Bosgarnier, Roberto de Pommereus, Richardo capellano ejusdem loci. » (A. N. K 191, n° 65).

L'évêque de Senlis, par un jugement arbitral de 1215, imposa à Pétronille un silence perpétuel au sujet de ses réclamations sur la grange de Provervilliers, appartenant aux moines du Val (474).

Voici d'après le registre des fiefs de Philippe-Auguste publié par M. Léopold Delisle (136), ce qui, dans les biens de Pétronille de Chaumont, relevait de la Couronne :

Domina PETRONILLA DE CALVOMONTE tenet de rege quicquid habet apud *Calvum montem* in feodo et dominio, et *Latenvillam* (Lattainville) totam in feodo et dominio, et vice comitatum et tensionem avenc apud *Triam-villam* (Trie-la-Ville) et duo feoda apud *Dodeauvillam* (Doudeauville), scilicet totam villam. Hoc totum tenet ad unum feodum, unde debet exercitum et equitatum ad suum custum. Preterea ipsa tenet de rege chacciam suam in foresta de *Cela*.

Jusqu'en 1223, qui fut probablement la date de sa mort, Pétronille conserva le titre de *dame de Chaumont*. De l'aveu de son fils qui s'intitule alors sire de Mello, et de ses autres héritiers, elle légua à Gomerfontaine sa propre maison, contiguë à l'enclos des religieuses dans lequel elle avait accès (475).

Jehan, fils aîné de Pétronille, est qualifié dans cette dernière pièce « JOHANNES DE CALVOMONTE, miles, dominus de MELLOTO ». Ade, sa femme, descendait certainement de Guillaume, sire de Mello, mort après 1189, laissant deux enfants mâles, Manassès, chevalier, et Guillaume, clerc, cités ensemble de 1204 à 1212. Guillaume le clerc survécut à son frère et prit le titre de sire de Mello de 1218 à 1221 (476).

Jehan de Chaumont prend le même titre dès septembre 1223 ; il approuve le don fait à Gomerfontaine par « son cher cousin » Pierre V de Maule, d'un muid de blé dans sa dîme de Liancourt (477).

Jehan prend le même titre en février 1224, dans un acte où « assensu et voluntate ADE uxoris mee et fratrum meorum HUGONIS et GASCIONIS, » il accorde aux nonnains de Gomerfontaine la mouture franche de 25 muids de blé dans son

(474) Mss. lat. 5462, p. 78 et suiv. Les archives de l'Oise (II 1413) contiennent divers actes de la même date, relatifs au partage de la succession de Hugues, entre ses fils Jehan, Jacques, Gilles et autres.

(475) Ego PETRONILLA DE CALVOMONTE domina, de assensu JOHANNIS DE CALVOMONTE militis, domni MELLOTI filii mei, et de assensu ADE uxoris sue, et de assensu omnium heredum meorum, concessi... Bte Marie de Gomerfonte... domum meam cum porprisio quod includitur in circuitu jamdictarum sanctimonialium. » (A. N. K 191, n° 73).

(476) D. Villevieille : Mss. 31940, p. 130.

(477) Universis... JOHANNES DE CALVOMONTE, miles, dominus *Melloti*, salutem. Noveritis me gratam habere donationem factam a *dilecto consanguineo meo* domino PETRO DE MAULIA sanctimonialibus de *Gaumerifonte* de uno modio bladi in decima sua de *Liencuria* que est in feodo meo. Ego de assensu HUGONIS et GALONIS fratrum meorum, huic cartæ sigillum meum apposui in testimonium et munimen. Actum anno gratiæ 1223, mense septembris (Copie certifiée. Mss. fr. 27.201, fol. 104). — Ce document fixe la filiation de Pierre V de Maule ; étant cousin germain de Jehan I de Chaumont, il était donc fils de Roger I de Maule et d'Idoine, sœur de Hugues III ; la dîme de Liancourt avait dû constituer la dot d'Idoine. Cette libéralité de Pierre V avait déjà été approuvée par Pétronille et son fils Jehan, en septembre 1216 (Ib. fol. 107).

moulin du même lieu, en exigeant le serment du meunier qu'il accomplira loyalement cette disposition (478).

Il apparaît encore comme seigneur dominant de son frère Hugues en 1228 ; il était mort en 1239, et son fils *Gilles II* l'avait remplacé. Chevalier en 1248, Gilles donna pour l'anniversaire de son père, la veille de St Jehan-Decollace, 12 muids de blé dans son moulin de Lattainville (479).

Maître Gilles I et Gervais, frères du chevalier Jehan, vendirent à Gomerfontaine, en octobre 1224, de l'aveu de leurs frères Hugues et Gascion, deux muids de seigle de rente, l'un à Valdampierre, l'autre à Montherland, et le pourpris d'une maison proche le vivier, moyennant 50 livres « quas sanctimoniales nobis karitativè contulerunt » (480).

Hugues IV de Chaumont, en mai 1228, cède aux religieuses, pour 4 livres parisis, le terrain sur lequel sont bâtis les murs qui entourent le monastère. En 1237, il prend le titre de chevalier, et reçoit du couvent la somme fort considérable de 340 livres en échange de ses droits sur le moulin de Gomerfontaine, sur les terres sous la chaussée du vivier que des bornes limitent, sur tout le vivier et toute la pêcherie jusqu'aux « planches de Bertichères ». Ce fief était tenu par lui de Gilles son neveu, et en arrière-fief du sire de Gisors (481). En 1245 il intervint dans un différend entre le prieur de Gisors et l'abbesse de Gomerfontaine (482).

Dès 1273, *Gilles III*, écuyer, l'un des fils de Hugues IV, amortissait pour 20 livres tournois toutes les acquisitions faites par Gomerfontaine dans l'étendue de

(478) A la même date, il concède « licenciam sanctimonialibus de Gaumerfonte faciendi fossatum unum ad sua æsamenta juxta vivarium nostrum de Gaumerfonte, quod extenditur usque ad vetus molendinum, tali modo quod facient calceiam unam inter vivarium et fossatum, et aqua vivarii descendet in suo fossato et fluet usque ad vetus molendinum, et vadet extra vivarium. » (A. N. K 191, nᵒˢ 74 et 76).

(479) A. N. K 191, nᵒˢ 83, 84, 84 bis, 87. — Jehan eut un autre fils, *Eudes*, clerc, cité en 1227 (LL 1015, fol. 62). — Gilles eut pour héritière sa fille *Jehanne*, qui porta la terre de Lattainville à Jehan le Bouteiller de Brasseuse (note 225 *supra*). Le sceau de Jehanne figure au bas d'une charte donnée par elle et son fils Gilles de Brasseuse (M 850, cité par Douët d'Arcq, nᵒ 1814).

(480) A. N. K 191, nᵒ 78. — Gervais est encore cité en 1246 (Mss. lat. 5462). — Il porte comme armes la *croix losangée au franc-canton d'hermines*. (Arch. de Tours. Douët d'Arcq, nᵒ 1806).

Gascion céda des droits de griage à Mortemer en 1238. (Mss. fr. 20272). Il-scelle d'armes à la croix losangée l'acte de dotation de sa sœur *Pétronille*, abbesse de Gomerfontaine en 1248. (Demay, *Sceaux de Picardie*, nᵒ 238).

Gervais, chevalier, vivait encore en 1267 : son fils *Jehan*, écuyer, se qualifie « sieur de La Trouée » en 1300. Il était suzerain de fiefs à Issy (Mss. fr. 31911, p. 9).

(481) K 191, nᵒˢ 83, 84 bis.

(482) Ego Hugo de Calvomonte miles notum facio quod cum abbatissa et conventus B. M. de *Gomerfonte* peterent a religioso viro priori de *Gisortio*, quasdam decimas sitas apud *Boscum Gilloudi*, quas olim habuit et tenuit Robertus de Pommereus miles in dismagio dicti prioris, a Hugone de Calvomonte milite, quondam patre meo, in eleemosinam collatas, quas decimas prefatus ego Hugo miles dicto priori vendideram ; tandem de bonorum virorum consilio querela sopita est in hunc modum quod ego concessi in excambium et compensationem dictarum decimarum duas pecias terre arabilis (K 191, nᵒ 88).

son fief (483). En novembre 1275, les fils de Hugues, *Robert, Gilles III* et *Jehan II*, tous trois écuyers, vidimaient et approuvaient les lettres de leur père et de leur feu cousin Gilles II en faveur de ce monastère (484).

Robert, en 1283, comme héritier de sa feue mère *Aélis de Loconville*, fit délivrance aux religieuses du legs de 4 mines de blé de rente à la mesure de Chaumont, fait par elle au couvent sur la grange de Loconville (485).

Gilles III mourut en 1286, après avoir fait un don, lui aussi, à Gomerfontaine.

En non du Pere et du Fiz et du Saint Esperiz fist et composa Giles de Chaumunt escuier son testament, et donna et delaissa pour Dieu et pour l'ame de lui et de ses antecesseurs a Dieu et a l'eglise de N. D. de Gomerfontaine et as nonnains, en ce lieu Dieu servans, tous champars et ciens, come il avoit en ceu jour en toutes les terres as nonnains devantdites, en tele condicion que ele doivet fere par chacun l'an anniversaire en leur eglise et pour c'onques ceste chose soit ferme et estable en tems avenir, Je Robert de Chaumunt chevalier, et je Jehen de Chaumont escuier freres dud. Giles, cest don et ceste aumone en la maniere desus dite en graigneur, conformement et pour ce que les nonnains devant dites le tiegnent en perdurableté bien et pesiblement, je Robert de Chaumunt chevalier et je Jehan de Chaumont escuier, freres et seigneurs et heritiers et exequteurs dud. Giles avont bailié ceste leitre as nonnains devantdites, seelées et garnies de nos seaux. Ce fu fet en l'an de nostre Sire mil et deus cens et quatre vins et sis, le vendredi devant la feste Saint Climent (486).

Robert laissa pour héritier *Gilles IV*, qui prenait en 1327 les titres de « chevalier, seigneur de Saucourt et de Loconville ; » il céda quatre arpens de terre aux nonnains « tenant au chemin de Boucourt à Trie-la-Ville » (487).

Les sceaux des Chaumont sont équestres; celui de Jehan I, apposé à une donation aux Templiers en 1227, montre une *croix losangée* (488). Hugues IV, en 1238, a une *croix dentelée* sur son écu ; Gilles II, son neveu, porte de même (489). Dom Estiennot, qui a cru voir dans la famille de Chaumont une branche des comtes de Pontoise, lui donne pour armes: « *de... à la croix dentelée de... »* et « *fascé de... et de... à l'aigle esployée brochant sur le tout »* (490).

(483) K 191, n° 101.

(484) K 191, n° 103.

(485) K 191, n° 104.

(486) K 191, n° 106.

(487) K 191, n° 112.

(488) S 5091, n° 11 ; cité par Douët d'Arcq, n° 1810. — Mss. fr. 31911, n° 8 ; d'après le fonds du prieuré de Gisors aux archives de Marmoutier (acte de 1234).

(489) Levrier, *Dict. du Vexin*, t. XLII.

(490) Mss. lat. 12741, fol. 399. Les constructions généalogiques de Dom Estiennot ne sont pas toujours heureuses.

II. — Famille DE TRIE.

Le château de Trie était, au rapport d'Orderic Vital, une des places frontières fortifiées du Vexin. Dreux en fut le seigneur-châtelain, comme Osmond, son contemporain, l'était à Chaumont. Le Cartulaire (n° XXIII) relate son départ pour la Croisade, où il prit dans l'armée de la Foi la place de son père.

De retour de Palestine, Dreux, à l'instigation de son frère, se retira au monastère de St-Germer, où il prit l'habit. Il y parvint à une longue et vaillante vieillesse, survivant à son frère puîné, Hugues Pain d'Avoine, à ses fils Enguerran et Galon (491).

La note 139 du Cartulaire relate les exploits de Galon et d'Enguerran, qui périrent successivement, en 1118 et 1119, au service de la France. Suger appelle le second *Enguerran de Chaumont* et le qualifie « vir strenuus et cordatus ». S'étant, par un coup de main hardi, emparé des Andelys (492) et de tout le pays de l'Epte à l'Andelle, jusqu'à Pont-Saint-Pierre, il se regardait orgueilleusement comme le maître du pays, et son attitude irrespectueuse envers Louis-le-Gros avait indisposé Suger. L'abbé de St-Denis attribue sa mort à une punition divine, comme envahisseur des biens de Notre-Dame de Rouen (493).

Aux dons de ses ancêtres, grands bienfaiteurs de St-Germer, Enguerran ajouta des droits de gruerie à Puiseux et un clos de vignes à Pontoise. Ces dons furent inscrits dans un testament où il demandait à être enterré au milieu des moines, c'est-à-dire auprès de son père (435). Comme beaucoup de guerriers de ce temps, il rendait aux monastères amis ce qu'il arrachait aux monastères ennemis, et Suger le blâme en termes amers des déprédations que, comme capitaine de Louis VI, il infligea aux biens ecclésiastiques en Normandie (494).

(491) Drogo vero Hugonis Panis avene dicti frater et Ingelramni de Calvomonte seu de Tria pater, præmonente Christi gratia et fratris adhortatione, et potissimum exemplo, apud *Flaviacum* in senectam jam delabens, cum totum se Dei obsequio devovisset, assentiente Ingelramno filio suo, monasterii possessionibus, apud *Triam Villam* duas partes decimæ, terram ad unam carrucam, molendinum unum et alterius molendini dimidium et plures tractus et hospites in perpetuum attribuit. Degit *Flaviaci* multos annos valida virium firmitate senex, fratri natu minori filioque superstes, et exactam honestissime et sanctissime vitam cum fortunata et gloriosa morte commutavit (B. N. Hist. de St-Germer, p. 374).

(492) Il s'y établit avec Geofroi de Serans et Aubri de Boury (Orderic Vital, l. XII).

(493) Blessé au sourcil, il perdit la raison et mourut peu après. — M. Molinier (*Vie de Louis le Gros*, p. 89), a parfaitement établi l'identité de cet *Enguerran de Chaumont* et de l'*Enguerran de Trie* d'Orderic. Mais la généalogie de cette famille lui apparaît comme entièrement à faire.

(494) « Ingelrannus de Calvomonte vir audacissimus et ejusdem regis infestator presumptuosus, cum Beatæ Mariæ matris Domini Rothomagensis archiepiscopatus terram destructam iri non abhorreret, gravissimo affectus morbo post longam sui exagitationem, post longam et intolerabilem proprii corporis meritam molestiam, quid Reginæ cœlorum debeatur licet sero addiscens, vita decessit ».

Après la mort prématurée d'Enguerran, Trie passa à son cadet *Guillaume Aiguillon II* qui fut, en définitive, l'unique héritier de Dreux (495).

Il apparaît en 1126, sous le nom de *Guillaume de Trie*, dans la suite de Louis-le-Gros, avec le comte Mathieu I de Beaumont, Gui de la Tour (496) et Nivard de Poissy (497).

Suger cite « WILLERMUS AGUILLON DE TRIA » parmi les seigneurs qui se croisèrent avec Louis VII à Vézelay le 31 mars 1146 (498). La même année, il fut témoin avec Anseau II de l'Isle, d'un acte confirmatif, par Renaud II, comte de Clermont, d'une donation de Réri de Goussainville aux moines du Val (499).

Guillaume Aiguillon II s'allia à Marguerite de Gisors, fille de Hugues II. Elle mourut peu après le départ de son époux, à la suite de Louis le Jeune, pour la Croisade de 1147.

Elle laissait quatre filles, *Ode, Idoine, Adélaïde* et *Mahaut*, et un seul fils, *Enguerran II*, encore tout enfant lors de la mort de sa mère. Notre Cartulaire contient des détails touchants sur les obsèques de Marguerite de Gisors (n° CII).

Les moines du Val Notre-Dame obtinrent d'Enguerran II en 1168, l'amortissement de leur terre de Courcelles, dépendant du fief de Raoul de Boury, et de toute la terre de Sérifontaine qu'ils avaient acquise du même Raoul et de Geofroi de Gamaches (*de Gamagiis*). Parmi les témoins, on cite « GUIARDUS presbiter de Tria » (500).

Enguerran II fut l'un des bienfaiteurs de Mortemer. Il confirma à ce monastère des droits d'usage que lui avaient donnés dans certaines forêts les anciens vidames de Gerberoy. Cet acte daté de 1169 mentionne la femme d'Enguerran, *Heddive*, et ses enfants *Guillaume III* et *Marguerite* (501).

(495) « GUILLELMUS post mortem INGELRAMNI cujus frater et hæres erat, rata esse voluit quæ ab Ingelramno Flaviacensi ecclesiæ, in quâ testamenti tabulis sepeliri decreverat, elargita fuerant. » (B. N. Mss. lat. 13890, p. 427).

(496) Évidemment Gui III de Senlis, qui n'était donc pas mort en 1112, comme le dit le P. Anselme. Cf. note 189 *suprà*.

(497) Coll. Moreau, LII, 110. Dès avant 1112, Guillaume Aiguillon avait à Liancourt un fief dont mouvait le champart d'Ermentrude de Falaise (Guérard, *Cartul. de St Père*, p. 633).

(498) *Hist. de Louis VII*, édit. Molinier, p. 159.

(499) Tardif, *Cartons des Rois*, n° 492.

(500) Copie certifiée. Mss. fr. 27201, fol. 100.

(501) In nomine... ego ENGELRANNUS ACULEUS DE TRIA — dedi — *Ste Marie de Mortuomari* — qcqd consuetudinis habebam — circa *Quercum Giberii* quam VICEDOMINI DE GERBORREDO HELIAS et PETRUS et filii eorum Willelmus et Petrus post patres eos dederunt... — concedente HEDDIVA uxore mea et WILLELMO filio meo et MARGARETA. Testibus ROBERTO presbitero de *Fresnes* et [JOHANNE] DE MONTCHEVREL, THEOBALDO DE BUXERIA, PETRO SALNIER, ROBERTO preposito de *Fresnes*, HERBERTO Pistore, JOHANNE DE CURCELLIS, EUSTACHIO DE SALCEIO, ROBERTO DE HOSDEN, ALBERTO et GALTERO ANGLICO.

Actum publice apud *Fresnes* anno ab Incarnatione Dni Mª Cº LXº IX, idibus decembris.

(Orig. Arch. de l'Eure, II 653. — Le nom entre crochets n'existe que sur une copie du XVIIIᵉ siècle; il a disparu de l'original par l'usure du parchemin).

Heddive n'est autre chose qu'*Eve de Mouchy*, héritière de ce château qu'elle avait porté en dot à son premier mari Nivelon de Pierrefonds. Celui-ci, homme fort convoiteux, ayant dépouillé de sa part d'héritage sa belle-sœur Ermentrude mariée à Dreux de Mello, Louis VII prit fait et cause pour la victime, s'empara du château de Mouchy et le démantela en 1161. Peu après Nivelon mourut; le roi maria sa veuve à Enguerran en lui donnant en dot la moitié du château paternel (502).

Le nouveau sire de Mouchy entreprit de relever ses châteaux de leurs ruines et de restaurer surtout sa forteresse de Berneuil. Des matériaux furent apportés et des ouvriers furent mis à l'œuvre. Ces travaux inquiétèrent le voisinage, et l'évêque de Beauvais lui-même, Barthélémi de Montcornet, s'en plaignit au roi. Louis VII envoya l'ordre de cesser l'entreprise, avec menace de faire détruire les ouvrages par ses troupes. Enguerran de Trie savait comment le roi faisait respecter ses ordres et il se contenta d'élever, avec son assentiment, une modeste résidence seigneuriale, dénuée de toute apparence de forteresse » (503).

Enguerran mourut vers 1175, et sa veuve se remaria au sire de Moy, dont elle eut plusieurs enfants (504). A ceux qu'elle eut d'Enguerran on doit ajouter: *Jehan I*; *Pierre*; *Guillaume*, chanoine de Rouen (472); *Elisabeth*, femme de Gui V de Senlis (p. 290 *supra*).

Pierre de Trie est connu par des actes qu'il passa avec son frère en faveur de l'abbaye du Val (505).

Lorsqu'en 1195, un accord s'établit entre le roi et Henri, abbé de St-Mellon de Pontoise, pour fonder dans les bois d'Hénonville une nouvelle colonie agricole qui s'est appelée depuis *la Villeneuve-le-Roi*, Pierre de Trie et Jehan de Montchevreuil cédèrent au roi et au chapitre leurs droits sur la grange située dans ces bois (506).

Il est qualifié *Pierre de Chaumont, écuyer*, à l'occasion d'un arbitrage qui

(502) Suger, *Histoire de Louis VII*, éd. Molinier, p. 168.

(503) Dom Grenier donne pour emplacement à cette forteresse un tertre situé sur le bord du ruisseau, entre Berneuil et Bizancourt, au lieu où fut plus tard élevé le manoir du fief de la Salle. Nous ne connaissons pas les motifs qui ont déterminé ce savant bénédictin à le fixer en cet endroit, mais nous serions assez porté à croire que ce château fortifié était au-dessus de l'église de Berneuil et dans son voisinage, et la ferme actuelle de Mme d'Agrain en serait un reste (L'abbé Deladreue, *Notice sur Berneuil*, ap. Mém. de la Soc. Hist. de l'Oise, t. XIII, p. 463).

(504) L'abbé Deladreue, *Notice sur Berneuil*, ap. Mém. de la Soc. acad. de l'Oise, XII, 464. — Cette indication rectifie la date tout-à-fait anachronique « vers 1200 », attribuée par le même auteur dans son *Histoire de l'abbaye de St-Paul* (Ibid., VI, 71, et X, 249), à une donation d'Enguerran II.

(505) *Histoire de Méry-sur-Oise*, par MM. de Ségur-Lamoignon et J. Depoin, Pièce justif. n° VII.

(506) Teulet, *Layettes du Trésor des Chartes*, n° 445. — D. Racine, *Hist. de Saint-Martin*, p. 165; D. Estiennot, II, xv; Deslyons, *Éclaircissement du Droit de Paris*; tous trois d'après le Petit Cartulaire de St-Mellon, dit *Liber juratorum*, p. 9.

lui fut confié par les abbayes de St-Victor et de St-Germer au sujet de biens à Amblainville (507).

Dès 1189, *Jehan de Trie* donnait à l'abbaye du Val, du consentement de Pierre, un bois entre les Coutumes de Mériel et le bois de Philippe de Villiers, en présence de sire Guillaume de Mello (*Merlou*), Nicolas de Montchevreuil et autres (508).

En 1190, Jehan apparaît dans deux actes relatifs à ses droits sur le bois de Jagny, près Luzarches (509).

A cette même date, *Jehan I* prenait le titre de « châtelain de Trie par la grâce de Dieu ». Il résidait dans son château de *Fresnes l'Aiguillon* et donna son adhésion à une cession de la dîme d'Epinay-sur-Seine faite à Saint-Denis par Étienne de Baillet et Pierre de Piscop. L'acte est daté suivant les formules des chancelleries princières : « Actum apud *Fresnes* in aula nostra » (510).

Les généalogistes attribuent à Jehan de Trie une première femme, *Luce de Chaumont*, qui descendait apparemment de Hugues II Le Borgne et de sa femme Luce. Les actes de 1190 supposent Jehan célibataire ou veuf. Dès 1193, il était marié à *Adlis*, fille du comte de Dammartin, dont elle fut plus tard l'héritière. L'abbé Deladreue écrit à son sujet dans sa *Notice sur Berneuil* :

En 1193, Jean de Trie possédait déjà une partie de la seigneurie de Berneuil ; cette partie lui avait sans doute été donnée en dot lors de son mariage avec Alix de Dammartin. On le trouve, en effet, à cette date, faisant donation à l'abbaye de St-Paul du fonds et de la seigneurie du bois de Trapes, sis à Vaux (Berneuil), et cela du consentement d'Alix, sa femme, et en présence du comte de Dammartin, son beau-père, de Mathilde, sa belle-mère, de Jean de Montchevreuil, de Gautier de Thibivillers, de Garnier de Hermes, de Garin curé de la Bosse, et de Guillaume, curé de Trie-Château.

En 1218, ces deux seigneurs comparurent pour confirmer l'accord passé entre les seigneurs de La Neuville-Garnier et les habitants de Berneuil, au sujet du droit d'usage dans les bois du larris ou du Mont-Florentin. Les gens de Berneuil revendiquaient le droit de couper le bois qui leur était nécessaire pour leur chauffage et pour l'édification et la restauration de leurs maisons dans les bois de la seigneurie de La Neuville, droit qui leur avait été donné, disaient-ils, par le chevalier Garnier de Hermes, le fondateur et le premier seigneur de La Neuville. Les seigneurs de La Neuville ne niaient pas ce droit, mais ils voulaient le régler. Les habitants de Berneuil en usaient et abusaient

(507) Mém. de la Soc. acad. de l'Oise, XIII, 521.

(508) LL 1541, fol. 33.

(509) L'un de ceux-ci eut pour témoins Guillaume, curé de Trie ; Hugues de la Boce, Guillaume de Torli, Gérard de Mortefontaine, Arnoul de St-Ouen. (LL 1541, fol. 32). — L'autre est reproduit aux Pièces justificatives de l'*Histoire de Méry-sur-Oise*, d'après LL 1544, fol. 29.

(510) « Interventu precum STEPHANI DE BALLEI. qui tenet a nobis in feodum decimam de *Spinolio* cum aliis rebus, et PETRI DE PISSECOC eamdem decimam ab ipso Stephano tenentis ». Les témoins de cet acte sont trois chevaliers et deux religieux de St-Denis. « Testes NICHOLAUS DE MONTCHEVREL, ANSELMUS DE INSULA, GARNERIUS DE CAMPANIIS, magister GUIBERTUS et magister MATHEUS DE STO DIONISIO (Arch. nat. L 845).

tellement qu'ils eussent bientôt dévasté tous les bois de la seigneurie. Pour obvier à ce grave incon-vénient, les seigneurs lésés essayèrent de cantonner les usagers de Berneuil, c'est-à-dire de leur fixer une portion de bois qu'ils pourraient couper à loisir, mais en dehors de laquelle il ne leur serait pas permis d'user de leur droit. L'entente fut difficile à établir, pourtant on finit par traiter et un accord écrit s'en suivit. Le cantonnement fut limité par le chemin de la crète du mont Nivert jusqu'au chemin du Champ Renard, et désigné sur la pente qui descend vers Berneuil. Les seigneurs de La Neuville détermineront le lieu des coupes, et les usagers payeront annuellement à ces seigneurs, le lendemain de Noël, une obole pour chaque feu. Pour donner toute autorité à l'accord, les seigneurs de La Neuville et les gens de Berneuil n'ayant pas de sceaux, Jean de Trie, seigneur de Mouchy et Dreux de Moy y apposèrent les leurs (511).

Le même auteur relate ailleurs une donation faite à St-Paul de Beauvais par Enguerran II, du consentement de ses fils, d'un demi-muid de grains, tant blé qu'avoine, de redevance annuelle, à la mesure du Vexin, à prendre sur son droit de voirie à Pommereux, ou, en cas d'insuffisance, sur celui qu'il avait à Porcheux (*in viaria de Porcis*), pour être employé à acheter tous les ans une paire de chaussures à chacune des religieuses (*ad crepitas monialium jam dicti loci annua-tim emendas*). En reconnaissance de ce bienfait, il fut admis à la participation de toutes les prières et bonnes œuvres du couvent. Cette donation fut ratifiée en 1202 par Jehan de Trie, fils aîné et héritier d'Enguerran, avec l'assentiment d'Aélis, sa femme, et de *Mathieu*, *Enguerran* et *Renaud*, ses enfants (504).

Jehan apparait en 1212, comme seigneur de Vaumain. Son nom figure dans le rôle des châtelains du Vexin qui combattirent à Bouvines en 1214. On rap-porte que son fils, qui combattait à côté du roi, tua le cheval que montait l'empe-reur Othon IV (512).

En 1219, il s'intitule « JOHANNES, dominus TRIE, miles » dans la cession à St-Victor de droits sur une terre mouvant de Girard IV de Vallangoujard (513) et « JOHANNES DE TRIA miles et dominus », dans un don à Gomerfontaine de 3 arpents de terre sur le mont de Beaucourt (*Boocort*), avec l'agrément d'Aélis et de Mathieu et de ses autres fils (*aliorum puerorum*) (514). Il vivait encore en juin 1224, date à laquelle, du consentement de sa femme et de son fils, il donne un setier de blé de mouture par mois au Moulin-Jumeau (*molendinum Jumel*) à Chau-mont et un tonneau de vin par an dans sa vigne de Mareil (*Maruel*), à l'abbaye de Gomerfontaine (515).

Dès 1220, il avait abandonné gracieusement aux moines du Val les droits

---

(511) Mém. de la Soc. Acad. de l'Oise, XII, 466 ; d'après le fonds de St-Paul, liasse *Vaux*, et D. Grenier, t. CXCIV, p. 164.

(512) Barré, *Notice sur Vaumain*, ap. Mém. de la Soc. acad. de l'Oise, IX, 736.

(513) A. N. S 2071, nᵒˢ 106 et 108.

(514) A. N. K 191, n° 71.

(515) A. N. K 191, n° 79.

lui restant dus au sujet du rû de Mériel que leur avait cédé Guillaume Aiguillon II, son grand-père (516).

Aélis de Dammartin, veuve de Jehan I, vivait encore en 1237 ; elle fit alors avec les moines du Val un échange qu'elle scella de son sceau. On y remarque une dame debout, vue de face, en robe et manteau de cour, la coiffure carrée, la main droite à l'attache du manteau, un oiseau de vol sur le poing gauche (517).

Cet arrangement fut confirmé par son fils *Enguerran III*, qui scelle d'un sceau équestre. Sur son bouclier triangulaire on distingue, comme sur le contre-sceau, une *bande fuselée*. C'est une brisure de cadet. Les armes pleines de la vieille maison de Trie étaient *d'or à la bande d'azur* (518).

Enguerran avait, dès 1207, sans doute par alliance, des droits dans le Soissonnais, dont il se défit en faveur d'Arnoul Tristan (519).

Renaud, autre fils d'Aélis, n'est autre, croyons-nous, que le *Bernard* complètement inconnu dans les titres, qui se signala à Bouvines.

En juin 1237, Renaud et Enguerran de Trie, frères, chevaliers, font savoir que leur père, Jehan, sire de Trie, de bonne mémoire, a concédé aux moines du Val le bois d'Aiguillon, situé entre les Coutumes de Mériel et le bois qui fut à Pierre de Villiers (Adam). Moyennant 120 livres en compensation du droit de voirie, *Aélis* leur mère en donna décharge sur sa dot. Mathieu, frère de Renaud et d'Enguerran, y donna aussi son assentiment (520).

L'héritier de Jehan I dans la seigneurie de Trie fut son fils aîné *Mathieu I*, qui, en 1234, appose à l'acte où il se porte pleige pour sa parente, la comtesse de Boulogne, un énorme sceau équestre, avec bouclier armorié *à la bande*, casque carré et cotte d'armes flottante sur l'armure (521).

Devenu plus tard comte de Dammartin, il prit un sceau équestre où se voient

(516) « Ego JOHANNES DE TRIA omnibus notum facio quod cum ecclesia *Vallis Beate Marie* de dono et elemosina bone memorie WILLELMI ACULEI avi mei, brachiolum aquæ de *Meriello* possideret, et fratres ejusdem ecclesie L solidos, nomine census, pro cultura de *Coquesale* michi annuatim reddiderent, tandem pro bono pacis eis dictos L solidos quitavi... et totam illam peciam prati quam HUBERTUS DE MERIEL et PETRUS DE LUPARIS dederunt concessi, salvo censu XVI denariorum. Hoc voluerunt et concesserunt ADELICIA uxor mea et MATHEUS primogenitus meus. 1220 ». (Mss. lat. 5462, fol. 325).

(517) A. N. S 4204, nᵒˢ 51 et 113. — Douët d'Arcq, *Coll. de sceaux*, nᵒˢ 3770 et 3771.

(518) D. Estiennot, *Hist. Sti Martini*, II, 161. — Ces armes sont indistinctes sur le sceau équestre de Jehan I, en 1223 (A. N. S 2234, nᵒ 20).

(519) « GOBERTUS dominus DE MURETO manumitto medietatem vineæ sitam in *Cocciaco* juxta *Thesaurum* que de feodo meo est, quam INGELRAMNUS filius JOHANNIS AGUILON vendidit ARNULFO TRISTAN et hæredibus suis » (Cartulaire de Longpont, Arch. de l'Aisne, H 692, fol. 16).

(520) Mss. lat. 5462, fol. 39. Orig. A. N. S. 4284, nᵒ 113. — Le sceau de Renaud, apposé à cet acte, représente un chevalier armé, portant un écu à la bande, chargé d'un lambel de cinq pendants, avec cette légende : SIGILLVM REGINALDI DE TRIE.

(521) A. N. J 395 ; Teulet, *Layettes*, nᵒ 282. — Ce sceau mesure 63 millimètres (Douët d'Arcq, nᵒ 3773). Il porte la légende : S. MAIHUS DE TRIE..... »

bien nettement sur le bouclier les armes de Trie (522). Le contre-sceau ogival renferme deux écus accolés : l'un de Trie, l'autre *fascé à la bordure*, armes des Dammartin (fascé d'argent et d'azur de six pièces à la bordure de gueules).

La Société Historique du Vexin se proposant de mettre en œuvre les notes laissées sur Trie par M. Alfred Fitan, nous fournira l'occasion d'étudier la généalogie des seigneurs de ce château depuis le début du XIII⁰ siècle (523).

III. — MAISON DE CHAUMONT-GUITRY (ou QUITRY).

Robert, dit *l'Éloquent* (*Eloquens*) appartenait très certainement à la maison de Poissy (524). Il occupait à Chaumont la charge de prévôt sous le vicomte Eudes.

Robert acquit la seigneurie de Guitry (525) par son mariage avec la fille de Nicolas, seigneur de Guitry et de Lebecourt.

Sous saint Graoul, abbé de Fontenelle (mort le 6 mars 1048), Nicolas avait cédé à titre d'aleu, pour fonder un prieuré bénédictin, aux fils spirituels de saint Wandrille, l'église de Guitry, érigée par son père Baudri en l'honneur de Saint Pierre. Voici la teneur de cet acte :

Quia humana fragilitate perpediti atque terrena inhabitatione agregati in multis offendimus omnes, eorum nobis patrocinio comparare necesse est, qui et carnis impedimenta viriliter abrumpēre ac mundana fideliter pretereuntes onera, misceri celestibus meruēre. Quod ego NICHOLAUS filius scilicet BALDRICI prudenter advertens et sollicité agere contendens ecclesiam que est in villa que vulgo dicitur *Chitrei*, quam pater meus in honore sancti Petri construxit et rebus propriis ditavit, perpetualiter eidem Apostolo atque Sto Wandrigesilo trado in alodo, ob redemptionem anime mee et mee uxoris, que in supradictorum sanctorum cœnobio, scilicet *Fontanella* humata est, ubi ego similiter post ultimum laborem obto quiescere, necnon pro animam heredum meorum presentium et futurorum, cum omnibus decimis et terris quas mihi hactenùs canonici tenuerunt in prebendis. Augeo denique ad illud beneficium quod pater meus ibi ad serviendum ordinavit, terram in eadem villa ad unam carrucam, atque tres arpentos terre scilicet *Vinee dissipate*. Hujus donationis auctor est filius meus ROGERUS, possessor prefati fundi. Et ut firmiter hec donatio firma maneat in evum, unum ab abbate GRADULFO, rectore jamdicti cenobii, equum in precio suscepi, quantumvis presentes illam donationem teneantur et futuri famulantes Deo in predicto cenobio. Hujus donationis testes

(522) Douët d'Arcq, n° 688, d'après un titre de 1262.

(523) Un des cartulaires de Saint-Denis contient la vente à l'abbaye d'un cens, en 1237, par « nobilis mulier MARSILIA, uxor nobilis viri MATHEI DE TRIA ». (LL 1157, fol. 84).

(524) On trouve un *Gasce de Poissy* et un *Osmond de Poissy* au XI⁰ siècle. Le fils aîné de Robert fut *Gasce de Poissy*, tige de l'une des trois familles qui ont porté le nom de Poissy, celle des Gasce.

(525) Guitry, canton d'Ecos (Eure). Ce nom s'est orthographié en latin *Chitreium* et *Kytreium*. Au XVII⁰ siècle, la maison de Chaumont issue de Robert l'Éloquent adopta la forme *Quitry*, qui est restée associée à son nom actuel.

NICHOLAUS, hujus rei dator, et ROGERIUS filius ejus, Vigerius clericus et Vigerius laicus, Aldulfus, Walterius. S. NICHOLAI (526).

L'église de Guitry était alors une collégiale desservie par des chanoines. La transformation se fit par voie d'extinction, les moines prenant la place des chanoines défunts.

Sous l'abbé Robert, frère et successeur de saint Graoul (1048-1053), Nicolas de Guitry céda à Saint-Wandrille sa terre de Lebecourt, du consentement de Gertrude, sa seconde femme (527).

Il fut encore témoin d'un jugement du 17 février 1070, où l'abbé de la Croix St-Leufroy fut débouté de ses prétentions sur l'église St-Ouen de Gisors, léguée à Marmoutier par Hugues de Chaumont (528).

Nous avons signalé, note 132 du Cartulaire, ce qu'Orderic Vital raconte de la vie de Robert l'Éloquent, qui mourut avant 1089 et fut inhumé au prieuré de l'Aillerie, dépendant de St-Evroul.

Il laissait trois fils : Gasce de Poissy, *Osmond de Chaumont* et Robert de Beauvais, qui devint vidame de Gerberoy.

Osmond prit le titre de *seigneur du château de Chaumont*. C'est dans cette ville qu'il confirma la cession à St-Wandrille des prébendes de Guitry :

Apud Calvum montem in domo OTMUNDI *senioris*, recognovit ipse OTMUNDUS et utrique filii ejus WILLELMUS et OTMUNDUS tres prebendas in *Chitreio* quas avus eorum NICHOLAUS prius sancto Wandregisilo tradiderat, scilicet tali tenore ut quando canonici morirentur, pro canonicis monachi substituerentur. Preterea quicquid in terris vel in bosco monachi deratiocinare apud *Chitreium* poterint, quiete et pacifice eis habendum promiserunt. Terram eciam de *Lebecorte* sic liberam eis recognoverunt, ut tantum justitiam de duello, si forte de terra illa fuerit, sibi retinuerunt, sic tamen ut monachi forisfacturam de hominibus suis haberent. Et si ad opus castelli de *Chitreio* homines illos necessarios habuerint, per monachos facient eos submoneri. Hec recognitio facta est presente WALTERO priore et Drogone, monachis Sti Wandregisili, qui famulos habebant secum testes hujus facti, Lambertum de Ebroicis, et Willelmum nepotem Aaronis, et Willelmum filium Hilberti. Ex parte dominorum, multiplures fuerunt videlicet ROTBERTUS frater OTMUNDI et ROTBERTUS DE BEHU, WILLLELMUS DE CHITREIO, HUGO DE KYTREIO, Gillebertus Maillardus, Arnulfus Meschinus, HELDUINUS DE CLERRI, Guiduinus miles, DROGO DE SERRAIN.

Osmond est qualifié « dominus *castri Calidimontis* » dans un acte de renonciation, par Guiard de Conflans, aux mauvaises coutumes qu'il exerçait sur la

(526) Gr. Cart. de St Wandrille, fol. CCCXIX, n° 31.

(527) Une notice de Robert, abbé de Fontenelle (1048-1053) relate « emptionem terre que dicitur *Lebecors* quam feci a NICHOLAO BALDRICI filio coram uxore sua GERETRUDE, filiisque et fidelium multis presentibus... Dedi non parvam pecuniam i. e. XXV lib. pro vadimonio sub XII. annorum termino, deinde supradicto Nicholao petente, XII libras denariorum adjeci, atque in perpetuam possessionem et alodum Sti Wandregisili comparavi. Facta suggestione apud comitem WILLELMUM et accepta ab eo licencia hujus negociationis, teloneum quoque de villa *Kytreia* quod ante tenebamus pro sex libris reddidi ». (Approbation de Guillaume, prince des Normands, vers 1051). — Cart. de St Wandrille, fol. CCCXIX, charte 32).

(528) Arch. de Marmoutier : Prieuré de Gisors (D. Villevieille, mss. fr. 31911, p. 6).

terre de St Père à Liancourt. Cet acte fut passé à Chaumont (apud *Calvum montem*), le 15 octobre 1098 « his videntibus et audientibus : OTMUNDO *ejusdem castri domino*, ROBERTO fratre ejus, et WATHO DE PISSIACO ». On reconnaît là les trois frères indiqués par Orderic Vital (529).

Robert, frère d'Osmond, nommé avec lui dans cet acte, souscrit en 1107 sous le nom de *Robert de Chaumont*, un privilège de Geofroi de Pisseleu, évêque de Beauvais, pour les chanoines de St-Just (530).

Devenu par alliance, avant 1116, vidame de Gerberoy, il eut un fils nommé *Osmond*, l'un des ôtages donnés à Goël d'Ivry, et que celui-ci retenait au château d'Anet (Cartulaire. n° LVII).

Osmond, fils de Robert l'Éloquent, est encore nommé avec le vicomte Eudes et le prévôt Robert, dans une restitution de biens à St-Père de Liancourt, par Foulques, fils de Josselin, gendre de Gasce Ier de Poissy (531).

Dès 1097, Orderic Vital signale Osmond de Chaumont comme dirigeant avec Robert de Maudétour, la noblesse du Vexin dans la défense du pays contre les Anglais (532).

A une date voisine, antérieure à 1102, Hugues de Marines ayant octroyé au prieuré de Liancourt 5 sous de cens sur le moulin de l'étang situé sous Chaumont, Osmond de Chaumont confirma ce don qui était de son fief : « OSMUNDUS DE CALVOMONTE prefatum donum quia de fedo suo erat, concessit » (533).

Un diplôme de Louis VI, daté de 1112 (avant le 3 août), accordant à Henri le Loherain, conseiller du roi, les terres d'Aubervilliers, Triel, Mons, Villeneuve, Ablon, la maîtrise des crieurs de vin à Paris et d'autres privilèges, porte entre autres souscriptions celle de « HOTMONDUS DE CALVOMONTE » (534).

Les chartes de St-Père ne font connaître le nom ni de la femme de Robert l'Éloquent, ni de celle d'Osmond. Mais plusieurs notices, non datées, du Cartulaire de Préaux, sont relatives à des libéralités d'un chambrier Osmond (*Osmundus cubicularius*), de sa mère *Hadvide*, et de ses trois fils, *Roger* et *Robert* prêtres,

(529) Orderic Vital, éd. Le Prévost, II. 134. — *Cartulaire de St-Père*, p. 511.

(530) L'abbé Pihan, *Hist. de St-Just-en-Chaussée* (Mém. de la Soc. Acad. de l'Oise, XII, 400).

(531) Acte inédit de St-Père. Voir l'Appendice sur la famille de *Poissy*.

(532) Ed. Le Prévost, IV, 23.

(533) *Cartulaire de St-Père*, p. 631. Parmi les pièces du mss. 5417 non reproduites par Guérard, se trouve une donation à Liancourt par « MATHIAS filius GIROUDI DE BIAUTICURIA », approuvée par le seigneur féodal, Garnier de Chaussy (*de Calci*) et par Hugues son frère. « Ejus rei testes affuerunt OSMUNDUS DE CALVOMONTE, Galterius de Monte Falconis, Drogo de Torleio, Galterius Lancealevata, Petrus de Villula, Hugo de Sancto Gervasio, Gaufridus filius Ausculfi, Gauterius de Alneto, Johannes de Vals » (Mss. 5417, fol. 184. Notice non datée).

(534) Et celles d'Hellouin, précepteur du roi ; de Ferri fils de Thibaut (de Paris), de Guérin fils de Liétard (ou Lisiard de Paris) ; du chambrier Barthélemi et de Barthélemi de Montreuil (Coll. Moreau, XLVI, 137 ; de Lasteyrie, *Cartul. de Paris*, I, 161 ; Luchaire, *Louis VI*, n° 136).

et *Guillaume*, laïc. On connaît à Osmond I de Chaumont un fils chevalier, *Guillaume*, qui devint gendre de Louis VI (535).

Osmond et Guillaume sont mentionnés dans une charte de St-Germer, sans date, portant que, en se faisant moine dans cette abbaye, Osmond lui fit des donations que son fils Guillaume confirma (536).

Guillaume I, fils d'Osmond, épousa au printemps de 1114 (537), *Isabelle*, fille de Louis-le-Gros. Elle reçut en dot de son père tout ce qu'il possédait — comme héritier des comtes du Vexin — à Liancourt-saint-Pierre, à l'exception du prieuré (538).

Quelle était cette fille de Louis VI ? Elle n'était sûrement point issue de l'alliance conclue, mais non consommée, avec Lucienne de Montlhéry « quam sponsam recepit, uxorem non habuit », comme s'exprime Suger (539).

Encore moins pouvait-elle être fille d'Adélaïde de Savoie, dont le mariage avec Louis VI fut célébré le 2 avril 1116.

Il faut donc admettre avec le président Levrier, qu'Isabelle « étoit le fruit de quelque inclination secrète dont l'histoire — ajoute-t-il, — ne nous a pas fait connaître l'objet ».

C'est sur ce petit problème historique que la comparaison de deux textes nous paraît de nature à projeter une certaine lumière.

Le premier est une fondation faite par Isabelle, devenue veuve et fort âgée, en 1175, pour l'âme de son époux, du roi son père, et de *Renaud de Breuillet*. L'association à deux parents aussi proches de ce troisième personnage, tout à fait étranger au Vexin, puisque Breuillet est aux portes de Dourdan, nous avait donné lieu de croire que ce pourrait être le grand-père maternel d'Isabelle (540).

Un second document confirme cette présomption. C'est un acte du Cartulaire de Longpont, relatif à une donation de Bernard de Chevreuse — un vassal du père de Lucienne de Montlhéry. — Les moines de Longpont, désireux de la faire confirmer par les héritiers éventuels du bienfaiteur, s'adressèrent, entre autres alliés de Bernard, à *Marie, fille de Renaud de Breuillet*, et l'allèrent trouver

(535) Arch. de l'Eure, H 711, fol. cvi-cai. — *Osmond II*, fils cadet d'Osmond I, fut chevalier, et mourut avant son frère Guillaume, qui fonda son anniversaire à St-Père de Liancourt : « vii id. sept. Obiit OSMUNDUS miles pro cujus anima GUILLERMUS frater suus donavit ecclesiæ nostræ de *Leoniscarià* x sol. de pedagio suo. » (Obit. de St-Père, mss. 1038 de la Bibl. de Chartres).

(536) D. Caffiaux, vol. 1204, fol. 242.

(537) Cette date a été fixée par M. Luchaire (*Louis VI*, p. 108, n° 220).

(538) Guérard, *Cartul. de St-Père*, p. 638, 640, 652. Cette indication est fournie par un diplôme de Louis VI confirmant les biens du prieuré de Liancourt, et dont M. Luchaire a fixé la date au dimanche 6 janvier 1118 (n° 231). La donation générale faite à Isabelle induisit son mari à revendiquer certains droits dont les moines jouissaient depuis longtemps : ces difficultés furent assoupies par un accord du 9 avril 1119.

(539) *Vie de Louis-le-Gros*, éd. Molinier, p. 17.

(540) Levrier, XIII, 584. — *Cartul. de St-Père*, p. 652.

au château de Dourdan, où elle était *dans la chambre du roi* (*in camera Regis*), avec sa mère Florie (541).

Marie de Breuillet, fille de Renaud, fut donc très probablement l'amie de cœur du jeune prince Louis et la mère d'Isabelle. Louis-le-Gros affectionna beaucoup celle-ci. Non seulement il la dota d'un petit apanage, mais il lui permit d'attribuer à deux de ses enfants les prénoms royaux de Louis et de Philippe — faveur tout à fait exceptionnelle à cette époque.

Osmond et son fils se montrèrent par leur bravoure et leur patriotisme, dignes de l'alliance qui mêlait à leur sang le sang royal. Pour s'opposer à l'action vigoureuse d'Osmond, Henri Ier d'Angleterre fortifia contre lui le château de St-Clair en 1118. L'année suivante, Guillaume, fait prisonnier à Brémule le 20 août 1119, fut interné à Arques (542).

Louis VI ayant alors envahi le territoire normand, prit et brûla Evreux et mit, le 17 septembre, le siège devant Breteuil. *Guillaume de Chaumont*, son gendre, redevenu libre et assiégeant Tillières, fut fait de nouveau prisonnier (543).

Plus tard, Etienne d'Angleterre revint à la charge et réussit à enlever et à détruire le château de Guitry, qu'Orderic, en normand fidèle, appelle « un repaire de brigands ».

En 1137, dit-il, « rex munitionem *Chitreii*, ubi spelunca latronum erat, dejecit. Unde Guillelmus de Calvomonte cum Otmundo filio suo in regem surrexit, pro domus suæ præcipitio, rebellavit » (544).

Guitry fut relevé depuis. Mais la fortune de cette branche des Chaumont avait reçu un coup dont elle ne se releva plus.

Guillaume apparaît encore dans notre cartulaire (no CXVII) entre 1130 et 1151,

(541) Mss. lat. 9968, no 256. — La notice mentionne l'adhésion d'Aimon et de Nantier, fils de Marie, sans parler de leur père. Marie était donc veuve. On sait par d'autres pièces du même Cartulaire (nos 255 et 257), de St-Martin-des-Champs (mss. lat. 10977, fol. 14) et de Marmoutier (mss. lat. 5441, fol. 487) que le père d'Aimon et de Nantier était *Thévin d'Orsay*, fils de *Galeran Payen* dit *Châtel*, et de Béatrix, et petit-fils de *Gui d'Orsay* dont la veuve *Theiline* se remaria à Hugues de Palaiseau.

Cette branche de la maison de Paris possédait notamment Issy et Fontenay. Les cimetières de ces deux paroisses furent donnés en 1084 par Payen à l'abbaye de Marmoutier (mss. lat. 12878, f. 303), dont *Geofroi I*, son frère, s'était fait moine (Tardif, *Cartons des rois*, no 320).

La concession de Marie de Breuillet n'est point datée ; mais la notice ajoute que *plus tard* Aimon ayant réclamé contre cet acte, reçut une indemnité ; l'abbaye posséda ensuite en paix les biens concédés pendant tout le temps que vécut Amauri III de Montfort (1108-1137) et pendant quinze ans du temps de Simon III (1137-1152). Alors surgit une nouvelle entreprise d'Aimon, qui fut réprimée par jugement de la cour du roi.

(542) Ord. Vital, éd. Le Prévost, IV, 311, 355, 363. — Luchaire. *Louis VI*, no 259.

(543) Suger, 82. Orderic Vital, IV, 366-369. Luchaire, *Louis VI*, no 261.

(544) Ord. Vital, éd. Le Prévost, V, 89.

comme témoin de la donation de l'église de Maudétour. Il était certainement mort en 1175, ainsi que son fils aîné *Osmond III*.

Le 30 mars de cette année, « Isabel de Calvomonte pro salute anime mee et pro anima patris mei Lugdovici serenissimi regis Francorum, necnon et pro animabus Willelmi filii Osmundi et Renaldi de Braïelert et pro salute filiorum meorum, *Campum Manasserii* qui ad me hereditario jure ex dono patris mei pertinebat, et unum hospitem apud *Calvum montem*, ecclesiæ *Bti Petri Ledoniscuriæ* assensu filiorum meorum, dedi in elemosinam ».

Les six personnages qui souscrivent à cet acte paraissent être les fils d'Isabelle :

S. Lugdovici filii ejus. S. Philippi clerici. S. Gasthonis militis.
S. Baudrici militis. S. Hugonis militis. S. Osmundi militis (545).

Nous voyons, en effet, figurer parmi eux un clerc nommé *Philippe*. Or, l'évêque Arnoul de Lisieux rappelle dans une de ses lettres que Philippe de Chaumont fut élevé sous sa discipline dans l'église de Rouen ; il s'y fit remarquer par son excellente conduite (*honesta conversatione*) ; l'on voyait percer dans tous ses actes la noblesse de son extraction royale (*in actibus ejus regii sanguinis refulgebat excellentia*), et il paraissait se distinguer plus encore des autres par ses mœurs que par sa race. A la prière d'Arnoul, il fut accueilli par son frère de père, Henri, abbé de St-Mellon de Pontoise et archevêque de Reims, qui consentit à parachever son éducation et à s'intéresser à sa fortune.

Malheureusement Philippe commit quelque faute de conduite ou de tact qui le fit tomber en disgrâce. Arnoul intercéda pour lui auprès de son frère en épiscopat, qu'il appelle déjà, par une formule encore rare de ce temps « Votre Grandeur » (*Magnitudo Vestra*). Ce fut apparemment sans grand succès, car Philippe resta simple clerc (546).

Comme nous le verrons plus loin, *Louis* fut seigneur de Montjavoult et laissa postérité. Mais Guitry passa au fils de *Robert le Roux*, *Guillaume II de Chaumont*, qui se qualifie neveu de Louis. Robert III le Roux fut donc, ou fils d'Osmond III, ou son frère, mais né avant Louis, puisque la seigneurie principale de la famille fut réservée à sa descendance.

---

(545) Guérard, *Cartul. de St Père*, p. 652. Levrier, t. XIII, pr. 584. — Cette charte est datée du dimanche de la Passion 1175 ; d'après le système anglo-normand, l'année 1175 avait commencé le 25 décembre 1174. — Levrier cite un texte que nous n'avons pu retrouver, qui donnerait encore un autre fils à Isabelle, *Mathieu de Chaumont*.

L'obituaire de St Père mentionne la mort de la fille de Louis VI au 5 *août* : « Obiit Isabel de Calvomonte que dedit nobis xx solidos in pedagio suo, nobis in XI.ma reddendos annuatim, et *campum Manasserii*, et unum hospitem in *Calvomonte* ». (Bibl. de Chartres, mss. 1038).

(546) *Histor. de France*, XVI, 189. — Cette lettre doit avoir été écrite peu après 1162.

Guillaume II devait être trop jeune en 1175 pour être appelé à souscrire au testament d'Isabelle; mais dès 1179, il agit comme seigneur de Guitry (547).

Par une libéralité qu'il fit au prieuré fontenellien de ce lieu, en autorisant les moines à prendre dans son bois *leur ardoir* (de quoi se chauffer l'hiver), on voit qu'il avait alors pour héritier présomptif son frère *Amauri*, dont la vocation était encore incertaine (548).

Une charte de Robert d'Harcourt et d'Eve sa femme, non datée, fut donnée en présence de Guillaume II (549). Voici la nomenclature des fiefs que ce dernier tenait de Philippe-Auguste :

Dommus GUILLELMUS DE CALVOMONTE tenet apud CALVUM MONTEM unum feodum quod dividitur in duo, quorum GERVASIUS tenet unum et HUGO DE CONFLANS reliquum.

Idem GUILLELMUS habet unum feodum apud *Sanctum Clerum* quod ROBERTUS frater suus tenet; et aliud feodum apud *Lamecort*, et Domina Ysabella; et aliud feodum apud *Espiers* quod Gasco de Essartis tenet, et aliud feodum apud *Avenacum* quod Radulfus de Liz tenet, et aliud feodum apud *Lermesons* quod Guillelmus de Aunoi tenet; et dominicum suum in Vulcassino Francico. Valet xxxv lib. unde debet exercitum et equitatum seu alterum militem ad suum custum (p. 180).

Le second frère de Guillaume II, *Robert IV*, nous est connu par un titre de 1208, relatif à une vente forcée par un chevalier, débiteur des Juifs (550).

(547) A cette date, il concède « pro Dei amore » à St Wandrille (Grand Cartulaire, fᵒ ccxxxviii) « pratum de feudo ODONIS MALEGAIGNE quantum vincola durabat (sic) et hortum Hugonis Poignant juxta Breher; et pro recognitione hujus donationis mihi donavit unum equum iiiiᵒʳ librarum WILLELMUS DE ESTEINTOT tunc prior de *Chitreio*. Testibus Roberto filio Clarice et Garino filio Heluis; et de parte Willelmi de Calvomonte, MATHEO DE MONTIONI et Baldrico filio Acirie. Actum anno ab Incarnatione Dni mᵒ cᵒ lxxᵐᵒ ix, in sigillo WILLELMI filii ROBERTI RUFFI ».

Cet Eudes Malegaigne se fit pensionnaire au prieuré de Guitry, en cédant un champ de six acres que lui avait donné Robert le Roux :

« N. s. o. quod ODO MALEWAEGNE DE KYTREIO sex acras terre quas ex dono ROBERTI RUFFI DE CALMONT possidebat ecclesie Sti W. in elemosina donavit, eo tenore quod quamdiu vixerit, in domo monachorum de *Kytreio* victum et vestitum acceperit. Hanc donationem ego WILLELMUS DE CALMONT filius ROBERTI RUFFI... concessi... testibus Gilleberto de Civeres, Roberto filio Clarice et Alberico ». — Sans date. Ibid. fol. ccxxxix.

(548) « Ego WILLELMUS DE CAUMONT filius ROBERTI RUFFI concessi ecclesie Sti Wandregisili ad opus monachorum de *Kytreio* ardere suum in bosco meo, in quo loco et quale eidem meum ardere accipio... Insuper dedi eis campum qui dicitur *Campus Vince*... et decem acras terre quas magister Ricardus filius magistri Mauricii ecclesie Sti W. in elemosina donavit, que terra in curia Dni Regis de laico feodo recognita fuit, concessi... Et ego ALMARICUS frater Dni mei Willelmi, *sive clericus, sive fratris mei jure hereditario heres futurus*, ejus elemosinam et largitionem concessi ».

(549) Gr. Cartul. de St Wandrille, fol. ccxxxix.

(550) « Ego AMAURICUS filius RADULFI DE LYEBECORT... consensu EMELINE uxoris mee et PETRI filii mei concessi Sti Wandregisilli... totum boscum meum apud *Liebecort*... Hanc donationem... sollempniter et devote obtuli super altare Sti W., anno gracie M. CC. viiiᵉ., dominica iiiᵃ xlᵐᵃᵉ qua cantatur *Oculi mei*. Abbas vero et conventus videntes meam maximam in oblatione devotionem, moti visceribus misericordie, dederunt mihi de caritate cenobii decem lb. paris, quas Judeis statim reddidi quibus pro debito obligatus tenebar... Testibus Guimundo presbytero de Fores, Dno WILLELMO DE CALVOMONTE, Dno ROBERTO fratre ejus, ROBERTO DE CRISPERIIS, vicecomite Caleti; Willelmo Rege de Torni. » (Gr. Cartul. fol. ccxlvii).

Le nom du chevalier Robert de Chaumont se trouve associé à la donation qu'Eléonor, comtesse de Valois et de Vermandois, qui le qualifie son cousin (elle descendait d'un oncle de Louis-le-Gros) fit de ces deux provinces à Philippe-Auguste : en juillet 1215, Robert attesta solennellement cette donation, avec plusieurs autres hauts personnages (551).

Robert hérita de la seigneurie de Saint-Clair, qu'il tenait de son frère aîné, et dont ses descendants prirent le nom. Un acte sans date, conservé aux archives d'Indre-et-Loire, est encore muni de son sceau, où l'on voit un écu *burelé chargé d'une aigle* (552).

Les démêlés de Robert de Chaumont avec les moines de St-Denis qui occupaient le prieuré de St-Clair-sur-Epte sont consignés sur de nombreux parchemins. Il commença par revendiquer le droit de présentation à la cure. Le prieur obtint son désistement en 1212 (553). Mais ce n'était qu'une faible partie de ses exigences. Il construisit un moulin neuf au-dessus de celui des moines, et y attira les gens du pays. Il s'empara des glacis qui entouraient le château et d'un grand pré où les moines et les paysans faisaient paître en commun leurs troupeaux ; il voulut supprimer les usances dans le bois du Fayel et enlever au prieur la justice dans sa censive.

Pierre, prévôt de Bonneval, le chevalier Jehan de Montchevreuil et Guillaume des Essarts furent choisis comme arbitres par l'abbé de St-Denis, Robert, Isabelle et leurs enfants, qui se soumirent à leur décision.

Ils reconnurent les droits absolus de Robert sur le bois du Fayel ; quant à ses moulins il dut payer aux moines, pour le vieux, une rente de 9 mines de blé *à l'ancienne mesure du pays* ; et pour le neuf, 16 mines et demie *à la mesure de Normandie*, en s'engageant à n'y plus donner entrée aux banniers du prieur. La partie des fossés du château touchant l'enclos du prieur et dominant son presbytère fut réservée à ce dernier, ainsi que la justice dans sa censive, mais jusqu'au duel exclusivement. Enfin il fut entendu que les ponts existant sur l'Epte *(pontes qui sunt super aquam Sti Clari)* ne seraient point déplacés. Cette sentence fut rendue en novembre 1221 (554).

Cet Amauri I de Lébécourt fit en 1212 un acte souscrit par *Gislebert de Paris* et *Jehan*, son fils. En 1227, il était marié à *Emeline*; en 1235, à *Béatrix*. Son fils *Pierre de Lébécourt* est cité en 1227 et 1235. *Amauri II* était marié en 1260 à *Mabirie*. Il fut en 1261 témoin d'un acte de « *Pierre dit Toonllet de Lebecort,* » et de dame *Ameline de Lebecort*, sa mère. (Gr. Cartul. de St Wandrille, fol. CCLII).

Adam, fils d'Amauri II, lui avait succédé en 1275.

Lébécourt est un hameau de la commune de Forêt-la-Folie (Eure).

(551) Mss fr. 24132, n° 217.

(552) Douët d'Arcq, *Coll. de Sceaux*, n° 1816.

(553) LL. 1158, fol. 390.

(554) LL 1158, fol. 392. — Orig. S. 2351, n° 25. Un acte de 1215, dans ce même carton (n° 29), nous a conservé un intéressant fragment d'un très beau sceau du prieur de St-Clair, représentant un moine assis, vu de droite, lisant un livre placé sur un pupitre élevé et qu'il soutient de la main gauche.

Parmi les enfants de Robert et d'*Isabelle* se trouvait apparemment *Robert V*, qui en 1211, du consentement d'*Aélis*, sa femme, et de *Jehan*, son fils ainé, renonça à ses droits sur la terre de la Vignette, cédée en 1179 au prieuré de Guitry par Guillaume II (555).

Robert V figure encore en 1225 comme suzerain de Denis d'Ecos (556). Huit ans plus tard, il avait cessé de vivre. *Aélis*, sa veuve, et *Jehan de Saint Clair*, son fils, eurent avec les moines dyonisiens, d'autres démêlés : ceux-ci se plaignaient que les seigneurs suspendaient le cours de l'eau et voulaient les empêcher de mettre des nasses dans l'Epte, au-dessus de leur moulin. Des arbitres, sire Hugues d'Athis et Raoul Arundel, bailli de Gisors, leur donnèrent gain de cause, en mars 1233, leur adjugèrent la pêche *a ponte Mercaturis usque ad tractum Sti Clari*, et reconnurent que le seigneur devait entretenir deux lampes dans l'église, à défaut de quoi les marguilliers pourraient se récupérer de la dépense d'huile sur les recettes du péage (557).

Jehan de Saint-Clair vivait encore en 1246 et 1266 (558).

Amauri de Saint-Clair fut reçu chevalier en 1267 (559).

🙚

Par un acte du 6 décembre 1208, *Guillaume II, de Chaumont,* chevalier « *fils de Robert le Roux*, ratifie, du consentement de *Robert* son frère, en présence de

---

(555) Noverint... ego ROBERTUS DE CALVOMONTE, assensu AELIDIS uxoris mee et JOHANNIS primogeniti mei, dimisi Sto Wandregisilo... et domui sue de *Kitre* quicquid reclamabam... in terra que vocatur *Vineola* et in omnibus terris pertinentibus carrucis predicte domus de *Kytre* et in omni corveia dominici sui... et in molta hominum suorum de *Lebecort* in Elemosina manentium... concedo quicquid antecessores mei dederunt... Actum anno Dni M° CC° undecimo » (Gr. Cart., fol. ccxxxvIII).

(556) « Noverint... ego ROBERTUS DE CALVOMONTE miles ad petitionem ROBERTI DE BAUQUENCEIO militis concessi... Bto Petro de Kytreio... donationem quam DYONISIUS DE ESCOZ dedit monachis...

Testibus hiis : Guimundo et Radulfo presbyteris de *Kytri* et de *Forest*. WILLELMO DE CALVIMONT milite. Osmundo filio Laurentii, Ricardo filio ejus, Andrea pellipario, ODONE DE GRIMONVILLE et DYONISIO filio ejus... anno Dni M. CC. vicesimo quinto, mense julii ».

Il s'agit sans doute de l'arrangement ci-après transcrit :

« Noverint... quod ego DIONYSIUS DE ESCOZ de sententia Dni archiepiscopi Rothomagensis reddidi Deo et ecclesie *Bti Petri de Kytri*... dimidiam acram terre quam injuste diu tenueram... et illi illam dim. acram mihi quitaverunt pro II solidis par. quos illis assensu MATILDIS uxoris mee... concedo... ad festum Sti Remigii... in masura mea in valle de Kytri... Testibus JOHANNE DE SARTOLIO sub priore de *Sulicio*, Radulfo presbitero de *Escoz* et decano, Ricardo presbitero de *Forui* ».

(557) LL 1138, fol. 392. — S 2351, n° 24, Vidimus de Gassot Chief d'hostel, garde de la châtellenie de Gisors. 7 mars 1462.

(558) Inventaire des titres de St Clair. S 2351, n°s 10 et 11.

(559) *Histor. de France*, XXI, 396. Il existait, à cette même époque, une branche secondaire des Guitry à laquelle appartenait « GARNERIUS MALFEISANT DE KYTRI » qui, en février 1234, est cité avec sa femme *Mathilde* et son fils ainé, *Osmond* (Gr. Cart. de S. Wandrille, fol. ccxxxtx).

Richard et Thibaut de La Chapelle, père et fils, la donation faite à l'abbaye de St-Germer, lorsqu'il y prit l'habit monastique, par *Louis*, chevalier *de Montgeuvol* (Montjavoult) son oncle, du consentement de *Guillaume, Thibaut* et *Raoul*, ses fils, d'une certaine terre tenue de lui par Robert fils de Lambert Guillery » (560).

En 1213, du consentement de *Mahaut*, sa femme, de ses fils *Guillaume III et Osmond IV*, et de ses autres enfants, Guillaume II donnait à Gomerfontaine sa « couture » près de Montjavoult, et 10 sous de cens à Chaumont (561).

Osmond IV de Chaumont nous est aussi connu par un document de source chartraine. *Isabelle*, sa femme, devait être de ce pays (562).

En novembre 1220, Guillaume II, pour l'âme de ses parents et de son fils Osmond, chevalier, donne deux muids de seigle à Gomerfontaine, ainsi qu'une couture voisine de celle qu'il avait précédemment donnée. Osmond était sans doute trépassé, car l'acte fut approuvé par *Guillaume III*, l'aîné des fils du donateur, par *Gui* et ses autres enfants. Osmond n'est plus appelé à y souscrire (563).

Guillaume III avait succédé à son père en 1224 et était déjà chevalier. Il fit de nouvelles libéralités à Gomerfontaine pour l'âme de ses ancêtres. Sa mère *Mahaut*, sa femme *Jehanne*, *Mathieu* son fils aîné et *Gui*, son frère, y consentirent (564).

(560) Cartulaire A de St Germer (perdu), fol. 462. Analyse de D. Villevieille, mss. fr. 51911, fol. 7. — Cité aussi par D. Caffiaux, vol. 3209, fol. 242.

(561) « GUILLELMUS DE CALVOMONTE miles assensu et voluntate MATHILDIS uxoris mee et GUILLELMI et OSMUNDI et aliorum omnium filiorum suorum, ecclesie Bte M. de *Waumerfonte* meam couturam de *Pisseiz*, sub villa que dicitur *Mongeuvolt* sitam, concessi... Dedi etiam x sol. p. censuales in festo Sti Remigii apud *Calvummontem*... Actum publice apud *Waumerfontaine*, anno Verbi incarnati 1213. » (A. N. K 191, n° 66). — L'original porte un sceau rond de 65 mill., au type équestre, le cavalier coiffé d'un casque conique, vêtu d'une cotte de mailles, avec un bouclier à ombilic (*Sceaux de Picardie*, n° 139).

(562) « Universis Christi fidelibus ad quos littere presentes pervenerint, OSMUNDUS DE CALIDOMONTE in Domino salutem. Noverint omnes quod ISABEL uxor mea, assensu meo et voluntate, pro remedio anime sue et antecessorum suorum, infirmis de *Belloloco* Carnotensi dotalicium suum quod super feodo de *Vaideneco* habere se dicebat, dedit et in perpetuam elemosinam concessit, et bona fide dictis infirmis penitus quitavit possidendum. Ego autem hoc donum volui et concessi, et ad peticionem dicte Isabelis uxoris mee ut ratum haberetur et firmum, presentem paginam sigilli mei munimine confirmavi. Actum anno gratie M° CC° XX°, mense martis. »

    Cart. de Beaulieu, p. 338, N. a. l. 1408, . 306. — La dîme de Vaudry, paroisse de St-Remi-sur-Avre, fut donnée en 1217 par Nicolas de Louvilliers aux lépreux du Grand Beaulieu).

(563) GUILLELMUS DE CALVOMONTE miles notum facio me concessisse in perpetuam elemosinam patris et matris mee, et antecessorum meorum et HOSMUNDI filii mei, sanctimonialibus de *Gomerfonte* duos modios hybernagii in grangia que est in nemore *Montis Jovis*, ad mensuram *Calvimontis*, infra festum SS. omnium annuatim percipiendos, et totam culturam contiguam culture de *Pisseio*. Hoc autem factum est assensu MATHILDIS uxoris mee et GUILLELMI filii mei primogeniti et GUIDONIS et aliorum puerorum meorum. Actum anno Incarnationis 1220, mense novembris. (A. N. K 191, n° 72).

(564) Ego GUILLELMUS DE CALVOMONTE miles de assensu MATHILDIS matris mee, et JOHANNA uxoris mee, et GUIDONIS fratris mei, et MATHEI primogeniti mei, et aliorum filiorum meorum... dedi Bte Marie de *Gome-*

Mahaut ne figure plus en avril 1227, dans une cession de deux pièces de terre par Guillaume III, Gui, Jehanne et Mathieu à l'abbaye de Gomerfontaine (565).

La même année Guillaume III cédait aux moines de Guitry tout ce qu'il avait autour de leur demeure. Jehanne et Mathieu interviennent dans l'acte, mais Mahaut et Gui n'y sont pas nommés (566).

Guillaume III laissa deux fils, *Mathieu I* et *Simon*. L'aîné lui avait succédé dès 1235. Les principaux chevaliers du Vexin français se réunirent le 5 mai à Pontoise en présence du jeune roi saint Louis, pour arrêter les coutumes du pays concernant le relief des fiefs. Il y avait là Gui V de la Roche, Anseau III de l'Isle Adam, Mathieu I de Trie, Jehan II de Chaumont, Gilles I de Montchevreuil et Jehan des Barres, qui, devant Raoul VI Deliés, bailli du Vexin, fixèrent par écrit les usages relatifs à ce point du régime féodal. Mathieu de Chaumont ne put assister à la proclamation des décisions prises, qui eut lieu à Saint-Germain-en-Laye, dans le courant du mois ; mais il avait donné caution au roi qu'il observerait les règles adoptées par ses pairs (567).

Sous le règne de saint Louis nous trouvons deux mentions au nom de *Pierre de Chaumont*. En 1231, un chevalier de ce nom est au service du roi ; il reçoit 40 livres pour la valeur de deux chevaux perdus d'ancienne date ; à ce taux, ce devait être des bêtes de prix.

Il est apparemment le même que *Pierre de Chaumont*, chevalier, marié à Julienne de Lannoy, qui confirmait en septembre 1245 le don fait à Froid-

---

rifonte... duo modios bladi hybernagii annuatim in granchia mea de bosco *Montis Jovis...* Preterea, intuitu pietatis, et pro animabus antecessorum meorum, eisdem contuli x sol. p. censuales... in festo Bti Remigii in censu meo apud *Calvimontem*, et eisdem caritative contuli culturam unam que est sita juxta culturam de *Pisseio*. (A. N. K 191, n° 77).

En 1225, une charte de Robert de Bauquenchy a pour témoins « GUILLELMUS DE CAUMONT miles. MATHEUS filius ejus primogenitus ».

(565) A. N. K 191, n° 82 : « Duas pecias junctas ad culturam sanctimonialium, que mihi devenerunt a WILLELMO DE MONTE JOVIS (Montjavoult) milite, per juramentum ipsius ».

Guillaume de Montjavoult est le fils aîné de Louis de Chaumont, seigneur de Montjavoult, fils de Guillaume I et d'Isabelle de France.

Gui de Chaumont, frère de Guillaume III, fut garant, en novembre 1232, de l'échange par lequel Hugues Tirel cède à l'abbaye de St Denis des biens à Cormeilles. (Cartulaire I de St Denis, p. 603. — Mss. fr. 31911, fol. 6).

(566) « Ego GUILLELMUS DE CALVOMONTE miles de assensu JOHANNE uxoris mee et MATHEI primogeniti filii mei... dedi... ecclesie Sti Petri de Kytri totum circuitum qui est in procinctu domus predictorum monachorum... Concessi eisd. monachis muros granchie ipsorum qui sedet et edificatur in fundo fossati mei... usque ad terram quam quondum possedit STEPHANUS DE FORES... Autem anno Dni m° cc° vicesimo septimo, mense aprilis ». (Mss. fr. 27201, fol. 114).

(567) A. N. J J 2. Teulet, *Layettes*, n° 2382.

mont d'une terre à Bernes joignant celle de Geofroi fils d'Adam, seigneur de Bernes (568).

Un chroniqueur vante la bravoure d'un chevalier du même nom, en la bataille livrée aux Sarrazins par les fils de saint Louis en 1270 (569).

🐝

Mathieu I, dès 1236, était marié à *Pétronille* (570).

Sire Mathieu de Chaumont fit en 1238 et 1248 des versements au Trésor royal pour relevance et pour rachat de fief (571).

Son sceau, à *l'écu burelé* (572), est appendu à un acte de mai 1248, ratifiant la cession à Gomerfontaine de terres dans sa censive de Montjavoult.

Raoul de Marines ayant reçu, dans la dot de sa femme *Aude* (ratione maritagii domine AUDE uxoris mee), une rente d'un muid de seigle et de deux muids d'avoine que lui devait Jehan de Montjavoult, celui-ci, pour se libérer, lui offrit en échange dix arpents de terre à Montjavoult. Raoul se défit de ce bien en faveur de Gomerfontaine, du consentement d'Aude, de Pierre II, leur fils, et de *Mathieu de Chaumont*, seigneur féodal (573).

En mars 1259 (n. st.), Mathieu, chevalier, scelle un autre acte en faveur de St-Wandrille, aux armes *fascées de douze pièces* (574).

(568) Arch. de Froidmont. » Le sceau dudit chevalier porte *maçonné de sable, à une bande accompagnée de six merlettes.* » (Mss. fr. 31921, fol. 6). — Le *maçonné* peut être une brisure du *burelé*.

(569) *Histor. de France*, XXI, 125.

(570) « Ego MATHEUS DE CALVOMONTE assensu,.. PETRONILLE uxoris mee et SYMONIS fratris mei et aliorum fratrum meorum.., concessi... monachis in domo de Quitriaco commorantibus... v sol. ad festum Sti Remigii et unam minam bladi in propriam granchiam meam apud Kytriacum... Testibus Petro sacerdote de *Kytriaco*, Osberno priore ejusdem ville, SYMONE fratre meo DE CALVOMONTE et Johanne clerico. Actum anno Dni M° CC° XXX° sexto, mense octobris. »

Le mss. fr. 27201, fol. 110, contient une copie certifiée de cet acte, d'après l'original existant aux archives de St-Wandrille. Elle est datée, par erreur, de 1136 et porte la mention : « Scellé en cire verte de deux sceaux, sur le premier desquels est représenté un chevalier tenant une épée en sa main, et autour est écrit : SIGIL. MATHEI DE CALMONTE. Le second représente une fleur de lis, autour de laquelle est écrit : SIGIL. MATH. DE CHAUMONT ».

Mathieu ne prend aucun titre dans cet acte ; il se qualifie *damoiseau* en 1239 (Mss. lat. 5441, fol. 13).

En août 1237 *Simon* donnait à Gomerfontaine, pour l'âme de son père Guillaume III, 4 liv. p. sur le travers de Chaumont (Mss. fr. 29723, p. 60).

(571) *Histor. de France*, XXI, 253, 277.

(572) Demay, *Sceaux de Picardie*, 5e série, n° 241.

(573) A. N. K 191, n° 91. *Jehan de Montjavoult* est, selon toute apparence, un descendant de *Louis de Chaumont, fils d'Isabelle*, de même qu'Aude, dame de Marines.

(574) « Omnibus... MATHEUS dictus DE CAUMONT miles... Noveritis me concessisse Sto W. omnia illa que habebam... in masuris que sunt apud Kytreium subtus mancrium prioratus... Confirmavi omnia... ex donatione antecessorum meorum. Datum anno Dni M° CC° L° octavo, mense marcii ».

(Mss. lat. 5425, fol. 87. — Mss. fr. 27201, fol. 113).

En 1270, il fit approuver par *Guillaume IV*, son fils aîné, une nouvelle libéralité aux moines de Guitry (575).

Mathieu Ier de Chaumont vivait encore en 1272, mais il était fort âgé et ne pouvait plus servir en personne (576).

Il avait cessé de vivre au mois de novembre 1276. Guillaume IV fit alors avec St-Wandrille un arrangement assez curieux. Il y renonçait au droit qu'il avait d'aller brasser de la bière au monastère, qui devait fournir les drèches (marcs d'orge moulus), des victuailles et maint autre cadeau. En revanche, le panetier du couvent lui devra, soit trois *tourtes* quotidiennes, soit un demi-muid d'orge par an. Voici les passages les plus importants de cet acte :

Cum controversia mota est inter conventum Sti W. ex parte una, et nos, me WILLELMUM DE CALVOMONTE, me Johannem de Anveinvilla et me HAVSIAM uxorem predicti Johannis ex altera, super hiis que petebamus a dictis religiosis ratione cujusdam servicii quod dicebamus nos debere et facere in abbacia eorum, videlicet de cerveisia facienda, tandem... pacificatio extitit... ita quod dimisimus... omnia que... habere dicebamus in predicta abbacia ratione dicti servitii predicte cerveisie faciende, videlicet in carnibus de festo, pane et potu de festo, sotularibus, oblationibus, arietibus, augusto nostro si nos braciare contigisset, drasquâ et etiam omnibus aliis ad dictum servicium pertinentibus... Pro hac quitatione... concesserunt nobis annuatim dimidium modium ordei seu tres panes qui vocantur *tourtes* qualibet die, per manum panetarii qui pro tempore fuerit persolvendos...

Datum anno Dni M° CC° LX^mo sexto, mense novembris (577).

De 1276 à 1341, pendant un demi-siècle, la généalogie des Chaumont-Guitry cesse d'être assurée.

Comme contemporain de Philippe-le-Bel, on rencontre un *Roger de Chaumont* écuyer, cité en 1308 avec Pierre de Hangest, bailli de Rouen et Geofroi Le Danois, bailli de Gisors, comme ayant réglé un échange entre le Roi et l'abbaye

(575) « Ego MATHEUS DE CALVOMONTE... voluntate GUILLELMI filii mei primogeniti... dereliqui... conventui Sti Wand. quicquid juris... habebam... in terris... quas ipsi... habent... apud Kytri, apud Fores et apud Lyebecort...

Propter hanc dimissionem... dederunt mihi curtillum marescalli subtus manerium meum, et XXIV solidatas par. annui redditus... et V sol. super heredes RADULFI DE HAILLIENCORT et XII sol. tur. redditus super masuram que fuit a *la Chevaliere* DE KYTRI, et L lib. tur. Actum an. M° cc° septuagesimo, mense maio. Testibus... Bartholomeo presbitero de *Kytri*... GALTERO DE CALVOMONTE clerico... » (Fol. CCXLV).

On cite en 1281 dans le même Cartulaire « Magister REGINALDUS DE CALVOMONTE presbiter ».

(576) « MAHI DE CHAUMONT miles senex, mittit pro se debente exercitum, Johannem Beverel militem ». (Levrier, XIV, 1078. Rôle des chevaliers du bailliage de Gisors pour l'*ost de Foix*). Ce Jehan est peut-être le *Jehan de Chaumont* écuyer, qui, moyennant sept livres tournois, vendit en 1270, à St-Wandrille tout ce qu'il avait dans les paroisses de la Forêt et de Guitry, « tant en pain, blé, brebis, corvées, qu'autres droits dus par les habitants et hommes des religieux. » (Mss. fr. 27201, fol. 117).

(577) Gr. Cartul. de St Wandrille, fol. CX. La charte précédemment citée où figure encore Mathieu I, étant de 1270, il faut lire sans doute « LXX^mo sexto ».

du Bec, pour des redevances à *Escoys* (Ecos), Touffreville, Basqueville et Macherée (578).

Deux autres personnages de ce temps paraissent appartenir à la maison de Chaumont-Guitry. L'un est *Jehan*, chevalier, qui fut condamné, au Parlement de Paris, le 4 juin 1317, en 1500 livres d'amende et 500 de dommages-intérêts, et son écuyer Jehan des Essarts, en 500 et 100 liv. respectivement, pour avoir violenté Vincent du Châtel, maire de Rouen, tandis qu'il rendait la justice. Le chevalier de Chaumont était en procès, et réclamait la mise au rôle de l'audience de son affaire : le clerc (greffier communal) lui donnant une réponse dilatoire, il s'emporta et fit de telles menaces que le maire prit la fuite, poursuivi par Jehan qui lui reprochait injurieusement de lui refuser justice (579).

Pierre de Chaumont, écuyer, n'était guère moins batailleur. Lui et son allié Jehan de Senecourt (580) ayant eu guerre avec Jehan de Sermaize, ce dernier fut tué avec un autre de ses voisins. Ces meurtres causèrent une excitation si grande, que leurs auteurs n'osaient répondre à l'ajournement et se présenter devant le bailli de Vermandois, de crainte d'être assaillis par les parents des victimes ou d'être appréhendés au corps. Le Parlement leur accorda le sauf-conduit qu'ils demandaient, sauf le cas où leur bannissement aurait été déjà prononcé (579).

On était au 6 décembre 1318, et Boutaric observe que cet exemple est une preuve de la persistance des guerres privées, surtout après le triomphe des *Ligues* sous Louis X.

Lors de la levée qui se fit en 1304 pour l'armée de Flandre, on ne fit aucun prélèvement direct sur sa terre, « le roi devant avoir subvention par la main des gens audit seigneur ». On agissait ainsi à l'égard des plus hauts barons (571).

Renaud I, chevalier, possédait en 1294, Guitry, Forest et des fiefs à Chaumont. Ces terres furent en 1297 réincorporées à la châtellenie de Chaumont et de Gisors, dont elles avaient été détachées en 1294 pour grossir celle de Neaufle, concédée à Pierre de Chambly (581).

Mathieu II dit le *Jeune*, écuyer, est cité en 1315 dans une sentence de Guillaume Maillart, bailli de Senlis (582).

---

(578) Mss. fr. 24132, fol. 196.

(579) Boutaric, *Actes du Parlement*, t. II, nᵒˢ 4922 et 5585.

(580) Hameau de la commune de Bailleval, canton de Liancourt.

(581) Mss. fr. 29723, fol. 62. — A. N. J 208, nᵒ 13.

(582) Mss. fr. 27201, fol. 118. Cet acte était « scellé du sceau de la baillie, aux fleurs de lis sans nombre ». — En 1312, Philippe IV et en 1315, Louis X lui maintinrent le droit de garenne. D'après Louvet, il aurait épousé *l'héritière de Guiry* (Mss. fr. 29723, 62).

Nous retrouvons Mathieu II dans une étude généalogique sur la maison de Chaumont publiée par un jacobin, frère Claude du Marois, dont le début est à citer comme type d'amalgame d'indications mal coordonnées et de récits légendaires. Cette étude forme l'un des chapitres d'un ouvrage curieux intitulé : *Le gentilhomme parfaict* (583).

Alliance de la maison de Chaumont en Vexin

Cette illustre et ancienne famille a tiré son origine d'Henry premier fils de Robert petit-fils de Hué Capet, lequel mourut l'an 1061 : il espousa Agnès fille de Georges Roy de Russie. De ce mariage il y eut trois fils, Philippes I du nom..., Robert duc de Bourgongne et Hugues de France comte de Vermandois et de Chaumont. Ce Hugues dit le Grand espousa Alix fille du comte de Vermandois, il mourut en l'an 1101 au second voyage qu'il fit en la terre saincte, son corps est enterré à Tarce, ville capitale de Caramanie : Il avoit eu le Comté de Chaumont en Vexin pour son apanage : Il laissa trois fils et trois filles. Les fils furent, Raoul aisné, Amaulry ou Esmery, et Simon de Vermandois... Amaulry... eut la comté de Chaumont en Vexin... Il laissa... Hugues qui fut connétable de France et Hugues dit le Borgne, seigneur en partie de Chaumont... (583).

Ledit Connétable eut lignée, en laquelle fut confisquée la Comté de Chaumont, pour ce que l'un de ses successeurs avoit mis la main sur un officier de Iustice ; comme il appert par certaines lettres du roy Charles VII portant restitution de lad. Comté en la main d'un Guillaume de Ch. issu de la branche dud. Connestable, laquelle lettre est entre les mains de MM. de Saint Cheron, yssus de cette illustre maison.

Hugues de Chaumont, surnommé le Borgne ou le Louche, fit de grands biens à l'abbaye de Mortemer comme on voit en des anciennes Chartres qui sont en lad. Abbaye, qui se commencent en ces termes : *In nomine sanctæ, et individuæ Trinitatis. Ego Hugo Strabo de Calvomonte, notum volo fieri...* etc... Ce fut en l'année 1148. Ce Hugues fit tant d'estat du comté de Chaumont qu'il voulut partager aud. Comté avec son frère le Connestable son aisné, selon la coustume du païs, suivant laquelle le tiers lui fut donné à condition de le tenir en fief à la maison de Quitry, aisné d'iceluy. Il laissa trois enfants, Wallo, Odo, et Hugues. Les deux derniers moururent sans enfants : et Wallo, qui fit encore de grandes charitez à lad. abbaye de Mortemer, laissa un fils et deux filles, Hugues, Idoine et Ieanne. Hugues IV. du nom se croisa pour le voyage de la Terre Saincte, accompagna les Comtes de Champagne, Blois, Chartres et Flandres, et autres grands seigneurs qui s'associèrent pour cet effect avec les Vénitiens (*Suit le passage reproduit page 357*). — A son retour il fonda l'abbaye de Gomerfontaine, proche de sa maison dud. Chaumont l'an 1209.

(583) Le gentilhomme parfaict, ou tableau des excellences de la vraye Noblesse, avec l'Institution des ieunes Gentilshommes à la Vertu... par L. P. M. a troyes et se vendent, à Paris, chez Cardin Besongne, au second pillier de la grand'Salle du Palais, aux Roses vermeilles, M. DC. XXXI. (Un vol. gr. in-16 ; B. N. E. 2089). — *Alliance des familles*, p. 689. — Le nom de l'auteur est donné par les Mss. fr. 27201, fol. 163. — On ne trouve point cet ouvrage signalé dans le *Dictionnaire des anonymes* de Barbier ni dans le *Manuel du libraire* de Brunet. — L'hypothèse du P. du Marois est moins ingénieuse que celle de Le Laboureur, rattachant les Chaumont et les Tirel à Geofroy, fils de Gautier I de Vexin. Son mémoire inédit (mss. fr. 29723) est visé dans une lettre datée de Montmorency, 9 juin 1666 (Mss. fr. 31319).

Sa femme se nommoit Pétronille, il en eut plusieurs enfans, Iean, Gilles, Gaston, Gervais et Hugues, lesquels moururent tous sans enfans, excepté Iean l'aisné qui mourut fort ieune et laissa Gilles de Ch. son fils unique. Gilles de Ch. fils de Hugues et de Pétronille, fit de grandes donations à l'abbaye de Mortemer.

Gilles de Ch. fils de Iean laissa un fils nommé Mathieu de Ch. lequel espousa l'heritiere des Quitry : il eut quelque différent pour ses garennes du temps de Philippes Auguste ; mais elles lui furent conservées par deux lettres, l'une du Roy Philippes Auguste du 5ᵉ novembre 1312, l'autre du Roy Louys fils dudit Philippes, en date du 30. de Ianvier 1315. Lesdites Lettres sont en Latin ; elles s'adressent au Bailly de Gisors, et luy commandent de conserver aud. Mathieu tous les droits de garennes qui luy peuvent appartenir à cause de ses seigneuries de Ch. et de Quitry. Il laissa un fils nommé *Renaud, comte de Chaumont*, lequel fut aussi troublé comme son père au droict de la garenne de Quitry ; mais il y eut sentence rendue à son profit dans led. Gisors, en date du mercredy après la Sainct Walery en avril 1317. Il eut un seul fils, comme porte cette sentence, nommé *Richard de Chaumont*, lequel espousa Ieanne de Fours. Il eut une sentence du bailly de Niofle dont lad. seigneurie de Quitry relevoit anciennement laquelle sentence portoit confirmation du droict de garennes, elle est en datte de l'an 1377.

Cette introduction d'un *Renaud II*, qualifié sans aucun fondement comte de Chaumont, dans la filiation des Quitry, a été admise par d'autres modernes, et ceux-ci ont attribué pour femme à ce Renaud une *Jeanne de Beaumont* (584). Mais un document auquel il doit être, de préférence, ajouté foi, présente celle-ci comme femme d'un *Mathieu III de Chaumont, chambellan du roi*, dont sortit *Richard de Chaumont-Quitry* (585).

Depuis le règne de Charles VI, le *Recueil des pièces originales* (ms. fr. 27201) fournit sur les Chaumont une documentation aussi riche qu'instructive. La plupart des pièces citées analytiquement sont indiquées comme faisant partie du « trésor de Bienfaite », chartrier constitué dans un manoir dépendant de leur terre par les marquis d'Orbec, descendants des Guitry, au xviiᵉ siècle.

Un mandement des maréchaux de France, du 22 août 1383, approuve la montre faite à Amiens par Richard de Chaumont, chevalier, et cinq écuyers : Fleuridas de Chauvincourt, Drouinet de Serans, Colin du Bois, Guillaume de

(584) Chazot de Nantigny, *Tablettes hist.*, VI, 118.

(585) Production des avocats de M. de Chaumont dans un procès contre la famille de Fours (Mss. fr. 20272, fol. 39). — Cette pièce est de 1579 (Mss. fr. 27201, fol. 208, qui donne la date, mais cite inexactement le texte). Elle est intitulée : « Plaidoyer fourny par Mᵉ Jehan de Chaumont sieur de Quitry contre Mᵉ George de Fors (Fours) seigneur du fief St-Clair et St-Martin » :

« Ledit fief fut jadis à noble homme Mᵉ *Mathieu de Chaumont*, chevalier, *chambellan du roy*, qui espousa dame Jehanne de Beaumont ; les successeurs duquel vindrent à Mᵉ *Richart de Chaumont* chevalier, qui espousa damoiselle Jehanne de Fours ; duquel mariage est sorty Mᵉ *Guillaume de Chaumont*, dict *Lionet*, qui espousa damoiselle Robinete de Montagu ; duquel mariage est isseu *Guillaume de Chaumont* qui espousa dame Jehanne de Mello ; duquel mariage est isseu *Anthoine de Chaumont* qui espousa dame Jehanne Martel ; duquel mariage est isseu messire *Julian de Chaumont*, qui espousa dame Heleine du Fay, et de luy est isseu *Guillaume de Chaumont* qui espousa dame Adrienne de l'Isle ; duquel mariage est issu *Anthoine de Chaumont* qui espousa Jehanne d'Assy, duquel mariage est issu l'Inthimé, sieur de Quitry, nommé *Jehan de Chaumont* ».

Huval, Pierre de Hardivillers, « pour servir aux gages du Roy en ces presentes guerres ès parties de Flandres, en la compagnie et sous le gouvernement du sire d'Aumont ». Une quittance de 52 livres 10 sous, donnée par Richard sur ses gages, est scellée d'un sceau dont l'écu porte *quatre fasces*. Il se qualifie « noble homme, chevalier, sire de Guitry et de Chaumont » dans des actes du 16 novembre 1382 et du 8 novembre 1384. Le premier porte remboursement, moyennant 280 francs d'or, d'une rente de 60 liv. ts. due à Jean Beaucompère, avocat à Rouen ; par le second, Richard se procure 400 francs d'or en constituant à un chanoine de Rouen une rente de 80 liv. ts. et de 24 chapons.

Guillaume de Chaumont, dit *Lyon*, sire de Forest, chevalier, intervint dans ce contrat avec son père. Le 22 décembre suivant, Richard transportait à Guillaume, dit *Lionel*, chevalier, son fils, toutes les terres, seigneuries, justices, fiefs, arrière-fiefs, cens et rentes lui appartenant à Guitry, Forest, Rocquencourt, Boissy-le-Bois, Chaumont, Bazincourt et autres lieux, à charge de 300 livres de pension viagère. Cet abandon fut fait à l'occasion du mariage conclu le même jour entre Guillaume et « noble damoiselle Robinette de Montaigu, fille d'honorable et sage maître Gérard de Montaigu, maître des comptes, secrétaire et trésorier des privilèges du roi ». De leur côté, les parents de Robinette, maître Gérard et damoiselle Biette (Cassinel) sa femme, lui constituent une dot de 1000 livres d'or (586). Robinette fut plus tard attachée à la maison d'Isabeau de Bavière ; le 15 juillet 1397, son mari donnait quittance au receveur général des *aides pour la guerre*, d'un à-compte de 100 livres sur 500 revenant à la dame de Guitry « pour sa part de mil livres d'or que le Roy avoit données à la dite dame et à la dame de Gamaches, en considération des services qu'elles avoient fait et faisoient chaque jour à la Reine ». Un crédit pour gratification aux dames d'honneur imputé au budget de la défense nationale, c'est un virement quelque peu audacieux.

Lionel de Chaumont (c'est le nom qu'il prenait alors) était depuis sept ans au moins, chambellan du roi (587), qu'il avait servi dans sa jeunesse, en levant une brigade composée de huit autres bacheliers et de 77 écuyers montés et armés (588).

---

(586) Le P. du Marois cite ce « contract de mariage passé pardevant deux notaires du Chastelet de Paris le 22 Décembre 1384. Il est entre les mains de M. de Sigy, et l'a eu à la mort de feu M. de Rigny le Ferron, yssu d'une fille de Chaumont. »

Il est malaisé d'admettre que Richard, mariant son fils ainé en 1384, soit le *Richard de Chaumont* servant en 1340 comme écuyer, sous le maréchal de Briquebec, dans une troupe qui, partant du Vexin, alla s'enfermer dans Tournai pour défendre cette ville contre les Anglais (Mss. fr. 29723, d'après un compte de B. du Dracs, trésorier des guerres¹.

(587) En cette qualité, il reçut quittance, le 11 octobre 1390, de seize francs d'or payés par lui à Renaud et Morel de Helay, chevaliers, pour la finance de sa terre de Pincencourt.

(588) Il en fit montre, à Mantes, le 5 septembre 1386, devant Pierre de la Richerousse, écuyer du corps du roi, chambellan du duc de Bourgogne, commis « aux revues des gens d'armes, archers et arbalestriers ordonnés pour servir le Roy en ceste présente armée qu'il entend faire au pays d'Angleterre » ; avis en fut donné au trésorier des guerres. Guillaume d'Enfernet.

Le testament de Lionel est du 10 mars 1402. Le sire de Guitry « ordonne sa sépulture à Boissy-le-Bois auprès de monsieur son père et de madame sa mère ; il lègue diverses sommes à lad. église et à celle de Guitry où il avoit été baptisé, et à Jehan d'Avernes son valet ; il veut que ses robes de tous les jours soient données pour Dieu, où il plaira à sa femme ; il lègue à Jehannine de Chaumont 100 livres tournois pour la marier ; à Perrinet de Chaumont son harnois à armer tout entier avec son meilleur cheval ». — Il désigne pour exécuteurs testamentaires ses bons et loyaux amis l'évêque de Chartres (Jehan de Montaigu son beau-frère) ; Jehan de Montaigu, vidame du Laonnais et maître d'hôtel du roi ; Guillaume Cassinel (oncle de Robinette, chambellan de Charles VI) ; noble homme Gérard de Montaigu, archevêque de Cambrai, conseiller du roi ; messire Adam de Gaillonnel, chevalier ; Sauvage des Bouves (des Boves), et « sa bonne amie et compagne ». — Cet acte fut scellé de son sceau, à l'écu *fascé de cinq pièces.*

Il laissait huit enfants : *Guillaume VI* qui, à peine majeur, reçut la charge paternelle ; *Louis* ; *Jehan,* valet du roi en 1404 ; *Charles, Jehanne, Marguerite, Isabeau et Jacqueline.* (589).

Le jeune héritier de Lionel ne tarda pas à faire un brillant mariage, grâce à l'appui de ses oncles, les deux Montaigu, qui avaient obtenu, l'un l'archevêché de Sens et l'autre, l'évêché de Poitiers. Par contrat du 16 juillet 1408, il s'unit à Jehanne de Mello, fille de feu Dreux, chambellan du roi, seigneur de Rigny-le-Ferron (590) et le Pray, et de noble dame Isabeau de Plancy, sa veuve.

Robine de Montaigu fit abandon à son fils aîné de tous ses droits, sauf cent livres de rente viagère sur la terre de Boissy-le-Bois, et l'usufruit du domaine de Boisgarnier acquis pendant son mariage. Les deux prélats s'obligèrent en quatre mille écus d'or à bailler en garde à sire Jehan Chanteprime, conseiller d'État, pour être employés en acquisitions d'héritages. Ils s'engagèrent à obtenir les désistements des frères et sœurs mineurs de Guillaume, ainsi que des deux filles aînées de Lionel : *Jehanne,* femme de Baudrin de la Heuze, chambellan du duc de Berry ; *Marguerite,* femme de Louis seigneur de Sainte-Mesme, chambellan du roi (591).

(589) *Louis,* fils de Guillaume V, fut trésorier de St-Martin de Tours, la plus haute dignité de cette abbaye, remarquent les Sainte-Marthe. Il vivait encore en 1456 et donna à Antoine, son neveu, tous les héritages qui lui étaient advenus par le décès de ses père et mère et d'*Isabeau* et *Jacqueline,* ses sœurs. D'après le mss. 20224, Jacqueline avait épousé Jacques de Bouconvilliers, fils de Gasce (on lui donne aussi pour époux Jehan de la Heuze) et *Isabeau,* Jacques d'Assy, chevalier, fils de David, seigneur d'Assy en Picardie et de Marguerite de la Trémouille.

Une bâtarde de Lionel, *Marguerite,* fut « mariée à Pierre de Sans-avoir escuier, ainsy qu'il appert d'un contrat passé à Chasteauneuf sur Loire le 15 avril 1439 : » (Mss. fr. 20272, fol. 38, et 29763). Elle fut dotée par son frère de cent écus d'or « pour les bons services qu'elle avoit faits à madame sa femme ». Le P. du Marois se trompe sur cette lignée.

(590) Canton d'Aix-en-Othe, arrond. de Troyes.

(591) Mss. fr. 27201, fol. 131. — Marguerite n'eut point d'enfants de son mari, qui mourut grand-

Quant à la dame de Rigny, elle délaissait à sa fille tout son bien, à la réserve d'un douaire sur la moitié des terres, et aussi du douaire de sa belle-mère, Yoland de Dinteville, veuve de Regnault de Mello.

Les libéralités avunculaires étaient d'une rare munificence. Malheureusement l'obligation souscrite aux mains de sire Jehan Chanteprime n'était nullement un billet à vue. Il restait encore dû, plus d'un demi-siècle après, 2,250 livres sur les 4000 écus d'or, et le tiers seulement de ce reliquat fut versé, le 17 novembre 1461, aux enfants de Guillaume VI, *Antoine*, sire de Guitry et *Jehanne*, femme du chevalier Jehan Chandos.

Les archives du Chapitre de Sens renferment deux autographes de « Guillaume de Chaumont, chevalier, chambellan, sieur de Quitry », datés de 1411 et 1412 ; le premier est une quittance donnée, comme procureur de son oncle l'archevêque Jehan de Montaigu, de 15 livres tournois et d'un cheval de même prix « pour l'utilité de monsieur mon oncle ». Peut être s'agit-il du destrier qui porta l'archevêque à la journée d'Azincourt, où il périt le 25 octobre 1415 (592).

La déclaration de Saint-Ouen, émanée des seigneurs du parti d'Orléans, le 9 octobre 1411, porte la signature de plusieurs vexinois : Guillaume de Trie, Pierre de Mornay dit Gauluet, et *le sire de Guitry*. Cette déclaration proteste de la fidélité des signataires qui, indignés du grand outrage fait au roi par l'assassinat du duc son frère, sont venus pour servir le fils de la victime « et vous oster de servage et radrasser votre seigneurie », écrivent-ils à Charles VI (593).

Des lettres royaux du 31 mars 1413 décrétaient la formation d'une division de 3000 hommes d'armes et 1500 hommes de trait, ayant à sa tête le duc de Guienne, fils ainé du roi, sous le gouvernement du duc de Richemont. Parmi les capitaines on trouve deux Chaumont : Guillaume VI, chevalier bachelier, avec 10 écuyers, et *Pierre*, écuyer, avec 10 autres écuyers. Le sceau de Guillaume, en 1416, porte un écu penché, *fascé de cinq pièces*, ayant deux lions pour supports, et timbré d'un heaume, tandis que Pierre, d'une branche cadette, scellait en 1415 d'un écu *fascé de sept pièces, au lambel de trois pendants accompagné de deux molettes* (594).

Guillaume, chargé dès le 9 novembre 1416 de la garde de Montereau, se

veneur de France (Le P. Anselme, VIII, 695). — Jehanne de Mello transmit aussi à son mari la terre de Vitry-le-Croisé (Nantigny).

(592) Arch. de l'Yonne, p. 297. Cet archevêque était fils de Gérard de Montaigu et de Biette Cassinel, nièce de Ferry Cassinel, archidiacre du Vexin français en 1356. (V. *Le Livre de raison de St Martin de Pontoise*, par J. Depoin, p. 28).

(593) Douët d'Arcq, *Choix de pièces inédites du règne de Charles VI*, I, 345.

(594) L'original de ce sceau est fixé à une copie de la pièce. (Mss. fr. 27201, fol. 136).

qualifiait le 30 septembre 1417 « bailli de Sens et d'Auxerre, capitaine des dits lieux et du chasteau et ville de Montereau-ou-fault-d'Yonne » (595).

Sa bannière était devenue fort importante ; de 3 chevaliers, 12 écuyers et 100 archers qu'elle comprenait le 28 février 1418, elle s'était élevée, au 19 novembre 1420, à deux bannerets, 2 bacheliers, 195 écuyers, un capitaine et un connétable d'arbalétriers avec 198 tireurs sous leurs ordres (596).

Il est vrai que noblesse oblige, et titre aussi. Au mois de février 1418, l'état civil du sire de Guitry s'était brusquement modifié. Le Dauphin, régent du royaume, signait des lettres patentes dont voici le curieux exposé :

« Il nous auroit esté remonstré par nostre amé et feal chevalier Guillaume de Chaumont seigneur de Guitry, conseiller et chambellan du roy, que *de toute ancienneté ses prédecesseurs* avoient esté *comtes de Chaumont* au pays de Vexin Françis, lequel comté estoit succedé (avait été transmis) par droit d'héritage et d'hoirs masles en masles, à ses predecesseurs qui, pour ce, estoient appelés et nommés comtes de Chaumont ; jusques à ce que l'un d'eux, qui lors possédoit et tenoit ledit comté, mist la main, par colère, en la personne d'un officier royal en haine de l'exécution de certains exploits de justice contre lui rigoureusement faits par ledit officier royal ; pour raison de quoi ledit comté fut confisqué au profit du roy, sous la foy, hommage et souveraineté duquel estoit tenu led. comté ; lequel fut réuni au domaine de la couronne, à la réserve seulement de certaine part et portion qui fut délaissée audit comte ». La requête ajoutait que le père de Guillaume avait joui de cette réserve « jusqu'au temps des divisions arrivées dans le royaume ».

Il ne se peut rien d'aussi subreptice que cet exposé. En admettant qu'il reposât sur une tradition de famille, rien ne la justifie historiquement. Le *Comté de Chaumont* est une pure chimère (597). Quant à la *vicomté*, que tenait Eudes sous Philippe Ier, elle ne paraît pas être passée, après lui, aux mains d'un ancêtre direct des Chaumont modernes. Bien que leur auteur Osmond, fils de Robert et de la dame de Guitry, se qualifiât *seigneur du château* de Chaumont, et malgré l'alliance de son fils avec la fille naturelle d'un roi de France, sa postérité fut

---

(595) Cette orthographe répond à la phrase moderne : « À la chute de l'Yonne. » *Ou* est mis pour *au*, et non pour *où*. *Fault* est un substantif comme *saut*, et non pas un verbe.

D'après le P. Anselme (VIII, 885) le seigneur de Guitry, capitaine de 100 hommes d'armes dès 1413, avait été nommé capitaine de Sens et d'Auxerre, le 16 juin 1417.

A la note précédente (592) *il faut lire* : Arch. de l'Yonne G 297.

(596) Dans une montre du 16 janvier 1419 figurent parmi les écuyers Andriot de Dampont et Micheau de Beaurepaire. (Id. fol. 142).

(597) Il ne serait pas aisé de découvrir d'où pouvait venir la légende du comté confisqué sur un ancêtre des Guitry. Heureusement un Mémoire du XVIIIe siècle (Mss. 27201, fol. 323) nous a mis sur la voie. On supposait l'auteur de la lignée, Osmond de Chaumont, frère d'Enguerran de Trie. « Cet Enguerran comte de Chaumont perdit son comté pour avoir maltraité un officier du roi. » Avec un peu de bonne volonté, on peut trouver bien des choses dans l'histoire.

dépouillée de ce titre et des droits utiles en découlant. Mais la destruction de Guitry par Étienne d'Angleterre suffit amplement à expliquer la décadence de cette race au XII⁰ siècle.

Quoi qu'il en soit, le futur Charles VII écouta, sans autre enquête, les dires de son chambellan. Chaumont et le Vexin tout entier — sauf Pontoise qui se ressaisit de temps en temps — étaient au pouvoir de l'ennemi : le contrôle efficace du Parlement était suspendu.

Aussi le Dauphin, se plaçant tout d'abord au point de vue pratique « en considération des notables services à lui rendus et au royaume par le sire de Chaumont, et de ce qu'il avoit beaucoup dépensé de son argent pour lever et mettre sur pied des gens de guerre, lui cède, transporte et délaisse le comté, chasteau, terre et chastellesnie de Chaumont..., avec les fonds, tresfonds, profits, fruits, cens, revenus, esmolumens, eaux, moulins, prés, pastis, pasturages, dixmes, champarts, patronages d'églises, collations de bénéfices, fiefs, arrière fiefs et tous droits de justice haute, moyenne et basse ».

Dès lors Guillaume prend, dans les actes publics, le titre de comte de Chaumont. Les quittances de gages le lui attribuent. En mars 1422, le Dauphin, devenu le *roi de Bourges*, par de nouvelles lettres données en sa capitale « en considération des louables et profitables services à lui rendus, au fait de ses guerres, par Guillaume de Chaumont, chevalier, sire de Guitry, son conseiller et chambellan, et des dangers auxquels il s'est exposé et s'expose chaque jour pour son service », confirme et ratifie la cession et le transport par lui faits aud. Guillaume, pendant sa régence, des comté, terre et châtellenie de Chaumont, « les donnant, cédant et transportant audit sieur de Chaumont et à ses hoirs masles descendants de son corps en loyal mariage », le roi se réservant seulement « les foy et hommage, le fief, ressort et souveraineté ».

Ces documents nous sont parvenus sous la forme analytique. Mais leur authenticité est contrôlée par d'autres.

Ainsi les provisions de « souverain maître enquêteur et général réformateur des eaux et forêts » données à Guillaume VI par le Dauphin le 15 septembre 1419, furent confirmées par lettres patentes données à Bourges le 3 juin 1424 à Guillaume, « à présent comte de Chaumont, conseiller et chambellan du roi » (598).

Guillaume prenait encore le titre de « comte de Chaumont, sire de Guitry », le 5 avril 1439, dans un acte de donation d'une somme de cent écus d'or, à Marguerite de Chaumont, à l'occasion de son mariage avec Pierre Senzaver, « en considération de la grande affinité et affection d'amour qu'il lui portoit, et des

---

(598) L'office était vacant par la mort de Charles d'Ivry. Guillaume fut admis à l'exercer en même temps qu'il conservait ses charges de conseiller et chambellan du roi ; — il en fut déchargé quatre ans après et son successeur Charles, sire de la Rivière, fut reçu au Parlement le 28 mai 1428 (Mss. 27201, fol. 346). — Le P. Anselme donne aux provisions accordées par le Dauphin la date du 20 septembre 1418.

bons et agréables services qu'elle lui avoit rendus et à madame Jehanne de Mello, femme dudit seigneur ».

Guillaume VI fut d'ailleurs l'unique titulaire de cet hypothétique comté de Chaumont prétendûment ressuscité. Dès que la prise de Pontoise, en 1441, eut ramené le Vexin sous la domination française, Chaumont redevint partie intégrante du Domaine de la Couronne et par conséquent inaliénable, suivant la doctrine du Parlement.

Du reste, le titre créé en 1418 n'avait pas toujours été reconnu. Ainsi deux documents de 1425 — qui semblent bien concerner le nouveau comte — ne l'attribuent pas à son bénéficiaire, et l'un d'eux émane pourtant de Charles VII. Par lettres données à Poitiers, le 7 juillet, il ordonne la restitution à « Guillaume de Chaumont » du château de Dyant, - près de Fontainebleau — indûment retenu par deux écuyers auxquels il avait été confié. Le 26 octobre, le duc de Richemont, qui venait de se déclarer pour le roi et d'être fait connétable, commettait *« le sieur de Guitry* pour mettre ordre aux pillages commis par plusieurs capitaines sous l'obéissance du roy » (599).

On ne sait où Jehan de Serres a pris qu'au combat de Crevant, le 31 juillet 1423, « la perte des François fut d'environ trois mille hommes, des signalez les sieurs *de Guitry,* de Fontaines, de la Baulme, et plusieurs autres dignes de la mémoire de France, puisqu'ils sont morts au champ d'honneur ». En effet, Guillaume VI et sa femme Jehanne de Mello vivaient encore le 14 septembre 1444. Le sire de Guitry mourut très peu de temps après ; il avait eu quatre enfants : « *Charles, comte de Chaumont,* tué en la fleur de son âge à la bataille contre les Anglais, près Verneuil au Perche, l'an 1424, au rapport du sieur de Serres (600); *Antoine I* ; *Jehan,* qui fut d'église » (601) ; et *Jehanne de Chaumont* (602).

Guillaume VI fut, disent les Sainte-Marthe, « enterré au lieu de Régny-le-Feron où sur sa tombe sont escripts ces mots : CY GIST HAULT ET PUISSANT SEIGNEUR MESSIRE GUILLAUME COMTE DE CHAUMONT, SEIGNEUR DE GUITRY, BOISSY, BOISGUERNIER ET DE CE PRÉSENT LIEU DE RÉGNY-LE-FERON ». — Bien que son unique fils survivant,

(599) Mss. fr. 27201, fol. 154 et 155. — Le mémoire de 1743, fol. 325, reconnait que les Anglais étant maitres de Chaumont, lors des lettres d'érection du comté, et l'ayant occupé jusqu'en 1450, « il est *douteux* que Guillaume et Charles en soient entrés en possession ».

(600) De Serres ne l'appelle pas comte, mais seulement *le sieur de Guitry.* Cf. p. 271, 276 et 283, où il dit que « le sieur de Guitry et d'autres capitaines conduisirent 1500 hommes au siège de Montargis en 1426 ». Guillaume VII assista au sacre du roi en 1429, et d'après le P. Anselme (VIII, 885) il prit part au siège d'Orléans. L'auteur de l'*Inventaire de l'Histoire de France* était protestant et coreligionnaire des chefs de la maison de Chaumont-Guitry. Il avait été moine de Saint-Denis et prieur d'Essonnes de 1554 à 1567.

(601) Mémoire de 1743, mss. fr. 27201, fol. 325.

(602) La motte de Sigloy, près de Châteauneuf-sur-Loire, et la terre du Verger, qui en dépendait, étaient apparemment un don de Charles VII à son chambellan. Elles ne furent pas conservées. Dès le 8 juillet 1445, procuration était donnée pour les vendre par la veuve de Guillaume VI, « comme ayant le bail de sa fille Jehanne », à son fils Antoine et à son beau-frère *Jehan de Chaumont,* écuyer.

Antoine I, se qualifiât seulement « seigneur de Guitry » dans l'acte de foi et hommage fait le 3 juillet 1445, au duc Charles d'Orléans, à cause de la motte de Sigloy (602), dépendant de la châtellenie de Châteauneuf, la postérité de Guillaume Lionel ne renonça pas à l'espoir de voir rétablir en sa faveur le titre honorifique accordé par Charles VII.

« A cause des guerres et divisions, — écrivent les Sainte-Marthe, — que la ville de Paris et autres proches d'icelle étoient occupées par les Anglois, et que Guillaume de Chaumont trespassa pendant icelle guerre et avant les tresves, il ne peust faire verifier les lettres de don de la comté de Chaumont en la Cour de Parlement et en la Chambre des Comptes ni recouvrer la possession de la comté. Depuis, régnant Louis XIᵉ, les successeurs dudit Guillaume ne peuvent obtenir provision, au moien du don faict par le Roy au capitaine Hallezard et depuis au capitaine Cacquelevent, qui en ont ioui par quelque temps; auquel don Mᵉ Julian de Chaumont, sieur de Quitry, petit fil de Guillaume, s'opposa, mesmes sous le regne de Charles VIII, fit quelques instances pour obtenir confirmation du don et restitution de lad. comté pour lui et ses hoirs masles, attendu que lad. comté estoit partie de sa ligne et que tousiours elle avoit esté possédée par ses predecesseurs jusques au cas dessusdit, lesquels et luy en avoient tousiours porté le nom et les armes, qui sont *six fasces d'argent et cinq de gueules* (605) ».

Si le comté de Chaumont ne leur fut pas octroyé, du moins la reprise du Vexin par les Français fit rentrer aux mains des descendants de Lionel leurs biens qui, ne pouvant jusqu'alors être appréhendés, étaient restés indivis entre eux (604).

Anthoine de Ch., écrit le P. du Marois, continua au service du Roy iusques à l'entière expulsion des Anglois, pendant le regne desquels il n'avoit non plus ioüy que ses predecesseurs de la terre de Quitry en Normandie, que lesd. Anglois possedoient. Enfin ayant esté chassez entierement de Gisors et de tout le Vexin, en l'an 1450, il prit possession de sa terre de Quitry, comme luy appartenant, après qu'un Anglois s'en fut retiré, nommé Iean de Cornualle, qui en avoit ioüy longtemps. Ledit Anthoine en rendit son adveu au Roy en l'an 1457, lequel est enregistré en la Chambre des Comptes de Paris dans les Registres des dénombremens du Bailliage de Rouen, fueillet 20 en l'an 1476.

Dès le 7 avril 1450, il avait fait avec son oncle Louis, trésorier de St-Martin de Tours, un accord « par lequel il est dit qu'aud. Antoine, pour son partage et droit d'aisnesse, à cause de son père, appartiendroit les terres et seigneuries de Quitry, de Forest et de Riquencourt en Vexin Normand, plus la terre qu'il avoit à Chaumont, l'hostel, terre et seigneurie de Pinsancourt sise au Vexin François, avec ses appartenances et qu'audit Louis appartiendroit pour son droit de partage

(603) Mss. fr. 20272. fol. 36.

(604) La Roche-Guyon fut repris en septembre 1449, Gisors en octobre, Château-Gaillard en novembre (*Chron. de Normandie*, éd. Hellot, ad ann. 1449). — La date de la reprise de Chaumont n'est pas connue par des textes. D'après les mémoires consultés par les Sainte-Marthe, c'est seulement en 1450 que l'anglais Jehan de Cornonailles (John Cornwall), qui détenait la terre de Guitry, fut chassé, en même temps que les autres Anglais, du bailliage de Rouen. — M. Germain Lefèvre-Pontalis, l'érudit historien des guerres anglo-françaises du xvᵉ siècle, n'a retrouvé aucun document sur cet épisode de la reconquête.

l'hostel, terre et seigneurie de Boissy-le-Bois, l'hostel, terre et seigneurie de Bois-garnier, au Vexin François, avec leurs appartenances ».

Après la mort successive de leurs ascendants, Antoine et son beau-frère Jehan de Chandos, chevalier, seigneur de Vaux, partagèrent leurs héritages le 30 mai 1460.

Antoine s'allia à Jehanne Martel, fille du sire de Bacqueville, qui lui apporta quatre seigneuries normandes : Bardouville, Bellaître (paroisse de Quevillon), Brécy et Breteuil. Ils eurent pour enfants : *Julien*, *Guillaume*, né en 1452 ; *Catherine*, mariée le 6 février 1471 à Jehan de Vaussine, fils aîné du seigneur de La Rivière-Bourdet.

Peu après le mariage de sa fille, Jehanne Martel mourut, le 12 avril 1472. Antoine la suivit de près. Leurs biens furent partagés entre les deux fils, le 2 août 1476. Julien, qui demeurait alors à Boissy-le-Bois avec Hélène du Fay (605), sa femme (fille de Gilles, seigneur de Farcourt), reçut comme aîné, les terres apportées par sa mère, et du côté paternel, Guitry, Forêt, Rocquencourt, au Vexin Normand ; Boissy-le-Bois, Chaumont, Pisancourt (sic), Mons, et des héritages à Fleury et Marquemont.

Guillaume eut pour sa part Rigny-le-Ferron, Chassenay et Montbaudran. Il épousa Marguerite d'Anglure, dame de Conantes et autres terres situées près de Sézanne-en-Brie. Des aveux lui furent rendus de 1478 à 1505. Il laissa quatre enfants : *Galléas*, sieur de Rigny ; *Jacques I*, baron de Chassenay ; *Bernard*, sieur de Conantes ; *Jacqueline*, mariée à Jehan de Galernes, sieur de la Queue-en-Brie, et d'après le P. du Marois, *Tristande*, religieuse à St-Clair de Provins.

Galléas épousa Gaulchère du Brouillard, de la maison des barons de Courson, et n'en eut que des filles qui épousèrent : *Edmée*, Louis de Roux, sieur de Sigy ; *Jehanne*, Claude de Ponteville, sieur de Flaccy ; *Paule*, Artus d'Assigny, sieur de Fort. Une quatrième, *Antoinette*, fut religieuse à Provins.

Jacques I, sieur d'Egvilly, baron de Chassenay, écuyer, puis chevalier de l'ordre du roi, cité en 1522 et 1525, était mort en 1531, laissant de Mahaut des Essarts, qui fut dame d'honneur des reines d'Écosse Madeleine de Savoie et Marie Stuart, deux fils mineurs, *Léonard* et *Antoine*.

Léonard I, seigneur de Chassenay et d'Eguilly, surintendant des affaires de la reine d'Écosse, vivait encore le 9 juillet 1572 et était mort le 4 septembre 1573, laissant d'Antoinette de Lantages *Antoine*, qui vivait encore le 19 septembre 1611, et dont Marguerite de Voisins était veuve le 11 décembre 1612. Les deux sœurs d'Antoine étaient mariées dès 1600, *Jeanne* à Joachim de Chastenay, baron de St-Vincent, *Mahaut* à Guillaume de la Tour, sieur de Giseaux au comté de Bourgogne.

Le second fils de Jacques I, *Antoine*, fut seigneur de St-Chéron, Hautruel, les Rivières et Courmoncle, chevalier de l'ordre du roi, et surintendant des affaires de Marie Stuart. « Sa vertu, sa fidélité, sa piété fut tant estimée de cette grande reine, dit le P. du Marois, qu'elle le préféra à tous les seigneurs de sa cour pour lui commettre, sous sa charge et prudente conduite, les affaires de sa maison. Le duc de Guise conceut de luy une mesme créance qui le fit honorer de la qualité

(605) Cette maison du Fay porte d'argent semé de fleurs de lis de sable (Id. fol. 337). Hélène était, suivant tous les généalogistes, « issue de la maison de Chasteaurouge, très ancienne du pays de Picardie ».

de gouverneur de la principauté de Joinville »(606). Il eut encore une autre charge, celle de « commissaire général des vivres ès armées du roy conduites par le duc d'Aumale », avec 2400 livres de gages (607). Il mourut à Troyes (en 1585, dit le P. Anselme) et y fut inhumé dans l'église de la Madeleine.

Sa femme, Jacqueline Piédefer, de la maison de Champlost, lui donna quatre fils et deux filles ainsi énumérés par les Sainte-Marthe : « 1. *Léonard*, seigneur de St-Chéron, Espieds et autres lieux, mestre de camp d'un régiment de gens de pied, capitaine de cent chevau-légers, gouverneur de Chasteauvillard, marié à Claude du Mesnil, fille unique héritière de sa maison, d'où : *Henri de Chaumont*, aagé en la présente année 1600 de quinze ans ou environ, et *Antoine*, son frère, aagé de quelque an ou environ moins que son aisné ; — 2. *Jacques*, sieur d'Hautruel et prieur de St Nicolas de Roussy ; — 3. *François*, chevalier de Malte, défunt ; — 4. *Antoine*, sieur des Rivières, non encore marié ; — 5. *Edmée*, mariée au sieur de Précy ; — 6. *Jacqueline*, non encore mariée » (608).

Il est singulier que cette généalogie, toute contemporaine, omette un des fils d'Antoine. Un acte du 27 mars 1601, après le décès de celui-ci, lui donne en effet six enfants vivants : *Léonard II*, sieur de St-Chéron, Prespied, Mesnil-sur-Saux, etc ; *Louis*, sieur de Cormoncle ; *Jacques*, *Antoine*, *Edmée* et *Jacqueline* (609).

Léonard II, seigneur de St-Chéron, réclamait en 1603 une somme de 145 écus aux habitants de Bréchainville ; un arrêt du Conseil du 24 mars donna main-levée de cette somme aux Bréchainvillois (610).

Henri, son fils aîné, gentilhomme ordinaire de Charles de Bourbon, comte de Soissons, puis mestre de camp en 1614 et 1615, devint capitaine de cent chevau-légers dans l'armée du duc de Bavière pour le service de l'empereur Ferdinand II en 1621. Il épousa Claire de Hatton dont il avait en 1631 quatre enfants : *Henri-Prosper*, *Claude-Françoise*, *Charles-Chrestien* et *Henri-Antoine*. Les trois fils moururent sans alliance ; la fille épousa d'abord le baron de Changy, puis son parent *Louis III de Chaumont Arthieul*.

(606) En cette qualité, il fit bail, pour une redevance annuelle de 260 écus, du domaine de la châtellenie de Bar-sur-Aube, le 16 juillet 1583 (Mss. fr. 30408, fol. 285).

(607) Mss. fr. 27201, fol. 206, 343.

(608) Mss. fr. 20272, fol. 41.

(609) Mss. fr. 27201, fol. 210.

Le P. du Marois nous apprend qu'Edmée épousa le sieur de Sainte Suzanne, et que Jacqueline, « vertueuse et très sage, nourrie dans l'escuole de la piété, de l'amour et de la crainte de Dieu, à présent (1631) vivante, a espousé messire Edme de St-Estienne de Turgy, lequel a esté mareschal de camp de la cavalerie légère des rois Charles IX, Henri III, Henri IV et Louis XIII. Il fut honoré de cette charge pour sa bonne vie, sa vertu et piété, et pour son grand courage, le bon et fidelle service qu'il a rendu à nos roys, *auquel il a acquis plus de gloire, d'honneur et de réputation que de biens*, et non content d'avoir dignement administré cette charge, il a encore voulu prendre la peine de faire imprimer ses mémoires militaires et les advis pour l'exercice de la charge de mareschal de camp, qu'il a dediez au roi Louis XIII. Et, dans son âge de 86 ans (1631), il est encore tout prest d'aller sacrifier le reste de ses biens, de ses ans et de sa vie pour le service de l'Eglise et du Roy ; et m'a dit plusieurs fois qu'il n'auroit jamais de plus glorieuse action que de consacrer son espée pour la cause de Jesus-Christ contre les ennemis de sa Croix, les infideles et heretiques et pour la conservation de l'estat françois ».

D'après le P. Anselme (VIII, 893), *François* fut reçu chevalier de Malte le 8 mars 1584 ; — *Edmée* épousa en 1583 Jehan de Précy, sgr de la Motte-lez-Poivre ; — *Jacqueline* fut femme d'Aymé de St-Etienne, sgr de Turgis.

(610) *Arrêts du Conseil d'État*, II, n° 7641.

Le frère de Léonard II, *Antoine*, sieur des Rivières, épousa Catherine de Verrières. Leur fille unique, *Liesse*, épousa par dispense du pape son cousin germain, le second fils de Léonard II, *Antoine*, seigneur de Pontliciard.

L'autre frère de Léonard II, *Louis*, seigneur de Courmoncle, épousa Élisabeth du Gas, et leur fils unique, *Edme-Amaury*, s'unit à Marguerite de Chambon.

Il restait encore une branche issue d'un frère de Galléas, *Bernard* ; elle possédait les terres de Conantes et de Chaumont-sur-Yonne. La maison de Guitry les regardait comme des parents pauvres sans intérêt. Lorsqu'en 1600, elle fit dresser son arbre généalogique par les frères de Sainte-Marthe, les deux héraldistes se bornèrent à cette mention sommaire : « *Bernard*, sieur de Conantes, espousa Nicole de Melung, des viscomtes du lieu, et fust si mauvais mesnager qu'il a peu laissé de son bien à sa postérité. Toutefois est descendu de luy ung fils qui a esté seigneur de Chaumont-sur-Yonne en partie et qui a laissé des enfants ». — Le P. du Marois n'était guère mieux renseigné, car il supposait que le petit-fils de Bernard était mort sans hoirs. Les documents réunis dans le trésor de Bienfaite permettent de suivre le développement de ce rameau (611).

Revenons à la ligne de primogéniture avec *Julien de Chaumont-Guitry,* que nous avons vu habiter la terre de Boissy-le-Bois en 1476. Les Sainte-Marthe rapportent qu'il acquit « la terre et seigneurie de Berticheres dont il feit sa principale demeure, ayant esté le chasteau de Chaumont ruiné par les Anglois. »

Nous avons vu qu'il fit d'infructueuses tentatives pour faire reconnaître la validité des lettres patentes de 1418 et de 1422. Le 4 décembre 1483, un acte de notoriété fut dressé au sujet de la succession que Gilles du Fay, seigneur de Farcourt, Heudricourt en Santerre, Fay-sous-le-Bois et autres lieux en Beauvoisis, conseiller et chambellan du roi, et que sa femme Jehanne de Louvain avaient laissée à leur fils Antoine et celui-ci à sa fille Jehanne, encore enfant. Julien,

---

(611) Bernard épousa Nicole de Melun, fille d'Antoine, seigneur de Buignon, auquel il donna quittance partielle de la dot en 1521. Elle le laissa veuf en 1547 ; il avait partagé le 5 août 1540 la terre de Buignon avec ses beaux-frères. — Il avait pour successeur, dès 1550, son fils aîné *Jehan*, écuyer, sieur du Vernois ; *Marguerite, Nicolas, Gilles* et *Claude* furent ses autres enfants. *Jehan I* s'allia le 14 avril 1559 à Louise de Bernard, fille du seigneur de Champiguy ; d'où *Jehan II*, seigneur de Chaumont et de Buignon en partie, uni le 5 février 1595 à Isabelle de Melun, fille de Philippe, sieur de Courtry, de Buignon et de Chaumont-sur-Yonne, et de Françoise de Grailly (fol. 208) ; — d'où :

Michel, seigneur de Buignon et Chaumont-sur-Yonne, maintenu en noblesse le 9 juillet 1668. Il se maria, le 2 mai 1641, à Renée Pot, fille de Jacques, sieur de Plénoche (fol. 350); — d'où :

Louis, né le 12 février 1652 à Chaumont-sur-Yonne, dont l'état civil fut reconstitué en 1681, les registres de catholicité ayant été pillés en 1652 durant les désordres de la Fronde (fol. 254). Il fit aveu au baron de Bray, général des galètes, pour sa terre de Chaumont, avec Charles de Rouvroy, mari de Claude sa sœur, en 1672 (fol. 267 et 276).

Le P. Anselme (VIII, 893) dit que *Michel* mourut en 1671 et lui donne 5 enfants : *Henri*, capitaine de cavalerie ; — *Edme*, sieur de Vernoy, lieutenant d'infanterie ; — *Martin* ; — *Louis Henri*, lieutenant d'infanterie ; — *Claude*, femme de Ch. de Rouvray, sieur de Belligny. Il ne pousse pas plus loin cette généalogie.

gendre de Gilles du Fay, y est qualifié *comte de Chaumont*, seigneur de Guitry en Vexin, baron de Bardouville, de Bellestre, Brécy et Breteuil (612).

La légende généalogique à laquelle ajoutèrent foi plus tard les meilleurs héraldistes était, il faut le constater, tout à fait acceptée dans le pays. L'opinion voyait dans les Guitry les héritiers directs du connétable de Louis VI. C'est ainsi que le 6 août 1508, l'abbesse de Gomerfontaine donnait une procuration à Julien et à ses fils *Gilles* et *Lion*, écuyers, comme *fondateurs* du monastère, « pour poursuivre et pourchasser toutes les terres, fiefs et arrière-fiefs » indûment aliénés depuis trente ans par les précédentes abbesses et prieures.

Toutefois, ni cette procuration, ni les actes ultérieurs de Julien et de ses descendants ne relevant le titre de comte, il y a lieu de penser qu'ils furent invités à s'abstenir de manifester leurs prétentions à un rang qu'ils eussent pu difficilement soutenir. Il est à remarquer d'ailleurs que Julien lui-même ne prit pas le titre contesté dans l'acte de foi et hommage qu'il fit au roi le 30 juin 1484.

Les archives du château de Mouchy contenaient une sentence d'arbitrage entre « noble homme messire Julien de Chaumont, seigneur de Boissy », Jehan de Maricourt, écuyer, baron de Monchy-le-Châtel, et Antoine du Fay, chevalier, seigneur de Farcourt et de Laignicourt en Beauvaisis le 23 août 1499 (613). Il s'agissait évidemment de régler des difficultés à propos de la succession de Gilles de Fay, dont Julien avait épousé la fille Hélène. Celle-ci mourut en 1506, et son mari entre 1509 et 1512.

On a vu qu'elle eut, outre deux fils, de nombreuses filles dont les alliances furent honorables, mais plutôt modestes.

Marguerite épousa le 3 mai 1506, Martin de Chanteloup, écuyer, sieur de Placourt et de Lihus ; *Jehanne* porta le fief de St-Clair, dans les paroisses de Guitry et de Forêt-la-Folie, à Claude de Fours, écuyer (614) ; *Antoinette* s'allia, en 1494, à Philippe de Gaudechart, sieur de Bachevilliers ; *Guillemette* était mariée en 1512 à Antoine de Tirant, sieur d'Hébécourt ; enfin *Catherine*, dame d'Erquery, avait épousé dès 1510 Antoine de St-Saulieu.

Quant aux fils de Julien, nous parlerons plus loin de *Lion*, plus connu sous le nom de *Guillaume VII*.

---

(612) Les deux autres signataires de ce certificat sont Jehan du Fay, abbé de Ressons et de St-Nicolas-sous-Ribémont. et Robert Malherbe, seigneur de Jouy-en-Thelles, vicomte de Chevrésy, prévôt des maréchaux et chambellan du roi.

(613) D. Villevieille, Mss. fr. 31,911, fol. 11.

(614) Fils d'un Jehan de Fours qui vivait en 1492, Claude eut pour fils Guillaume, écuyer, vivant en 1535 ; d'où sortit George de Fours, seigneur de St-Martin, chevalier de l'ordre du roi, qui rendit hommage en 1579 à Antoine II de Chaumont (Voir note 585). — Mme Robert, propriétaire du domaine de Guitry, possède un certain nombre d'aveux rendus aux Chaumont, pour ce fief de Saint-Clair, par G. de Fours en 1544 ; — Guy de Fours, gentilhomme de la Chambre du Roi, capitaine de 50 hommes d'armes de son ordonnance en 1632 et 1636 ; — Michel de Fours, chevalier, en 1646 (Communication de M. le capitaine Engelhard, gendre de Mme Robert).

Le P. Anselme (VIII, 887) fait de Jehanne une *Louise* qu'il dit mariée à *Georges de Fours*.

Gilles I, écuyer, fut sieur de Boissy-le-Bois, Bardouville, Bellestre, Breteuil, le Petit-Boissy dit Fragilleux, et en partie de Chaumont. Il fit hommage pour ce dernier fief en 1509. En 1512, il assistait au mariage de *Guillaume dit Lion*, son frère, seigneur de Bertichères, et en 1531, à celui de *Françoise*, sa nièce. Il vivait encore en 1546. Dès le 6 octobre 1509, il s'alliait à Isabeau de Poissy, fille de Jehan, seigneur de Gouy, et de Marguerite Daniel. Il en eut 4 fils : *Antoine, Louis, Nicolas, Guillaume VIII* (615). Louis et Nicolas moururent célibataires : *Nicolas* se qualifiait en 1597 « écuyer, président au présidial de Senlis, sieur des fiefs de Chaumont, Hault Touppet et Genard assis audit Chaumont » (616).

Guillaume VIII, seigneur de Chaumont en 1564, épousa « Agnès de l'Isle, de la maison d'Andrésy et de Marivaulx » (615).

Antoine II, fils de Gilles I, seigneur de Bellaitre, assista en 1544 au mariage de son cousin. Il rendit hommage du fief des Essarts, le 10 octobre 1561, à Jacques de Mornay, sieur d'Omerville. Il épousa le 24 février 1548 Philippe, fille de Louis d'Isques, sieur d'Omerville et de Marguerite Perreaux : elle mourut avant 1561, laissant deux fils ; *Charles,* seigneur de Boissy, mort sans enfants après 1575, et *Gilles II* ; et une fille, *Françoise,* alliée à Jehan de Biville, sieur de Saint-Lucien, puis à Antoine de Belin.

Gilles II, seigneur de Bellaitre et en partie d'Omerville, épousa le 2 juin 1579 la veuve du sieur de Beaucamp, Anne, fille de Jacques Fouquesolles, sénéchal du Boulonnais ; elle survivait à son second mari en 1590, et eut : *Pierre,* sieur de Bellaitre, uni à Marie de Cavrel ; *Guillaume* ; *Judith,* alliée en 1598 au sieur de Chambray, Adrien de Presteval, puis au sieur de Porcheux, Charles d'Aubourg ; *Suzanne,* mariée à Annibal de la Rue, seigneur de Bernapré et du Puy (617).

Le 9 juillet 1512, le fils aîné de Julien, *Guillaume VII,* seigneur de Guitry et de Bertichères, épousait la veuve de Louis de Boulainvilliers, seigneur de Frouville, Adrienne de l'Isle, fille d'Ives de l'Isle-Adam, seigneur de Puiseux près Pontoise et d'Arcueulle (Arthieul) près Magny, en totalité, et de Courdimanche et Andrésy en partie. Ives avait eu de Jacqueline du Tertre quatre enfants qui partagèrent ses biens le 15 février 1521, en présence de Thomas de Cléry, écuyer, sieur de Frémainville, et de Pierre de Fours, écuyer. L'unique fils d'Ives de l'Isle, Barthélemi, hérita de Puiseux, Courdimanche, Andrésy et Jouy (le Moutier) ; les filles recueillirent les autres biens et se les répartirent le 2 mai 1522.

(615) Mss. fr. 20224. Cette généalogie lui donne pour fils Antoine et Louis d'Arthieul, qui sont fils de *Guillaume VII* et d'*Adrienne* de l'Isle.

(616) Mss. fr. 27201, fol. 230.

(617) Mss. fr. 20224 et mss. 27201, fol. 337. — Le P. du Marois était mal instruit de cette filiation. — La généalogie du P. Anselme ne se continue pas plus loin.

La dame de Guitry eut « la terre d'Arcueulle, en la paroisse de Maigny, mouvant de Jehan de Guiry, escuyer, à cause de sa terre du Perchay » (618) : — sa sœur Perrette, veuve de Jehan de Valiquerville, eut 120 livres de rente sur la Villetertre et de plus, le fief de Bachaumont en la prévôté de Chaumont, mouvant de Bonconvilliers, acquis de Pierre des Moulins et de Miles de Saulx sa femme, sous réserve d'usufruit par le vendeur ; — enfin la troisième fille d'Ives, Françoise, femme de Jehan Selles, écuyer, sieur de Beuseville, Pymont et Saint-Vigor, eut la « seigneurie d'Espluche (près St-Ouen-l'Aumône), mouvant de Claude Guibert, bourgeois de Pontoise, comme ayant le droit de Guillaume Le Forestier, et, pour autre moitié, de la seigneurie de Vaudampierre » ; plus les terres de Silly-en-Mulcien et de Juigny, paroisse de Trémilly-en-Valois, tenues du baron de Montmorency.

Guillaume VII ne rendit aveu que le 10 juin 1516 au bailliage de Gisors pour la terre de Guitry, « comme de plein fief de haubert tenu du Roi pour 15 livres de relief » (619). Il est qualifié par son épitaphe « noble et puissant seigneur, écuyer, seigneur de Bertichères, Quitry, Forès, Erquecourt et le Boisguenier » ; il mourut le 16 novembre 1543 (620).

Adrienne de l'Isle survécut à son mari (621). Elle en eut trois fils, *Antoine II, Louis; Françoise*, unie le 9 octobre 1531, à Gilles d'Erquembourg, fils du seigneur de Cauville en Caux ; *Jehanne*, reçue le 6 août 1529 au monastère de Gomerfontaine avec 200 livres de pension ; *Hélène*, entrée au cloître après sa sœur.

Antoine II fit foi et hommage au roi le 10 mai 1544. Le 25 septembre suivant, il se fiançait à Jehanne d'Assy, fille de Jacques, sieur de Tourny, capitaine de mille hommes de pied, et de Françoise de Vanssay (622). L'un des témoins fut Philippe de Roncherolles, baron de Heugueville, cousin des deux futurs époux. Antoine se qualifie « seigneur de Bertichères et Boguernier en la chastellenie de Chaumont et bailliage de Senlis, de Guitry, Forest et Roquiécourt au bailliage de

(618) D'Arthieul relevaient quatre fiefs : 1) à Vaudencourt, aux hoirs de Louis Vyon, chevalier ; 2) à Boury et Vaudencourt, aux hoirs de Jehan du Bec, seigneur de Boury ; 3) à Arthieul, aux hoirs de Philippe de Fouilleuse ; 4) à Arthieul, à Simon Mesnard.
Les de l'Isle de Puiseux portaient *d'argent à la fasce de gueules, accompagnée de sept canettes de même, 4 en chef et 3 en pointe.* (Id. fol. 336).

(619) Julien avait rendu aveu le 20 mars 1480, plus de quatre ans après la mort de son père. Ce délai de tolérance était souvent la règle.

(620) Louis Régnier, *Épigraphie du canton de Chaumont-en-Vexin* ; Mém. de la Soc. acad. de l'Oise, XV, 206. — *Bertichères* dépend de l'Aillerie. — *Guitry, Forêt-la-Folie* et *Requiécourt*, ancienne paroisse devenue un hameau de Cahaignes, sont du canton d'Écos. *Beaugrenier* fait partie de la commune de Montjavoult.

(621) Elle fit, le 2 janvier 1545, un accord avec Gomerfontaine, de l'assentiment de son fils aîné Antoine II. (A. N. K 191, n° 115. — Le copiste a lu 1515 pour 1545 et *Gurton* pour *Guitri*). — Le 4 août 1555, pour se procurer des ressources, elle constitua une rente de 75 livres à Charles de Guiry, écuyer, seigneur dudit lieu. (Mss. fr. 27201, fol. 204).

(622) Les d'Assy portent *d'argent à la croix de sable chargée de cinq coquilles d'or ; les premier, second et troisième quartiers chargés chacun de trois merlettes de sable, deux et une* (Ib. fol. 336).

Gisors ». Son oncle Barthélemi de l'Isle et son cousin germain Antoine II de Chaumont, seigneur de Bellaitre, furent aussi conviés à son contrat (623).

Le premier des titres que prend le fils de Guillaume VII est celui de seigneur de Bertichères. Le château de Guitry, comme celui de Chaumont, avait été certainement ruiné durant l'invasion, et il n'était plus resté qu'une terre. Bertichères avait un manoir plus habitable, où le fils d'Antoine II de Guitry cessa de résider depuis son mariage, mais qui ne fut point livré à l'abandon, puisque leur descendant Henri II de Chaumont, le baron de Lèques, y revint signer son contrat de mariage en 1634.

Après la mort d'Adrienne de l'Isle, sa succession et celle de son mari furent définitivement réglées au moyen d'un arbitrage. Gilles de Pellevé, bailli de Chaumont, Louis de Vaudray chevalier, seigneur de Mouy, et Jehan de Hazeville, écuyer, sieur de Gadancourt, se rendirent à Bertichères, et procédèrent à la répartition des héritages entre Antoine II de Guitry et son frère *Louis*, seigneur d'Arthieul, marié depuis le 14 juin 1555 à Madeleine de Cenesmes, fille de Jehan, seigneur de Luzarches, Mendres et Cersey, et de Madeleine de Gouy (624).

Antoine fit hommage pour Guitry et Forest, à Alphonse d'Este, duc de Fer-

(623) Le mariage fut célébré le 5 février 1544 (1545 n. st). — (Ms. 27201, fol. 348).

(624) Mss. fr. 27201, fol. 203, 204. — *Louis I* d'Arthieul, mort en 1582, eut trois fils et quatre filles, parmi lesquelles *Esther*, mariée à J.-B. de Gueribalde, secrétaire de la Chambre du Roi (Id. folio 336). Son second fils, *Antoine*, écuyer, « sieur du Bosguernier et de Énencourt-le-Sec à cause de dame Françoise de Boulart sa femme », accorda, le 1er mars 1586, des lettres de souffrance « à noble homme Robert d'Andrieu, sieur de Guitrancourt, pour l'hommage que les enfants mineurs de Pierre d'Andrieu ses pupilles devroient faire aux sieur et dame de Chaumont à cause des deux parts du tiers de la seigneurie d'Esnencourt-le-Sec ». (Mss. fr. 30408, fol. 286).

Louis II, l'aîné des fils de Louis I, épousa Isabelle, fille d'Alexandre du Breuil ; d'où : *Alexandre I*, *Charles*, mort jeune ; *Jean*, tige des seigneurs de Boisgarnier, et *Judith*, mariée en 1611 à Jacques d'Estuert, sieur de Vezines.

Alexandre I est le « M. de Chaumont » dont parle Richelieu dans une lettre à Bouthillier, du 17 septembre 1641 : « M. de Chaumont m'a dict qu'il y a quelque temps que le Roy lui a faict un don pour aider à marier sa fille aisnée, sur certain advis que je ne sçay pas. Le don estoit de dix mil escus. Il recognoist que cette somme est trop grosse en ce temps, et il voudroit bien jouer avec moi à la prime, où l'on luy fait composition du tout à la moitié. Il a désiré que je vous recommandasse cette affaire, ce que je fais d'autant plus volontiers que je l'ay toujours trouvé fidèle et affectionné ». (*Corresp. de Richelieu*, VI, 869).

Alexandre I épousa Isabelle, fille d'Adrien du Bois des Cours, seigneur de Favières ; d'où : *Hugues*, seigneur de Villeneuve et d'Arthieul, maréchal de camp, uni en 1655 à Madeleine de Champagne, dont il eut postérité ; et *Alexandre II*, dit *le chevalier* et ensuite *le marquis de Chaumont*, capitaine de vaisseau en 1671, major du Levant en 1672, mort à 78 ans le 28 janvier 1710 et enterré à St-Séverin de Paris.

Il fut chargé d'un ambassade extraordinaire auprès du roi de Siam et fit à cette cour d'Extrême-Orient « une entrée magnifique sur le Menam, avec 150 balons ou navires d'estat à la Siamoise ». Deux gravures de la collection Hennin représentent cette entrée et l'audience que lui donna le roi le 18 octobre 1685 (Coll. Hennin, t. LXII, fol. 54). Voir sur lui les *Lettres de Colbert*, éd. P. Clément, t. III, *Marine*, pp. 105, 200, 215).

Il épousa le 3 janvier 1689, Jeanne, fille d'Étienne de la Guérinière, d'où *Alexandre-Charles III*, dit *le comte de Chaumont*, maréchal de camp.

Jean de Chaumont, sieur de Boisgarnier, épousa, le 6 février 1614, Marie de Bailleul, dame d'honneur

rare et de Chartres, comte de Gisors et seigneur de Montargis ; des lettres du nouveau comte, données à Gisors même, le 10 juin 1580, en font foi. Ces lettres ne donnent à Antoine que le rang d'écuyer.

La femme d'Antoine II avait apporté à son mari la terre de Cantelou. Elle passa, à sa mort, à leur fils aîné, *Jehan de Chaumont*, qui en prenait le titre, le 21 août 1567, en se mariant à Anne de Champrond, dame de Villeroy (625).

Toutefois, il se qualifie « escuyer, seigneur de Guitry » dans un acte du 5 juillet 1568, portant offre d'hommage au représentant de Madame Renée de France, duchesse de Ferrare et de Chartres, comtesse de Gisors, « à cause de son duché et grosse tour de Chartres, pour raison du lieu et seigneurie de la Boudinière, indivisée avec messire Philippe de Salins, sieur de la Motte, audit de Chaumont appartenant à cause de la damoiselle sa femme et à elle échu par le décès de feu Michel de Champrond, son père » (626).

Après la mort de son père, le 16 juillet 1582, les terres de Guitry et Forest lui furent définitivement attribuées par un partage ; *Anne*, son frère, écuyer, sieur de Pressagny, eut le fief de Montperreux assis à Fresnelles, paroisse de Cernay ; le tuteur de leur plus jeune frère *Abdias* ne voulut point accepter de rôtures, se réservant de réclamer une part des fiefs : *Madeleine* et *Marie*, leurs sœurs, n'eurent point part à cet arrangement (627).

Plus tard *Anne* prit le titre de seigneur de Pressagny. Il épousa Suzanne Motier de la Fayette, veuve de Pierre des Friches, seigneur de Brasseuse, et fille de Claude, seigneur de St-Romain et de Maffliers ; leur fille *Jeanne* mourut sans alliance. La succession d'Anne passa à ses sœurs, *Madelaine*, qui, le 19 juin 1587, avait épousé Gobertin de Chélandre, sieur de Chaumont et Bonval, et *Marie*, femme de Charles de la Montagne, sieur de Graville, gouverneur de Corbeil. Cette dernière céda tous ses droits dans l'héritage paternel à son neveu Henri de Chaumont, le 23 juin 1606 (628).

Les démembrements successifs produits par les partages avaient étrangement réduit la fortune des Chaumont. Jehan essaya de la relever. Il s'attacha au roi de Navarre, Antoine, dont il avait été page, « à la maison duquel il dédia tellement son service, qu'au milieu de toutes les guerres civiles de ce temps, il n'abandonna jamais le jeune roi Henri de Navarre son fils ». Celui-ci lui donna « de plein sault » l'office de surintendant de sa maison (dès 1582).

« C'est luy — écrivait Sainte-Marthe en 1600 — que les histoires ne nomment

d'Anne d'Autriche, dont il eut entre autres enfants l'académicien *Paul-Philippe*, évêque d'Acqs en 1671, mort le 24 mars 1697 ; *Marguerite*, femme du comte de Maulevrier ; et *Louis III*, comte de Chaumont, qui épousa son arrière-cousine, héritière de la terre de Saint-Chéron.

(625) Champrond porte d'azur au griffon d'or (Id. fol. 336).
(626) Mss fr. 24127, fol. 569.
(627) Un autre fils, *Nicolas*, était mort jeune (Mss. fr. 20224, fol. 53).
(628) Mss. fr. 27201, fol. 255 et 336.

point, quand elles parlent d'un chevalier qui, armé de touttes pièces, se jetta, luy et son cheval, sur le pont levis de la ville de Montz en Hainaut, comme on le levoit, qui par sa pesanteur et sa hardiesse fut cause de faire abaisser ledit pont, et par ce moyen donner entrée aux siens qui prirent lors ladite ville ».

Quand éclata la guerre de la Ligue, il se mit à la tête de cinquante hommes d'armes et se battit pour le futur Henri IV. Nommé par celui-ci chevalier de son ordre, puis commandant du régiment d'Alençon, il reçut au camp d'Arques, le 10 septembre 1589, quelques jours avant la fameuse journée, les provisions de maréchal de camp (629).

Le trésor de Bienfaite contenait des lettres de Henri IV, dont on a l'analyse, adressées à « monsieur de Guitry ». L'une est datée du camp devant Falaise, le 2 janvier 1590, et lui communique des indications fort détaillées ; une autre, du 24 septembre 1590, lui donne commission de mener les troupes royales au secours de Genève.

Sa promotion au maréchalat l'avait fait mettre à la tête de la grande armée de reîtres que les États protestants d'Allemagne envoyèrent au Béarnais pour combattre la Ligue.

Lorsqu'il eut, avec le titre de conseiller privé, la lieutenance générale de l'armée de Savoie, il s'y comporta si brillamment « qu'on disoit ordinairement de luy qu'il estoit *au poil et à la plume*, des premiers pour tous conseils d'Estat et non des derniers pour conduire des gens de guerre... Après avoir pris plusieurs villes, tant par composition que par assault, donné bataille et icelle emportée, avec mort sanglante des ennemis, jusques à leurs chefs... il revint et repassa son armée en France, au grand contentement du pays de Bourgoigne qui se trouvoit lors fort menassé et contraint par le duc de Nemours qui estoit à Lion et par les rebelles dudit païs... Son armée estant jointe à celle du maréchal d'Aumont, il alla trouver le Roy à la Cassine, maison appartenant à M. le duc de Nemours, près Sedan. Auquel lieu ledit sieur de Quitry receut commandement de S. M. d'aller trouver M. le maréchal de Biron, pour quelque affaire importante... dont estant de retour, et S. M. se préparant pour aller en personne au siège de Rouen, luy promit la charge et la conduite de l'armée estrangere que M. le vicomte de Turenne, lors à présent (en 1600) M. le maréchal de Bouillon, avoit amenée d'Allemagne sous la charge du prince d'Anhalt ». Pendant qu'il conduisait ces troupes par la Picardie, les faisant vivre en pays ennemi, « il décéda le dernier janvier 1592, au grand regret de tous les gens de bien, et de S. M. mesme, qui luy feit l'honneur de le venir voir au village de Sonjon (Songeons) près Beauvais, où ce mal l'avoit pris. Le roy commanda incontinent le faire transporter en quelque lieu de meilleur secours, ce qui ne peust estre mieux que la ville de Gournay,

---

(629) C'est à tort que Mézeray (*Abrégé chron.* IX, 316) lui donne ce titre dès 1587 en le rangeant parmi ces capitaines de l'armée protestante « qui prenoient à toute heure querelle ensemble ».

freschement prise par le maréchal de Biron, et toutte ruinée, où à peine quasi se pouvoit trouver les nécessités pour vivre ».

« Il laissa en son deceds — continuent MM. de Sainte-Marthe — toute sa famille esparse en divers lieux, qu'il ne desiroit sur touttes choses que de ramasser ensemble, ce que oncques ne peust faire, tant pour le regard des troubles que pour le peu de moyens qui luy en feust donné.

« Sa femme estoit fille de feu le bailly et capitaine de Chartres, Michel de Champrond, seigneur de Croissy-en-Brie et de Villeron en Beausse, femme très-digne d'un si grand personnage, qui, ne respirant avec luy que l'honneur et advancement de ses enfans par les voyes honorables, les a toujours poussés au service de leur prince aussy tost qu'il en ont peu avoir la puissance, trop animeusement peut estre, pource que la mesme année du deceds de son mari elle perdit encore ses deux fils aisnés.

« Incontinent après la mort de leur père, ces deux aisnés — *Jehan*, sieur de Quitry et *Charles*, sieur de Cantelou, — furent envoyés par la dame de Quitry leur mère au siège de Rouen pour servir le Roy. Ils demeurèrent en l'armée de S. M. jusques environ le mois d'aoust de l'année 1592 que, revenant de Caudebec où ils avoient esté commandez par le Roy d'aller sous la charge de M. le comte de Saint-Pol, pour faire lever le siège que avoit mis devant le duc de Mayenne, lesdits sieurs de Quitry feurent rencontrez par la Ligue, où tous leurs gens feurent tuez et ledit Charles gravement blessé et porté à Gisors, où il mourut quatre ou cinq mois après (en 1592). Quant à l'aisné il mourut aussy bien tost après, et feust malheureusement assassiné ».

Des fils de la maréchale de Quitry il ne restait que deux « dont l'aisné (*Henri*, à présent sieur de Quitry) n'a pas encore atteint, en la présente année 1600, l'an 23ᵉ de son aage ; elle les dispose toutefois autant qu'elle peult pour suivre les traces de leur père, où ils seroient bien advancez, veu le courage qu'ils ont, si les services de leur père estoient recogneus en la dixiesme de ce qu'ils meritent. Dieu les assiste ! »

Avec Henri survivaient alors « *Philippe*, sieur de Villeron ; *Anne* qui a espousé Jacques de Carbonnel, et *Marie*, fille à marier » (630).

A sa mort, en janvier 1592, Jehan de Chaumont réunissait les titres de « conseiller du roy en son conseil d'Estat, mareschal de camp de ses armées et lieutenant général de Savoye » (631).

Sa veuve dut faire face à des dépenses de guerre — sans doute la solde des troupes — avec ses propres deniers, en attendant que des fonds pussent lui parvenir. Il lui restait encore dû, de ce chef, en 1605, trois cents écus, bien

(630) Mss. fr. 20272, fol. 40.

(631) Ils sont rappelés dans le *Registre des exempts* à la comparution du ban et arrière-ban du Roi pour le bailliage de Chartres, dressé le 4 juin 1594, et où figure sa veuve Anne de Champrond (Mss. fr. 24128, p. 659).

qu'un arrêt du Conseil d'Etat, du 30 septembre 1595, en eût ordonné le paie-ment (632).

Ce fut de son temps que le domaine royal de Chaumont fut engagé aux Lon-gueville. La chancellerie et le Parlement admirent alors le terme de *Comté*. Le 30 mars 1610, le Conseil d'Etat faisait assigner la duchesse de Longueville « qui jouit par engagement du comté de Chaumont », pour répondre aux réclamations des officiers de l'élection, et autorisait ceux-ci « à faire saisir, en garantie du paiement de leurs gages, ce qu'ils trouveraient être dû à ladite dame » (633).

🙵

Abdias de Chaumont, qui avait eu la terre de Bertichères, suivit la fortune de son frère aîné, et nous le voyons en 1593 gouverneur d'Aigues-Mortes. Il céda pour 8000 livres ses droits dans la succession de ses parents à sa belle-sœur, Anne de Champrond, qui venait de perdre son mari. Celle-ci se défit plus tard, en 1598, de la terre de Cantelou. Elle avait, à ce moment, vu mourir ses deux premiers fils. Le troisième, Henri, finit ses jours en 1609, laissant ses biens à *Philippe* son frère cadet, seigneur de Guitry (634).

Philippe de Chaumont, chevalier, seigneur de Guitry, Forest, Villecoy, Bou-biers et Bertichères, fut condamné le 30 juillet 1621, par sentence du bailli de Chaumont pour le duc de Longueville, Charles de Neufville d'Hallaincourt, à rendre aveu ; on trouve en effet de lui un aveu au roi, pour deux moulins sur la Troesne et autres biens. Sa signature est d'une belle et très haute écriture, aux *o* bouclés fortement ; elle se termine par un petit paraphe assez laid (635).

Jehan de Chaumont avait prêté, le 8 janvier 1580, 570 livres au sire de Chi-gnonville, son ami, par contrat devant un notaire du comté de Foix, moyennant hypothèque sur la terre des Touches. Chignonville, qui avait d'autres débiteurs, finit par être saisi et les Touches furent vendues. Quelque cinquante ans après la date du prêt, le 5 mai 1629, il fut remboursé à « messire Philippes de Chaumont, chevalier, seigneur de Quitry, demeurant à Bertichères, pays de Vexin le Fran-çois » (636).

Promu peu après aux fonctions de maréchal de camp, Philippe fit sous le duc de Longueville la campagne de Franche-Comté, et mourut des blessures qu'il

(632) *Arrêts du Conseil d'Etat*, I, n° 2646 ; II, n° 9374.

(633) Noël Valois, *Arrêts du Conseil d'Etat*, II, n° 15456.

(634) Anne de Champrond, morte en 1612, avait eu six enfants : *Jehan*, mort en 1593 ; *Charles*, mort en 1592 ; *Marie*, *Henri*, *Philippe* et *Jeanne*. Marie épousa en 1613 Pierre Le Mancel, sieur de Rains et Fourches (fol. 213) ; et Jeanne, Paul Le Duc, sieur de la Gaucerie. On y ajoute Anne, femme de Jacques Carbonnel, sieur de Chassegay (fol. 336).

(635) A. N. R 2 20.

(636) Mss. 27201, fol. 98.

reçut au combat de Poligny en 1638. De son mariage, contracté le 9 septembre 1628 avec Guyonne, fille de Jean de Bouquetot et d'Esther d'Orbec, il laissa deux fils : *Gédéon*, qui lui survécut à peine, et *Gui I*, marquis de Guitry, seigneur de Condé.

Gui eut pour tuteur son cousin Henri II de Chaumont, fils d'Abdias, devenu son oncle maternel par son alliance en 1634 avec Louise de Bouquetot, sœur de Guyonne (637). Après avoir été maître de la garde-robe du roi pendant treize ans, on créa pour lui la charge de « général maître de la garde-robe », le 26 novembre 1669. A cette occasion, il obtint du roi des lettres faisant passer dans l'histoire la légende du siège de Zara, et l'autorisant à changer ses armes pour porter celles *de France, brisé d'un lambel à trois pendants d'hermines.*

Ce que fut son administration, l'on en jugera par une lettre de Colbert à Mazarin, du 2 mars 1660 :

« V. Em. m'a ordonné de faire une toilette pour le Roy et m'ordonne encore par sa dernière d'assister M. de Guitry pour les habits à faire à nouveau à S. M. J'obéiray comme je dois, mais je la supplie de me permettre de luy dire que ces dépenses sont si grandes, depuis qu'elles ne sont point limitées, qu'il est quasy impossible que je me puisse déterminer à ce que je dois faire. La toilette du Roy, les étoffes et les dentelles choisies par Mme de Créqui monteront à plus de 12.000 liv., et M. de Guitry prétend que les seuls habits du Roy monteront à plus de 90.000 liv... V. Em. voit bien par là qu'il vaudroit beaucoup mieux donner une somme à ces Messieurs-là, et qu'ils la mesnageassent » (638).

Le marquis de Guitry, qui développait ainsi chez le jeune roi le goût d'une magnificence si resplendissante et si onéreuse, n'était pas vaniteux à demi. Il se fit dresser un arbre généalogique remontant à Pépin d'Héristal par Childebrand et Nebelon, auxquels l'imaginatif Du Bouchet et l'orgueilleux duc d'Epernon avaient constitué une descendance factice, comprenant notamment les Capétiens. Guitry, grâce à ces habiles gens, était plus noble que le roi, car on le faisait sortir d'un Nebelon II qui ne pouvait être regardé autrement que comme le chef de la branche aînée (639).

Gui I fut tué au passage du Rhin avec le duc de Longueville, le 12 juin 1672. Il n'avait pas eu d'alliance. On assure que la nouvelle de sa mort arracha des larmes à Louis XIV.

Ses affaires étaient dans un profond désordre, et ses créanciers firent saisir la terre de Guitry en 1675. Elle fut retirée plus tard par Gui II, cousin et héritier de Gui I.

(637) En 1655 il fit hommage au prieur de Chaumont pour le fief de St-Pierre à Caillouel acheté par lui (Arch. de l'Oise, H 2303).
(638) Correspondance de Colbert, I, 422.
(639) *Dictionnaire de la Noblesse*, t. III.

Dans le « général maître de la Garde-robe » s'éteignait la branche aînée de la maison de Chaumont.

La postérité fut continuée par le dernier fils d'Antoine II. *Abdias de Chaumont* conserva le titre de seigneur de Bertichères, mais ne revint plus au pays. Il avait épousé par contrat du 6 septembre 1587, Madeleine du Pleix, dame et baronne de Lecques. Elle était fille du seigneur de St-Michel, près Aimargues, et de Françoise de Bérard.

A la mort de son beau-père, Abdias le remplaça comme gouverneur d'Aigues-Mortes, en vertu de lettres signées par Henri IV, au camp de Jouarre, le 7 septembre 1592. Son administration ne fut pas exempte de critiques (640).

Le sieur de Bertichères mourut le 7 août 1622, à Sommières, en la maison de Pascal Salettes, docteur en médecine, sans avoir pu faire son testament. A ce moment Lunel était assiégé par l'armée royale et Abdias avait sans doute été blessé dans un engagement. Il fut enterré le 8, et le jour même sa veuve déclarait devant les officiers royaux qu'elle acceptait sa succession sous le bénéfice d'un inventaire auquel l'état de guerre ne permettait pas de procéder. On se hâtait d'enlever pour les porter au château de Lecques, les hardes et les armes du défunt restées chez le médecin quand, à la sortie de Sommières, on rencontra les troupes qui venaient d'emporter Lunel. Les soldats pillèrent le chariot, et tout fut perdu. On allait commencer l'inventaire à Massillargues, chez la belle-mère d'Abdias, à St-Michel et dans la maison que le défunt avait à St-Gilles, quand on apprit que le château et la maison étaient brûlés. L'inventaire finit pourtant par se faire, et l'on y signale l'intervention d'un bâtard reconnu, « noble *Barthélemi de Chaumont*, fils naturel du sieur de Bertichères, qui l'avait avantagé en faveur d'un mariage contracté de son consentement, avec damoiselle Gabrielle d'Albenas ».

Outre un fils, Henri, Abdias laissa cinq filles. *Anne* épousa Grégoire des Gardies, sieur de St André, gouverneur de Montpellier, dont elle était veuve en 1652. *Françoise* mourut sans alliance, avant 1622.

Jeanne épousa le 4 janvier 1625 Bernard de Trémolet, seigneur de Marmoirac.

Marguerite s'unit en 1622 à Etienne Aimeric, conseiller au présidial de Nîmes, puis en 1647 à un colonel de cavalerie, Paul d'Arnaud, sieur de La Cassagne.

Madeleine fut mariée en 1636 à Pierre de Conti, sieur d'Argencourt, dont elle eut une fille morte sans alliance.

Le 8 février 1634, au château de Bertichères rouvert pour la circonstance, se célébraient les fiançailles de Henri de Chaumont, baron de Lecques, mestre de camp d'un régiment de 1200 hommes, demeurant ordinairement à St-Michel, avec la veuve du sieur du Breuil, Louise de Bouquetot, assistée de Philippe de Chaumont

---

(640) Abdias fit subir, durant trente ans, des vexations innombrables aux moines de l'abbaye de St-Gilles en Languedoc, dans laquelle il s'était installé comme en pays conquis avec ses troupes protestantes. Ne pouvant, malgré ses efforts, en devenir abbé, il trouva moyen de faire donner ce riche bénéfice successivement à deux de ses fils naturels, *Barthélemi*, simple diacre, et *Gallian*, qui n'était même pas tonsuré. Cf. l'abbé Goiffon, *Saint-Gilles et son abbaye*, Nîmes, 1882, in 8. (Communication de M. Louis Régnier).

son beau-frère, Julien Le Bret, sieur du Mesnil-Quillebeuf, conseiller du roi et vicomte de Gisors, fut témoin du contrat, avec toute la noblesse circonvoisine.

Dès le 6 décembre suivant, le baron de Lecques, rentré dans ses foyers, recevait ordre du roi « de s'acheminer aux Grisons pour commander, dans le fort du Rhin, aux gens de guerre qui y tiendront garnison ». Il était sous les ordres du duc de Rohan, qui échangeait avec lui une volumineuse correspondance, et qui lui a consacré un passage de ses *Mémoires*. On le laissa dans ce poste perdu jusqu'en 1641. Alors, pris de nostalgie, il sollicita du roi l'autorisation de rentrer chez lui, « ne s'étant pas préparé à faire une si longue campagne ».

La mère de Louise de Bouquetot, Esther d'Orbec, avait hérité de son frère Louis la terre de ce nom. Elle passa au baron de Lecques, qui vint s'y établir.

Le repos qu'il pensait y goûter fut troublé par un drame domestique. Son fils aîné *Gui II* se prit de querelle avec un de ses voisins de campagne, et le tua dans un duel où leurs deux seconds périrent (641). Après un pareil esclandre, la situation d'un seigneur protestant, dans ce pays normand resté fidèle à la foi des aïeux, devenait intenable. Henri de Chaumont le comprit ; il reprit le chemin du Midi, s'écartant à nouveau du berceau de sa race. On le retrouve à St-Michel près de Nîmes le 10 avril 1666, faisant un testament où il ordonne sa sépulture « au lieu qu'il sera jugé à propos ainsi que l'on a accoustumé aux personnes de la religion réformée ». Il fait des legs aux pauvres des églises réformées de Lecques et d'Aimargues. A son fils puîné, *Louis*, auquel il substitue successivement les suivants, *François* et *Charles*, il lègue les baronnies de Lecques et de St-Michel, la maison de Marcillargues, les terres de St-Gilles et d'Aimargues, à charge de payer les légitimes de ses frères et sœurs. — C'est à St-Michel que mourut Henri de Chaumont, le 1er mars 1678, à l'âge de 84 ans.

Lors de sa retraite dans le Midi, le « temple » de Bienfaite fut désaffecté et transformé en dépôt d'archives. Les protestants qui avaient pu se grouper autour du vieux baron étaient partis avec lui ; le lieutenant civil constatait, le 5 mars 1691, « qu'il n'existe pas au greffe d'Orbec de registre spécial pour les gens de la religion prétendue réformée ». On y suppléa par un acte de notoriété pour constater la mort de Louise de Bouquetot, dame de Lecques, décédée à Orbec, dans son hôtel rue des Trois Maries, le 18 mai 1680 (642).

De ses nombreux fils, trois ne se marièrent pas : Louis, lieutenant de chevaulégers, mort en 1673 ; François, dit *le Comte de Chaumont*, baron de Lecques, seigneur de Gaillan et de la Chapelle-Yvon, lieutenant des maréchaux en Languedoc, né en 1643, mort à St-Michel le 15 juillet 1715 ; Charles, mort en 1675.

(641) Un *Mémoire concernant l'ancienneté et l'illustration de la Maison de Chaumont*, rédigé en 1743, relate les péripéties dramatiques de ce duel au pistolet entre le jeune Gui de Chaumont et le sieur de la Fontaine, dit *le Brave Gauville*. Au moment où il tua son adversaire, le jeune marquis venait de recevoir un coup de feu au visage qui lui avait cassé deux dents en lui déchirant la bouche : la balle ricocha sur la denture et se perdit, mais « tout le monde crut que le marquis d'Orbec l'avoit avalée, et on l'appela l'*Avaleur de bale* ».

(642) Ms. fr. 27201, fol. 284 et 296.

Enfin *Yvon*, marié en 1708 à Marguerite de Genas, mourut sans enfants en 1715.

Quant aux filles, *Louise* fut mariée en 1671 à Gédéon du Refuge, comte de Coismes ; *Esther*-Marie-Louise épousa avant 1682 Jean de Merle, chevalier, sieur de Blancbuisson « qui l'avait débauchée et enlevée nuitamment de la maison paternelle ; ce que les sieurs de Chaumont ses beaux-frères lui reprochaient, ainsi que de n'avoir. comme cadet, que 500 livres de rente viagère, d'avoir été page de madame de Mirepoix et de n'avoir pu se faire recevoir chevalier de Malte ». (643).

Une troisième, *Marie-Madeleine*, prit le nom de « Mademoiselle d'Orbec », suivant l'usage princier de titrer les filles d'un nom de terre.

L'existence de « Mademoiselle d'Orbec » fut assez mouvementée. Par un codicille fait à Saint-Michel le 13 février 1678, son père lui avait légué, pour sa légitime, 5,000 livres à prendre sur sa part des biens de famille en Languedoc. Ces biens étant tous dévolus à son frère François (*le Comte de Chaumont*), elle dut plaider pour obtenir le versement de sa dot. Un arrêt du Parlement de Rouen du 16 juin 1682 la renvoya devant le bailliage d'Evreux pour se faire rendre justice. François fut condamné mais ne s'exécuta pas, et Madeleine dut faire opérer une saisie sur les deniers dus à son frère par la marquise de Creuilly (6 octobre 1685). — Par son contrat de mariage, son frère aîné Gui II s'était engagé formellement à lui garantir une dot de 10,000 livres, condition d'autant plus modeste que leur sœur, Mme du Refuge, avait eu 30,000 liv. de dot. Mais à ses instances pour en être payée, Gui répondit « qu'il est vrai qu'il s'était engagé à payer cette somme à la demoiselle sa sœur, mais que c'était au cas qu'elle se mariât, et qu'il n'étoit point dit que jusque-là il en dût payer l'intérêt ». Piquante échappatoire chez un « puritain ».

Gui II, l'aîné des fils du baron de Lecques, était né le 21 juillet 1641. Il était capitaine au régiment de Schomberg lorsque, en 1672, la mort de son cousin le rendit héritier de ses titres. Il rendit au roi le 4 août 1680, un aveu pour la terre de Guitry (644).

En 1686 Louis XIV accordait deux mille livres de pension au marquis d'Orbec et de Guitry, en reconnaissance de ses services, et le 3 avril 1691, le marquis d'Orbec servait encore comme aide de camp du duc de Vendôme, comme le prouve un certificat de ce prince, daté du camp devant Mons, le 3 avril 1691 (645).

Par contrat du 7 avril 1673, « haut et puissant seigneur Gui de Chaumont, chevalier, marquis d'Orbec, demeurant ordinairement audit Orbec », épousait « damoiselle Jeanne de Caumont la Force, fille majeure de feu haut et puissant seigneur Pierre marquis d'Ammé (Aymez) et de haute et puissante dame Jeanne de

(643) Mss. fr. 27201, fol. 345. — On cite d'autres sœurs, *Marie* et *Marthe*, mortes sans alliance.

(644) Il y prend les titres de « haut et puissant seigneur messire Guy de Chaumont, chevalier, seigneur d'Orbec, Bienfaite, Tordoit, comte de Castets, baron de Pierrat, seigneur de Quitry, Forest, Lébécourt et autres lieux ». (Archives du prieuré de Guitry. Communication de M. le capitaine Englebert).

(645) Mss. fr. 27201 fol. 279, 297 et 347.

Fabas, alors femme séparée de biens de messire Alexandre de Bassabac, chevalier, marquis de Pordéac ». Elle était nièce du maréchal de la Force, qui fut témoin du contrat, auquel consentirent le roi, la reine et la grande Mademoiselle.

Elle fut mariée sous le régime de la séparation de biens, et, dans les beaux temps de la lune de miel, son mari lui ayant fait signer certains papiers sous ombre de régler le bail judiciaire de la succession de son aïeul maternel, un Fabas vicomte de Castets, elle fit le 20 septembre 1687, devant deux notaires de Paris, une protestation en bonne et due forme contre la pression exercée sur elle, « s'étant trouvé par contrainte et pour adhérer au sieur son époux obligée de signer quelques actes dont elle ne sçait le contenu, pourquoi elle proteste que lesdits actes ne lui pourront nuire ni préjudicier » (646).

Les mémoires de famille l'accusent « d'avoir dérangé beaucoup les affaires de son fils unique pour en favoriser la marquise de la Rivière, sa fille ».

Ils font allusion sans doute à la vente d'une de ses terres propres, la baronnie du Peyrat, réalisée le 4 avril 1718, moyennant 132,500 livres (647).

Toutefois ce fut elle qui retira définitivement, en 1723, la terre de Guitry des mains des créanciers du Grand-maître de la Garde Robe, qui en étaient restés détenteurs provisoires.

Gui II mourut, dans la religion calviniste, le 2 octobre 1712. Ses enfants se convertirent tous, à commencer par son fils et successeur, *Jacques-Antoine IV.*

D'après les mémoires que nous avons cités plus haut, Jacques-Antoine IV eut un rôle effacé ; il se cantonna dans sa terre de Normandie, où il mourut le 19 septembre 1736, âgé d'environ soixante ans. Il fut inhumé dans le chœur de l'église de Bienfaite. Il avait occupé la charge de sous-secrétaire du roi ; mais, professant encore le calvinisme, il avait dû renoncer à tout avenir à la Cour. Ce ne fut que plus tard qu'il rentra dans le catholicisme. Il aliéna la terre de Guitry, que ses aïeux s'étaient fait un devoir de recouvrer et de conserver ; mais il se réserva par contrat pour lui et ses descendants le droit exclusif de porter le nom de Guitry, sans que les acquéreurs pussent se l'attribuer (648).

(646) Ib. fol. 323.

(647) Mss. 27 201, fol. 293 et 309.

(648) On peut voir dans la continuation du P. Anselme par M. de Courcy (IX, 991) la descendance de Jacques-Antoine IV, jusqu'au marquis *Odon-Charles-Joseph de Chaumont-Quitry*, chambellan de Napoléon III, mort le 24 août 1866.

V

Sur la Maison de GISORS

Dans une communication, publiée par la Société Historique du Vexin au tome XIX de ses mémoires, nous avons essayé d'éclaircir les obscurités qui s'étaient attachées aux origines de la maison de Gisors. Elle n'est pas, comme on l'a cru, issue de celle des Montmorency. Les châtelains de Gisors sont d'extraction tourangelle ; leur surnom patronymique est *Francon*.

Ainsi se dénomme *Hugues I*, qualifié « chevalier de Chaumont et fidèle de l'église de Rouen, dans une charte de l'archevêque Jean II (1). En 1066, il fit don à l'abbaye de Marmoutier de deux églises à Gisors (Cartulaire, nᵒˢ III et IV). Sa femme *Mahaut* était probablement issue de la première famille des vicomtes de Chaumont. Elle lui donna quatre fils : *Thibaut, Dreux, Hugues* et *Lambert*. Nous avons proposé d'identifier Dreux avec le premier seigneur d'Auneuil de la seconde race ; Lambert avec le fondateur de la maison de Senots ; à Hugues se rattacherait le connétable *Hugues le Borgne de Chaumont*, appelé parfois *le Louche (Strabo)*, par un euphémisme de courtoisie officielle, et considéré comme l'oncle (à la mode de Bretagne) de Dreux et de Hugues Pain d'Avoine, fils de Galon II et petits-fils d'Eudes de Chaumont (p. 353 *suprà*) (649).

Quant à Thibaut, appelé aussi *Payen* à cause du retard apporté à son baptême, et surnommé *de Neaufle* parce qu'on lui avait d'abord confié la garde du passage de l'Epte au lieu dit « les Planches de Neaufle », il épousa une autre Mahaut, fille de Geofroi le Riche et de Richeude sa femme (Cartulaire, nᵒ CVI), dont il eut six enfants, *Hugues II, Hervé, Thibaut II, Richeude* et *Idoine* (Ib., nᵒˢ LV et CXXVI), auxquels il faut ajouter *Mahaut*, qui épousa Richard de Bantelu, fils de Thierry de Montmorency (Ib. nᵒˢ LIX et LX). Idoine (surnom donné à une fillette avant son baptême, à cause de son intelligence précoce) n'est autre

---

(649) L'alliance du *vicomte de Chaumont, Hugues* (le Borgne) et de Payen de Gisors résulte, d'ailleurs, de divers actes, parmi lesquels on peut citer leur suzeraineté commune sur les fiefs possédés par Hubert Boucheau (Cartulaire, nᵒ LV).

que *Marguerite*, femme de Guillaume Aiguillon II de Trie, morte en 1147 (Cartul. nº CII).

Orderic Vital nous expose la part que prit Thibaut Payen aux luttes du XIIᵉ siècle, entre la France et l'Angleterre. Ayant essayé sans succès de livrer Gisors à Louis-le-Gros, Thibaut et son fils Hervé furent dépouillés de tous leurs honneurs par le roi d'Angleterre. L'ancien châtelain se retira à l'abbaye de St-Martin où il prit l'habit religieux (650).

Hugues II, l'aîné de ses fils, resté au service de Henri Iᵉʳ, fut maintenu dans la possession de Gisors. En 1141, il souscrivait avec son frère Thibaut, un acte de Galeran II de Meulan (651). Après sa mort en 1148, sa veuve qui portait, comme les deux châtelaines précédentes, le nom de *Mahaut*, donna à St-Martin de Pontoise la dîme de ses moulins de Gisors et de Bezu à l'issue des obsèques de son mari, célébrées à St-Martin le 25 mars (652).

⁂

Comme Hugues II laissait un fils mineur, ce fut Thibaut II qui lui succéda. Il ne tarda pas à éprouver la disgrâce du Roi de France : Louis VII le bannit de sa terre. En partant, Thibaut emmena avec lui l'abbé de St-Martin, Guillaume de Mello, dans son domaine de Bellay, près de Chars, où était réunie toute sa famille. Elle se composait de *Rohais*, femme de Thibaut, de sa belle-sœur *Mahaut*, veuve de Hugues II, et des deux enfants de celle-ci, *Jehan* et *Idoine*. L'abbé conduisit femmes et enfants à St-Martin, où ils trouvèrent un asile jusqu'à la conclusion de la paix (nº CXVI). Ceci se passait en 1150 : l'année suivante, Guillaume fut élu abbé de Vézelay. Son intervention dans cette circonstance et le prénom de *Rohais* porté par la femme de Thibaut donnent lieu de croire que cette Rohais n'est autre qu'une fille de Lancelin de Beauvais et d'Aélis de Bulles, citée comme enfant avec ses parents en 1114, et dont une autre sœur, *Basle*, avait épousé un frère de l'abbé Guillaume de Mello.

Une lettre de Louis VII, donnant rendez-vous, à Toury en Beauce, à Thibaut II, vers 1161, prouve qu'ils s'étaient réconciliés (653).

Après avoir donné à St-Martin l'église de Chars et fait confirmer ce don par son neveu Jehan, Thibaut changea d'avis et, en 1176, offrit cette même église à

---

(650) Le nécrologe de St-Martin mentionne au 26 janvier « TEBOLDUS PAGANUS ✠ DE NIGELFA. *Officium fiat et procuratio* ». Cette croix est spéciale aux moines de l'abbaye. Thibaut Payen revêtit donc l'habit de St Benoît avant de mourir. L'obit de *Mahaut*, sa femme, est inscrit au 20 septembre avec cette remarque : « *Plenum officium fiat* ».

(651) A. N. K 191, nº 200, d'après un titre de St-Nicaise de Meulan.

(652) Entre 1154 et 1161, Mahaut étant tombée gravement malade à Chars, fit venir l'abbé Guillaume et lui fit don d'une rente d'un marc d'argent sur ses revenus d'Angleterre ; puis sa maladie s'aggravant, elle se fit transporter à Pontoise, où la suivirent son frère et son fils (nº CXXVI).

(653) *Historiens de France*, XVI, 26.

St-Denis. Un concordat intervint entre les légataires successifs (n° CLXXXIII).

Vers la même époque, Thibaut, comme premier seigneur de la terre de Bellay, approuva le don d'un tiers de la dîme de cette paroisse, fait à Saint-Martin (n° CLXXXIX). Il intervint après 1181 dans un conflit entre l'abbaye pontoisienne et le curé d'Arronville (n° CXCVII).

En 1183, Thibaut, que son neveu avait remplacé à Gisors, demeurait à Chars. Berthaut du Fay et Pernelle sa femme, de son consentement cèdent à l'abbaye du Val leur part dans le domaine de Provervilliers, « *apud Chartz in domo domini Theobaldi de Gisors* » (654).

La même année, pour fonder son anniversaire à Saint-Martin, Thibaut, avec l'assentiment de Jehan, donnait au monastère le Neuf-Bourg de Pontoise, hors la porte du château de la ville, qu'il possédait depuis plus de trente ans, avec tous les droits de justice.

On trouve dans le nécrologe de Saint-Martin, au 27 janvier, cette mention : « *Ob.* ✠ *Theobaldus de Gisortio.* ✠ *Hugo. Officium fiat et procuratio* ».

L'anniversaire est bien celui de Thibaut II, car Hugues fut inhumé le 25 mars. Les croix qui accompagnent les deux noms font voir que Thibaut II, comme son frère et son père, prit l'habit monastique, au moins à son lit de mort (655).

⁂

Dès 1168, Jehan, qui avait atteint sa majorité légale, disposait de deux terres à Sérifontaine en Vexin et à Champignolles, qui y touche, en faveur de l'abbaye du Val Notre-Dame. Ce monastère venait d'être fondé par Anseau de l'Isle-Adam, époux de Mabile de Bulles, sœur de la femme de Thibaut II de Gisors.

Ego JOHANNES DE GISORCIO pro salute meo et parentorum meorum, volo ut ecclesia de *Valle Sancte Marie* omnem terram quam habet apud granchiam de *Campinoliis*, de quorumcumque sit territorio et a quocumque sit ei data vel vendita, libere possideat totam, scilicet terram de territorio *Campinolarum*, et totam terram quam habet de territorio de *Serefontaine*... Sciant etiam universi quod granchiam illam cum appendiciis suis sub meam suscepi curam et protectionem. Testes THOMAS presbiter de *Gisors*, ROGERUS DE GAMAGIS, RIGARDUS DE VAUS, GALTERUS DE INSULA, ODO BALET, HUGO dapifer. Actum apud *Gisorcium*, anno 1168 » (656).

(654) Ms. lat. 5462, fol. 217 et suiv.

(655) Deux membres de la famille de Gisors, *Hugues* et *Amauri*, faisaient partie de la communauté de St-Denis sous l'abbé Guillaume, vers 1180 (LL 1176, fol. 278).

« *Hugo de Gisorcio* » figure comme religieux de St-Denis dans un texte de 1179 (LL 1174, fol. 2).

Un autre moine de St-Denis, *Robert de Gisors*, fut prieur d'Argenteuil en 1188. Le fait qu'aucune sorte de titre honorifique n'accompagne son nom dans les actes où il figure, inspire à Danyaud (*Hist. mss. de Gisors*, t. I, p. 64) une remarque caustique : « Les « *reverends* » et les « *venerables* » n'estoient point a si bon marché ni a si vil prix que de present ». (Bibl. de Rouen, Mss. Y 14 a). *Robert de Gisors* est cité en 1193 dans une charte de St-Nicaise de Meulan (D. Estiennot, *Hist. Sti Martini*, l. II, cap. III).

(656) Transcription analytique de Gaignières. B. N. Ms. 5462, fol. 71. — Le sceau de Jehan représentait un chevalier armé, l'épée presque droite.

Quatre ans plus tard, les moines de St-Martin obtinrent de Jehan une charte confirmative où se défilait le long chapelet des donations obtenues de ses ancêtres depuis son aïeul vénéré *Payen* et dame *Mahaut* sa femme (revendissimi PAGANI avi mei et uxoris ejus domine MATHILDIS) (n° CLVII). Dans le même temps, Thibaut son oncle lui fit approuver le don de la moitié de l'église de Chars à Saint-Martin de Pontoise (n° CLXX). Peu après, en 1175, en présence de Galon III de Chaumont, son beau-frère, Jehan convertit en une rente de 50 sous parisis sur son four de Gisors, celle d'un marc d'argent laissée par sa mère à St-Martin sur ses revenus d'Angleterre (n° CLXXVII).

Jehan de Gisors ne se montra pas moins généreux à l'égard de Marmoutier, l'abbaye de prédilection de son bisaïeul ; dès 1174, il lui abandonnait le droit de présentation sur la cure de St-Gervais de Gisors (657).

La collégiale de Livry eut aussi part à ses présents à l'occasion d'une triste circonstance. Idoine, sa sœur, ayant épousé Guillaume de Garlande, l'un des enfants issus de cette union, Anseau, mourut prématurément. A l'instar de tous ses proches, Jehan de Gisors fit une fondation pour le repos de son âme (658).

Idoine reçut, entre autres biens dotaux, le domaine du bois Talbot, dépendant de la seigneurie de Maudétour. C'est pour cela que l'autorisation accordée aux moines de Jumièges de défricher soixante-un arpents de cette forêt et la moitié du bois de Genainville (ut exstirpent et colant LXᵃ arpenta et unum de *Nemore Talebot*, et medietatem nemoris de *Genesvilla* que a *Curia Gigantis* incipit... usque ad altam fagum super *viam Medante*), leur fut donnée à Mantes le 18 août 1188, par Guillaume et sa femme (659).

Une autre part de sa dot était à Pontoise, et comprenait le moulin Bouteiller, souvent cité dans notre Cartulaire. Veuve en 1205, elle en disposa pour une œuvre de piété maternelle (660).

Revenons à Jehan, dont la générosité envers les établissements religieux était inépuisable. Saint-Germer-de-Fly en éprouva les effets en 1210, ainsi que

(657) Ms. lat. 17044, fol. 51.

(658) In nomine Sancte et Individue Trinitatis. Amen. Notum sit o. t. p. q. f. quod ego JOHANNES DE GYSORCIO dedi et concessi xx solidos redditus annuatim in furno meo de *Chars* canonicis *de Livri* pro anima mea et pro animabus patris et matris mee et ANSELLI nepotis mei et antecessorum meorum et puerorum meorum et heredum meorum. Hujus donationis testes existunt GUILLELMUS DE GARLANDA, ODO DE GYSORCIO, etc. (*Cartul. vetus Livriaci*, fol. 36. — Bibl. de Ste-Geneviève, ms. 676, fol. 3).

(659) « GUILLELMUS DE GARLANDA, assensu YDONIE uxoris mee et GUILLELMI filii mei primogeniti... testibus ROBERTO FABRO qui hanc cartam scripsit, AUBERTO DE LEIGNIACO, JOHANNE DE FLOHERCURT » (Gr. Cart. de Jumièges, n° x). *Robert Lefebvre* est à coup sûr un des plus anciens notaires mantais connus.

(660) Ego IDONEA n. f. o. p. l. i. quod dedi... nove abbatie de *Livriaco* et canonicis pro anima VUILLELMI DE GARLANDA quondam viri mei et pro... animabus filiorum meorum, maxime pro anima filii mei THEOBALDI *pro quo abbatia constructa est*, assensu VUILLELMI filii mei, quicquid habebam apud *Pontigaram* in pratis et in censu, et in molendino qui dicitur *Boteiller*, et in furno et in domibus... Actum anno gracie M.CC.Vᵉ, mense septembri. (Cart. vetus Livriaci, fol. 28. Bibl. de Ste-Geneviève, ms. 676, fol. 19).

St-Lazare de Gisors, auquel Jehan fit un don la même année du consentement de ses fils, *Hugues III* et *Hervé II* (661).

En faveur de St-Martin de Pontoise il renonça, en s'inclinant devant l'arbitrage du chapitre de Rouen, à tout droit de patronage sur la cure d'Arronville (662).

Puis ce fut le tour de Saint-Denis. Jehan de Gisors lui céda des droits sur les bois de Verrières, et, dans les derniers temps de sa vie, se préoccupa d'alimenter la table des religieux au jour de Pâques. En recevant trois oublies, faites chacune d'une mine de froment le plus pur du Vexin, apporté par leur bailli de Chars et fourni par le moulin de Noisement, les moines devaient réciter pour le donateur un *Pater noster* (663).

L'acte est de juillet 1216, et Jehan mourut le 11 août, cette même année sans doute. Il ne vivait plus, en tous cas, en 1218, date où son fils Hugues III confirma le legs de 20 sous de rente fait à l'abbaye de Livry par son père (664).

La nomenclature des fiefs que Jehan de Gisors tenait du Roi vers 1210 est presque interminable. Elle a été plusieurs fois publiée et nous nous bornerons à signaler, d'une part, les principales propriétés de ce riche seigneur ; de l'autre, les noms de ses vassaux.

Les propriétés personnelles sont : à *Tor* (Tour ou Saint-Prix) et *Ermenon juxta Aquabonam* (Ermont : l'église, l'aître, les hôtes de l'aître et la dîme tenue par un chevalier en fief lai), biens provenant de Geofroi Le Riche ; — à Pontoise (maison de Thibaut de Gisors, maison de Marcel (665) devant le moûtier de Saint Mellon, un moulin Bouteiller, deux fours, tous les hôtes qu'avait eus Thibaut, le nouveau bourg hors les murs sur la route d'Ennery) ; le clos Milon à Lieux (Vauréal) ; les églises de Théméricourt, Frémainville, Menucourt, Marines, Moulincourt près d'Ully-st-Georges (666).

(661) D. Estiennot, *Historia Sti Martini*, l. II, cap. III. Il cite l'acte de St-Germer, d'après le cartulaire ancien de cette abbaye, fol. 26.

(662) En décembre 1214 : « Universis ad quos presentes littere pervenerint, magister TH. DE FREAUVILLA, domini R(OBERTI) Rothomagensis archiepiscopi procurator, salutem in Domino. Noverit universitas vestra quod cum esset contentio coram me inter venerabiles viros abbatem et conventum Sti Martini P. ex u. p. et JOHANNEM DE GISORCIO militem ex altera, super jure patronatus ecclesie de Arunvilla, tandem auditis rationibus et instrumentis dictorum, de prudentum virorum consilio, presentibus etiam decano, cantore et cancellario et quibusdam aliis canonicis majoris ecclesie Rothomagensis, abbati et conventui jus patronatus prefate ecclesie adjudicavi. Actum Rothomago anno M°CC°XIIII°, mense decembris ».

(Vidimus de Robert, arch. de Rouen, daté de la fête de saint Luc 1216. — Arch. de S.-et-O. Fonds St-Martin de Pontoise, carton 14).

(663) Bibl. Ste-Geneviève, ms. 676, fol. 31. — Cf. Ms. lat. 1157, fol. 667 ; et D. Racine, *Nécrologe de St-Denis*, III, 1969. Mss. de la Bibl. Mazarine. On ne sait pourquoi D. Racine a supposé que Jehan serait mort « vers 1201 ».

(664) A. N. LL 1174, fol. 25.

(665) *Marcel*, prêtre du château de Pontoise, distributeur des aumônes de saint Gautier (p. 195 *suprà*).

(666) Moulincourt était une terre relevant du comté de Beaumont-sur-Oise et dont la seigneurie était, en 1200, aux mains d'une branche de la famille des Comtes (Douët d'Arcq, p. 78 et 93). — L'autel de Mou-

Les principaux vassaux et leurs arrière-fiefs sont: Berthaut Malfilâtre (vignoble dit *les Vinets* à Pontoise, au faubourg St-Martin, et fief de Lieux) ; Guillaume du Perchay (vignes et hôtes à Ennery et au Val-Hermer) ; Pierre Mauvoisin (fief de Thibaut de Gisors à Ennery ; moulin, vivier et avouerie de Sagy) ; Eudes de Frémecourt et Roger de Maule (fiefs à Grisy) ; Richeude d'Hénonville et Eudes de Dugny (fiefs à Cormeilles et Cormiolle en Vexin) ; Dreux Corseint (le Fay, deux fiefs à Briançon tenus par des vavasseurs, biens à Courcelles et Boissy) ; Gasce de Thourotte (fief du Val-de-Jouy, sur l'Oise ; Chavençon tout entier, bois et plaine, près Chars) ; Guillaume de Lieux ; Gautier de Montfaucon et Pierre son frère (Liancourt, Chaumont) : Gautier de Roberticheres (Bertichères) ; Richard le Tyais ; Jehan de Rebais ; Pierre de Fayel ; Berthaut du Fay ; Mathieu de Montmorency ; Gautier de Flavacourt ; Simon d'Ableiges ; Gautier, fils d'Eve de Marines ; Gautier de Boutencourt ; Philippe de Vaux (sous Meulan) ; Pierre d'Avesnes (Avernes) ; Hugues de Senots.

On ne trouvera pas dans cette énumération les fiefs de Gisors. C'est que tout ce que possédait Jehan dans cette ville, à part deux droits qui provenaient de la châtellenie, il le tenait en fief de l'archevêque de Rouen. C'est ce que constate un procès-verbal d'enquête rédigé du temps de son fils Hugues III, au sujet de la vassalité de Gautier de Rebais, chevalier vexinois (667).

En juillet 1218, Hugues III se rendait à Pontoise et déposait sur l'autel de Saint-Martin un acte confirmatif de toutes les libéralités de ses ancêtres (668) ; il mettait le chapelain de Fresnes l'Aiguillon, Guillaume du Bellay, en possession du tiers de la dîme de Bellay, à lui vendue par Guillaume de Villette qui la tenait de Hugues, et qui devait bientôt être cédée à Saint-Martin (669). Enfin, en juillet

Liancourt fut peut-être un des bénéfices apportés à Hugues I de Gisors par sa femme Mahaut de Chaumont, très-probablement issue de la maison de Beaumont-sur-Oise.

(667) Nous reproduisons ici cette enquête faite entre 1217 et 1224 ; elle présente un intérêt spécial, en ce qu'elle relève les noms de quatorze chevaliers entendus comme témoins. Elle est transcrite aux Archives de l'Eure, registre E 2, fol. 69.

WALTERIUS DE RODEZ miles de *Wlcassino* tenet de HUGONE DE GISORTIO. Isti juraverunt : *Prior Gisortii.* JOHANNES DE MONTE CAPREOLI, JOHANNES DE CHARZ, THEOBALDUS DE CORMELIIS, GACIUS DE BOCUNVILLARI, ROBERTUS DE CALVOMONTE (seigneur de Saint-Clair-sur-Epte), MATHEUS DE HELLENVILLARI, INGUERRANNUS DE SALCEIO, ANCULPHUS DE INSULA, NICOLAUS DE VILLIS (peut-être VILLARIS, Villers-en-Arthies), GILLEBERTUS DE PARIS, HURETUS DE ESTREPEIGNY, HARDOIN DE GARENNA.

MATHEUS DE GAMACHIIS, super sacramentum, coram nobis, dixit quod illud quod tenebat JOHANNES nepos suus apud Gamaches de JOHANNE DE GISORTIO, audivit recognosci à JOHANNE (de G.), quod tenebat illud ex feodo Archiepiscopi *Rothomagensis.* Preterea dixit quod audivit dici a Johanne (de G.) quod illud quod Johannes habebat apud *Gisorium* tenebat ex feodo Archiepiscopi Rothomagensis, excepto conductu et foagio. Dominus EUSTACHIUS DE HARDENCURIA, idem. (Page 429 d'un extrait fait par Clairambault, d'un gros volume in-folio couvert de basane rouge sur bois avec cette étiquette : In hoc libro qui rubeus nominatur registrantur plures et diversæ litteræ tam cartæ quam alia, ab anno Dni MCC nonagesimo usque ad annum M CCC XXXIV. — Beaucoup de pièces insérées dans ce registre sont du commencement du XIIIe siècle).

(668) Arch. de S.-et-O. Fonds St-Martin, cart. 30.

(669) Notum sit... quod ego HUGO DE GISORS miles, assensu et voluntate AGNETIS uxoris mee, pro

1223, dans les derniers temps de sa vie, Hugues III, du consentement d'*Agnès* sa femme, légua aux Bénédictins de Pontoise, 40 sous de cens sur le four de Gisors, pour une pitance le jour de son anniversaire (670). L'obituaire (p. 234 *suprà*) indique sa mort au 25 août.

Agnès, veuve de Hugues III, était apparemment de la maison de Chars, car elle avait un fief personnel à Bercagny. Elle consentit, le 14 août 1225, à une cession que son vassal Robert fit d'une dépendance de ce fief, en pure aumône, au Val-Notre-Dame (671). Elle avait alors trois enfants : *Guillaume, Elisende* et *Aélis*. Guillaume était mineur, car en février 1227, sa mère fit en son nom hommage à l'abbé de Saint-Denis (672).

Devenu majeur, en 1232, Guillaume approuva les pieuses libéralités faites, dans le ressort de son fief de Meulan, par les seigneurs de Marly, Mathieu II (mort à Constantinople en 1205) et ses fils Bouchard VI et Mathieu III, qu'il qualifie *carissimi* (673), terme impliquant une parenté rapprochée. Dès 1233, il était marié et sa femme Jehanne approuvait avec lui la cession d'une dîme au Bellay, faite en 1232 à Saint-Martin de Pontoise par l'ancien chapelain Guillaume, devenu curé de

salute anime mee... concessi... monasterio *Bti Martini Pontisariensis* quadragiuta sol. par. censuales, singulis annis percipiendos in furno meo de *Gisortio* ad festum Sti Christophori, ad faciendam pitanciam, in die anniversarii mei, monachis ejusdem monasterii anniversarium meum facientibus. Quod ut ratum sit... sigilli mei appositione dignum duxi roborare. Actum est hoc anno Domini M. CC. XX. IIIe, mense julii. (Orig. Arch. de S.-et-O., carton 23. Le sceau, qui a disparu, est aiusi décrit par D. Estiennot, III, XIII, 12 : « Porte de... à la croix de... cantonnée de quatre lyons de... ».

(670) Voici le texte de cet acte, qui complète les indications fournies par le Cartulaire sur les dons des châtelains de Gisors à Saint-Martin :

« Notum sit omnibus tam futuris quam presentibus quod ego HUGO DE GYSORCIO miles, ecclesie *Sti-Martini Pontisarensis* et monachis ibidem Deo servientibus concedo in perpetuum et confirmo omnia illa que de dono et largitione et beneficio venerabilium virorum Dni THEOBALDI DE GISORCIO patrui mei et Dni JOHANNIS de GISORZ patris mei et aliorum antecessorum meorum sunt adepti, que propriis nominibus et vocabulis distingo, videlicet ecclesiam *Sti Prejecti de Turno* et decimam ejusdem ville tam vini quam annone, et medietatem cujusdam alneii. Et apud *Linvilerium* terram quandam. Et apud *Pontisaram* decimam molture molendinorum de *Baiarl* et de *Boteillier* et quinquaginta solidos in furno de *Gisorcio*. Et insulam que dicitur *Teleusa* cum censu et tota justicia. Et decimam molture molendinorum de *Gisorcio* et de *Besu*. Et duo molendina tannum molentia scilicet *Baiart* et *Botellier*. Et ecclesiam de *Arnivilla*. Et duas partes majoris decime ejusdem parrochie. Et ecclesiam de *Grisi*, et medietatem decime bladi. Et ecclesiam de *Monciaco* et tertiam partem decime bladi, et decimam aliorum. Et ecclesiam de *Belleio* juxta *Charz*, et terciam partem decime de avenis et quintam partem ville et nemoris de *Nulli*. Et apud *Pontisaram*, masuram AUDEBTI DE BAIART. Et novum burgum quod est extra portam *Pontisare*. Ut autem ista confirmatio et concessio rata sit et inconcussa permaneat, presentem paginam sigilli mei munimine dignum duxi roborare. Actum est hoc publice apud *Pontisaram* in monasterio *Sancti Martini*, multis astantibus presbiteris et militibus, ubi ego HUGO concessionis mee et confirmationis posui donum super altare ejusdem ecclesie, coram conventu et abbate ejusdem ecclesie ibi assistente. Anno Dni M^e CC^e XVIIIe, mense julio.

(Orig. sans sceau. Arch. de S.-et-O. Fonds St-Martin de Pontoise, cart. 1).

(671) Ms. l. 5462, fol. 25.

(672) Ms. l. 5157, fol. 669.

(673) D. Felibien, *Hist. de Paris*, III, 83.

Morigny (674). Mais ils se firent allouer par le monastère une somme de vingt livres parisis. En mai 1239, ils amortirent des vignes dans leur censive vendues à Saint-Martin (675) ; en octobre 1245 ils abandonnèrent à Pierre de Conflans et Agnès sa femme, neuf sous de cens en rémunération de leurs services (676).

Guillaume et Jehanne, en 1262, cédèrent des bois au couvent de Gomerfontaine (677) ; en octobre et décembre 1266, ils firent avec Saint-Denis des conventions très intéressantes au point de vue de l'histoire locale et de l'administration forestière, au sujet de leurs bois communs à Chars (678).

Le chartrier de Saint-Martin de Pontoise nous a conservé le testament de Guillaume de Gisors. Cet acte est trop important pour ne pas être reproduit :

In n. P. et F. et Sp. S. amen. Ego GUILLELMUS DE GISORCIO miles, compos mentis mee, testamentum meum condo in modum qui sequitur. Et in primis lego priori de *Besuto* quod de cetero ipsi et successores sui libere possint mollere ad molendinum meum de *Besuto* absque solutione alicujus moulture, [preter illum quem invenerint ingranatum, nisi forsan dominus ville vellet mollere per se. Insuper concedo dicto priori quod de cetero quolibet anno, in vigilia B. Remigii post horam vespertinam usque ad crastinum, habeat nassam et advaleiam piscium vivarii et molendini, absque fraude et impedimento aliquo. Item, do et lego presbitero ejusdem ville XL sol. p. Item, rectori ecclesie de *Charcio* et ejus successoribus concedo ut omnes terras sive areas quas usque nunc in feodo meo acquisierunt, tam ipse quam ejus predecessores ex causa emptionis seu legati vel alterius cujuscumque tituli. teneant et possideant in perpetuum in manu mortua absque reclamatione]. Item lego monialibus de *Gomerfonte*, x lib. par. ; monialibus *Bte Marie de Thesauro*, x lib. par. ; monialibus de *Fontegerardi* x lib. tur. ; [leproseriis de *Besuto*, de *Gisorcio* et de *Charcio*, cuilibet earum XL sol. tur. Item, fratribus minoribus de *Pontisara* decem lb. par. Item, priori de *Besuto* sex lb. pro uno annuali. Priori de *Bellomonte* sex lb. pro uno annuali, et quadrag. sol. pro leg(ato). Item, decem ecclesiis seu capellis propinquioribus de *Besuto*, ad arbitrium executorum meorum, cuilib. earum sex sol. p. pro uno trecennali. Item, ut Dominus concedat michi indulgenciam quam transfretantibus Terram Sanctam ad passagium constitutis conceditur, do et lego quinquaginta lb. par. ibidem defferendas ad arbitrium executorum meorum. Item, lego THIBOUDO unum modium bladi ybernagii accipiendum, singulis annis, super molendinum meum de *Besuto*, tenendum et habendum quamdiu vixerit, ita tamen quod post mortem ejus ad heredes meos revertatur, et centum sol. par. eidem

---

(674) « O. Chr. f. GUILLELMUS DE BELLAIO IN WULCASSINO presbiter de *Moriniaco* n. f. q pro salute anime mee... dedi... monasterio *Sti Martini de Pontisara* decimam quam habebam apud *Beeluium* in *Wulcassino*. Anno D. M° CC° XXX° secundo, mense septembri. Ego GAUFRIDUS decanus de *Herbecort* (Hébécourt, c. Gisors) ; ego HARMARICUS presbiter de *Martiniaco* (Martagny, c. Gisors) ; ego GAUFRIDUS presbiter de *Liliaco* (Lilly, c. Lyons-la-Forêt) ; huic donationi presentes affuerunt ». (Arch. de S.-et-O. Fonds St Martin, cart. 30).

Aélis Pis-de-Vache, veuve d'Arnoul du Bellay, et ses filles Agnès et Rohais, confirmèrent cette libéralité du curé Guillaume leur parent. Arnoul et Guillaume descendaient de Thibaut II et de Rohais, qui possédaient le Bellay (p. 408 *suprà*).

(675) Orig. Arch. de S.-et-O. Fonds St Martin, cart. 46. Cet acte énumère tous les vignerons tenanciers de l'abbaye à Tour (St Prix).

(676) D. Estiennot, *Hist. Sti Martini*, l. III, XIV, 1. — Le sceau indiqué porte les mêmes armes que celui de Hugues III.

(677) A. N. K 191, n° 92.

(678) LL 1170, fol. 77-83.

semel reddendos per manus executorum meorum. Item, lego ROBERTO et fratri suo, scutiferis
meis, cuilibet roncinum suum, quem equitat, et cuilibet sexaginta sol. tur. Item, cum ipsi singulis
debent michi annis unum visum, volo et concedo quod loco hujus visi solvant annuatim unum
par cerothecarum, valore sex s. par. Item, JOHANNI scutifero meo lego x s.p. ad unum roncinum emen-
dum, vel quod voluerit. Item do et lego relicte COLINI LE FORESTIER de *Charcio* terram quam
mihi obvenerit a marito suo, sibi et heredibus suis possidendam. Item THEOBALDO qui custodit
parcum, centum sol. par. Item, fabrice ecclesie *Rothom.* vinginti sol. par. Fabrice eccl. *Bte Marie de
'Pontisare* decem sol. par. Item, presbitero de *Bernonvilla* decem lb. par. Item, PETRONILLE filie
domini THEOBALDI vinginti lb. par.; patri ejus decem lb. Item JOHANNI TALLIATORI centum sol. par.
vel plus, prout placuerit executoribus meis, causa restitutionis. Item, DURANDO decem lb. tur. Item,
MICHAELI sexag. sol. tur. Item, ALESCIE cent. sol. par. Item, dno GILONI DE BLEMUR quadraginta
lb. tur]. Item eligo sepulturam meam in monasterio *Bti Martini de Pontisara,* et pro anniversario
meo et antec. meorum ibidem faciendo, do et lego in perp. elem. monachis ibidem Deo servientibus, quidquid habeo seu habere debeo vel possum, in terris, vineis, vel redditibus seu juridictioni-
bus apud *Vallem Hermeri,* et abbas concessit mihi quod quater quolibet anno faciet celebrari anniversarium supradictum. [Item, potestatem do executoribus meis satisfaciendi, restituendi, componendi
de forefactis meis et debitis, volens quod ipsi de eis faciant quod de his facere possem si presens essem.
Item debita mea et legata, et forefacta que reddi et restitui volo per executores meos, volo solvi
de mobilibus meis et de conquestibus meis et quinta parte hereditatis mee, nisi heredes mei dictis
executoribus vellent in solidum absque difficultate aliquid de predictis debitis, legatis et forefactis
satisfacere. Item volo quod executores mei teneant et habeant ex nunc omnia bona mea mobilia
ubicumque et quicumque sint, necnon quod ipsi liberam potestatem habeant distrahendi et ven-
dendi conquestus meos et quintam partem hereditatis mee ad satisfactionem faciendam de premissis,
nisi heredes predicti vellent eis satisfacere de predictis absque difficultate aliqua ut dictum est].
Item, ad premissa facienda constituo executores meos Abbatem *Sancti Martini de Pontisara,* domi-
num GALTERIUM DE COURCELLIS et GUILLELMUM DE AMBLAINVILLA, milites, [qui sui gracia, honus
presenti testamenti ad preces meas et Johanne uxoris mee, in se susceperunt. Et volo quod si ipsi
tres, vel eorum alter, in aliquo tractatu non possent simul interesse, quod duo illorum possint in
executione dicti testamenti procedere, tercio minime expectato. Item volo istud testamentum
valere donec a me fuerit revocatum]. Actum anno Dni M° CC° LX^mo septimo, die sabbati ante festum Bti Nicholai Yemalis (679).

Jehanne était veuve en 1271. A cette date une sentence du vicaire de Pontoise constate que St-Martin a le droit de prendre la dîme des moulins de Gisors
que possède « JOHANNA, domina de *Gissortio,* relicta deffuncti GUILLELMI quondam
DE GISSORTIO, militis » (680).

La dame de Gisors fit, l'année suivante, à St-Martin de Pontoise, une dernière
donation d'autant plus intéressante à citer, qu'elle fixe avec précision la date à

(679) Orig. sans sceau. Arch. de S.-et-O., carton 36. — D. Estiennot, III, XVI, 4 (extrait où sont omis
les passages entre crochets) ajoute : « Tria sigilla sustinet hæc charta : primum Domini de Gisors : *de... à une
croix de... cantonnée de 4 lyons de...* Alterum Guillelmi de Ambleinvilla penitus interiit ; tertium Gauterii de
Courcelles ».

(680) Arch. de S.-et-O., carton 23.

laquelle, à Gisors, on a commencé à employer la langue française pour la rédaction des actes :

A tous... Je JEHANNE dame DE GISORZ fame mesire GUILLAUME jaдis DE GISORZ chevalier faz a savoir que je e doné et otraié a religieus homes a labé et au couvent de *Seint Martin de Pontoise* tout ce que je avaie et poursiae u *Val Hermer* a champ et a vile, en cens, en rentes, en vignes, et en toutes autres choses par reson de douaire, et en essues et en esplès de terre tels comme illi pourront avenir tant quant je vivré... sans reclaim de moi et de mes airs, et e promis et promet... guarandir contre touz ; et se par aventure les religieus avoient, pour la rason des devant dites choses tenir et avoier, deperz ne domages, je seraie tenue a restorer leur, et les crerarraie de ce par leur simple léance sans autre serement, et promet que contre ces devant dites choses par moi ne par autres tout le cours de une vie ne venrré ne ne feré venir... Ce fu fet en l'an de l'Incarnacion N. S. M. CC. LXX. II, u mois de marz (681).

Guillaume de Gisors n'avait laissé que des filles. *Isabeau* épousa le sire de Fresnes-l'Eguillon, de la maison de Trie ; sa sœur aînée *Jehanne* porta la baronnie de Gisors à *Henri II de Ferrières*, chevalier, dont elle était veuve en 1289 (682).

🐦

Nous arrêterons ici cette étude sur la maison de Gisors, en rappelant toutefois que le Cartulaire de Philippe d'Alençon, aux archives de Rouen, renferme deux hommages des barons de Ferrières aux archevêques, du 2 janvier 1320 et du 8 janvier 1337. Dans ce dernier, « Jehan de Ferrières sire d'iceluy lieu » fait aveu « de tout ce que j'ay en la ville de Gisors, de la porte de Neaufle en Normandie, soit en moulins, en yaues, en homes, en cens, en menues coustumes, le rouage et les yssues, exceptés le relief des escoles de la ville de Gisors ou des appartenances d'icelle » (683).

Voici d'ailleurs la nomenclature détaillée, d'après ce même recueil, des domaines que possédaient encore les barons de Gisors au milieu du XIVe siècle :

Le baron DE FERIERES tient come homage dud. Reverend Pere les fieux qui ensuivent :
Une partie de *Gisors* devers les portes, par 1 fieu et vault vII^{xx} lb. de par. de rente ou environ.
Toute la ville d *Aveny* excepté un resseant.
Toute la ville de *Donmesnil*.
Une partie de *Ste Marie des Camps*, par 1 fieu entier, et vault IIe lb. de rente ou environ.
Le Pleis emprès *Escos*. Une partie d Escos environ le tiers. Une partie d *Aubigny*, environ la moitié, par un tènement, vault xl lb. p.
Une partie du *Mesnil Gillebert*, 1 demi fieu, vault L. lb. p.

(681) Orig. sans sceau. Cart. 36. — Copie dans la collection Levrier, XV, preuve 1082.
(682) Arch. de la Seine-Inf. Grand Cartul. de St-Wandrille, fol. CCLXV.
(683) Cartulaire de Phil. d'Alençon, G 7, fol. 955.

Le fieu de *Telle* a *Gamaches*, 1 demi fieu, vault L. lb. p.

Le fieu JEHAN DE GAMACHES escuier a *Gamaches*, par 1 fieu entier, vault II° lb. ou environ. Une partie de *Marcouville*, plus que la moitié.

Le fieu monsr ROBERT DE BONEMARE chevr à *Gamaches*, 1 quart ; vault LX lb. de rente.

Le fieu ROBERT DE GAMACHES, escuier, à *Gamaches*.

Le fieu GUILLAUME DE GAMACHES, escuier, à *Gamaches*.

Une partie de *Bernoville*, le fieu monsr P. DE SAQUEVILLE, 1 quart, vault LX lb. p. de rente tenuz jadis de monsr ENGUERRAN DE MARIGNY.

Le dit baron DE FERIERES tient en sa main son franc fieu de *Gisors* entre les portes où sont ses resseans : JEHAN LE MARCHIER, LA SINGESSE, LA SELERIE, JEHAN PELERIN, HUE LE COUSTURIER, GUILLOT SIGUEN, PIERRE LE POULAILLER, PIERRE DE BASCOUEL, JEHAN COCHEREL, LAURENT LE CORDIER, et plusieurs autres. Et sont fieus les moulins et le four de ban, et prent le capitre de *Rouen* XV muis de blé sur les moulins, et il en font aillours II muis.

Et dit l'en ancienement que le baron DE FERIERES a autant à *Gisors* come le Roy, moins une maaille d'or. Tesmongnié par MACIOT et JEHAN DE PERONNE freres (684).

La sigillographie de la famille de Gisors est assez restreinte. Douët d'Arcq signale, d'après les Archives de Tours, un sceau de *Jehan de Gisorz* (n° 2276), rond, de 60 millimètres, et de type équestre. Le casque est à nasal, le bouclier a l'*umbo* très saillant, la couverture du cheval est à lambeaux. On distingue très bien la manière dont le haubert enveloppe tout le derrière de la tête.

Un autre sceau décrit par Douët d'Arcq (n° 2277) est celui d'*Agnès*, veuve de Hugues *de Gisorz*, appendu à un acte approuvant une donation d'un de ses vassaux. Il représente, selon l'usage, une dame debout, vue de face, la main droite sur la hanche, la gauche tenant un oiseau de vol. Le dessin en est des plus barbares. La gravure des sceaux de cette région, au XIII° siècle, est ordinairement déplorable.

Quand apparaissent les figures héraldiques, l'armorial des barons de Gisors comporte *une croix cantonnée de quatre lions rampants*. Dom Estiennot avait vu ces armes aux sceaux, brisés depuis, du chartrier de Saint-Martin ; on les retrouvait au sceau de Guillaume de Gisors, apposé en mars 1234 à une vente à Marmoutier par Hugues IV de Chaumont, moyennant 86 livres parisis « de sa portion de toute la dîme depuis le fief de Bois-Gisloud jusques à la maison du prieur de St-Ouen de Gisors, chargée de trois mines de blé chacun an envers Notre-Dame de Liancourt » ; donation confirmée par « noble homme Guillaume, dit le seigneur de Gisors, et Jehan de Chaumont, chevalier, fils de Hugues, ses chefs seigneurs»(686).

(684) Arch. de la Seine-Inférieure, G 7, p. 936-937. *Le Pleis* est devenu *le Plix-Aubin*. — *Donnesnil* doit être *Dampmesnil* c. d'Ecos, commune à laquelle est réunie l'ancienne paroisse d'*Aveny* (Communication de M. Louis Régnier).

(685) En 1225. (A. N. S 4173, n° 1).

(686) Ms. l. 31911, fol. 8, d'après les Arch. de Marmoutier, prieuré de Gisors.

VI

Sur la Famille de L'ISLE ADAM

Si l'on ajoute foi au vieux légendaire de la Bibliothèque Sainte-Geneviève (687) les reliques de saint Chrodegang ou Godegrand, évêque de Séez, furent transférées à Moussy-le-Neuf avec celles de sa sœur sainte Opportune, en l'honneur de qui l'église de cette paroisse fut dédiée. Les ossements du prélat furent de nouveau portés au château de l'Isle, dont le seigneur, *Adam*, fit bâtir en l'année 1024, 28e du roi Robert, une église collégiale en l'honneur de la Vierge, pour les recevoir.

On retrouve un *Adam de l'Isle* en 1069, auprès de Philippe Ier donnant à St-Martin sa charte de sauvegarde; en 1079 à Beauvais, auprès de l'évêque Gui (688), en 1092, à l'Isle, *en sa tour* (apud *Insulam* in turri suâ), avec son fils *Philippe*, sa bru, et *Ansoud*, son frère (Cartul. n° XXV). Cette dernière mention, tout au moins, doit être attribuée à un *Adam II*. En effet on trouve un fils d'Ansoud, *Eudes le Roux*, cité en 1125 comme arrière-vassal de Saint-Denis pour sa terre de Théméricourt, qu'il tenait de Mathieu Le Bel (689) : on ne peut guère lui supposer un oncle nommé châtelain vers 1016.

D'ailleurs Philippe de l'Isle, fils de cet Adam II, était le filleul de Philippe Ier,

---

(687) *Vitæ Sanctorum*, ms. 352, fol 245. L'abbé Grimot, *Histoire de la ville de l'Isle-Adam* attribue à la translation la date de 1017.

(688) En janvier (Coll. Moreau, XXXII, 94). Il était en noble compagnie, avec Ives II, comte de Beaumont, Galeran de Bréteuil, Gilbert de Mello, les deux Raoul Deliés de Pontoise, et d'autres chevaliers beauvaisiens. Plusieurs d'entre eux se retrouvent le 18 du même mois avec Adam de l'Isle à St-Pierre de Beauvais, lors du don fait à St-Jean d'Angely par Aubert, curé de Bury, de son église canoniale, dédiée à St-Lucien (Ms. 1. 18403, fol. 302).

(689) LL 1157, fol. 241. Un Ansoud de l'Isle (*Anseulfus de Insula*) figure vers 1220 parmi les vassaux du baron de Gisors, qui tenait en fief du roi l'église de Théméricourt (p. 411 *suprà*).

ce qui suppose sa naissance voisine de 1060 ou postérieure à cette date. En 1093, Philippe de l'Isle se trouvait près de Louis-le-Gros à Pontoise lorsque ce jeune prince fit don d'un gord dans l'Oise aux moines de St-Martin (Cart. n° XXVIII).

Adam III de l'Isle souscrit au diplôme du 19 août 1113, accordé par Louis VI à l'église de Beauvais (690). Il mourut avant 1124, laissant une veuve, *Aélis*, et un fils très jeune, *Anseau*, (auquel on donnait encore le diminutif enfantin d'*Anselin*), sous la tutelle de sa mère (691).

Anseau I avait un frère, *Adam* (ADAM frater ANSELLI DE INSULA ADAM), nommé après Adam II de Valmondois parmi les chevaliers de Hugues Tirel qui, en 1137, assistèrent à la cession de Bouffémont à St-Martin des Champs (692).

Anseau de l'Isle est le premier fondateur de l'Abbaye-du-Val-Notre-Dame, dont le beau cloître a été restauré par M. Ferdinand Chauchat. Anseau donna l'emplacement même où s'installèrent les Bénédictins qu'il y appela (693), le marais d'Aunay et un bois entre l'abbaye et Villiers-Adam, domaines qu'il démembra de son fief de Mériel. Ces bienfaits sont rappelés dans une confirmation donnée après la mort d'Anseau, en 1162, par Louis VII, qui l'appelle *familiaris noster bone memorie*, ANSELLUS DE INSULA (694). On rencontre en effet Anseau parmi les conseillers de ce prince. Il fut un de ceux qui jurèrent, au palais de Compiègne, au nom du roi, le pacte de commune consenti aux habitants de la ville (695).

Dès 1149, il était marié à *Mabile*, fille de Lancelin et d'Alix de Bulles (696) et en avait deux fils, *Adam IV* et *Thibaut*.

Cette alliance amena le châtelain de l'Isle à s'intéresser au prieuré de St-Leu d'Esserent et à lui accorder une charte de franchise (697). Elle fit entrer dans la famille de l'Isle-Adam les prénoms de *Lancelin* et *Manassé*, attribués à d'autres fils d'Anseau : le doyen de Beauvais (698) et le sire de Remérangles (699). Un second *Adam*, clerc, qui mourut chanoine de Beauvais (700), et une fille, *Aélis*, religieuse de Variville en 1202, portent au moins à six le nombre des enfants d'Anseau I et de Mabile.

(690) Coll. Moreau, XLVII, 84.

(691) Cartulaire, n° LV, charte dont la date doit être ainsi rectifiée : « Entre 1114 et 1124 ». Cette dernière date est celle de la mort de l'abbé Thibaut I⁰ʳ, cité dans l'acte.

(692) LL 1351, fol. 108.

(693) Sedem abbatiæ ex dono Anselli de Insula (Tardif, *Cartons des Rois.* n° 431).

(694) Ms. l. 5462, fol. 1.

(695) Entre le 1ᵉʳ août 1153 et le 3 avril 1154 (Luchaire, *Louis VII*, n° 303).

(696) Le P. Anselme, VIII, 788. — Cf. Louvet, I, 625.

(697) L'abbé Müller, *Cartul. de St-Leu d'Esserent*, n° LVII.

(698) *Lancelin*, doyen de 1178 à 1190, un des grands bienfaiteurs de l'église de Beauvais à laquelle il donna des dîmes à Hécourt, Villers-sous-Coudun et Chepoix provenant de la dot de Mabile (*Gallia*, IX, 770. — Mém. de la Soc. Acad. de l'Oise, XII, 144).

(699) *Manassé*, chevalier en 1190, s'unit à Amicie, fille de Robert de Milly (le P. Anselme, VIII, 789).

(700) Obituaire de la cathédrale publié par M. de Marsy, ap. Mém. de la Soc. Ac. de l'Oise, XII.

Adam IV avait remplacé son père entre 1156 et 1162 ; peu après, en 1166, on le trouve marié à *Aélis* (Cartul. n° CLVII), fille de Baudoin V de Corbeil, et déjà veuve d'un sire d'Andresel (701). Adam figure dans des actes de 1166 (702) à 1185, date où se trouvant à Compiègne, à la cour du roi, il concéda le libre travers de l'Oise aux nefs des moines d'Ourscamp (703).

Nous connaissons à Adam IV trois fils et trois filles : *Anseau II ; Thibaut*, nommé en 1178 et 1185 ; *Adam V*, cité en 1178 et 1190 ; *Aveline, Mabile* et *Aélis* (704).

En 1186, Adam IV donnait à St-Léonor de Beaumont deux hôtes à Nogent (705). Au moment de se croiser pour la troisième fois, sans doute en 1188, à l'appel de Guillaume de Tyr, il légua à St-Martin, pour son anniversaire, la dîme des essarts de Gérofaï et du Champdolent (Cart. n° CXCIV).

Anseau II, fils aîné d'Adam IV, avait épousé, du vivant de son père, *Aélis*, sœur de Mathieu III, comte de Beaumont-sur-Oise. Celle-ci mourut prématurément, et Adam fit une fondation pour le repos de son âme (705).

Devenu sire de l'Isle, en 1189, Anseau II, avec son frère Adam V (706), sanctionna l'exemption de péage accordée à Ourscamp (707).

L'année suivante, les moines du Val obtinrent de lui la confirmation des libéralités de *son aïeul Anseau I* ; il en ajouta de nouvelles et pour la célébration des messes, il accorda deux muids de vin, le meilleur et le plus pur provenant de son clos de l'Isle (708). A cette fondation accéda la seconde femme d'Anseau, *Eva*, sœur d'Anseau IV de Garlande, seigneur de Tournan, et d'*Agnès*, qu'avait épousée Aubert II d'Andresel, frère utérin d'Anseau de l'Isle (709).

(701) J. Depoin, *les Vicomtes de Corbeil*, p. 31. — Aélis mourut entre 1186 et 1189. En 1175, elle fonda, au moyen du don d'une couture à Parmain, une messe par semaine à célébrer par le prieur de l'Isle-Adam, (Ms. l. 5462, fol. 210).

(702) Coll. Afforty, I, 238. Bibl. de Senlis. — Entre 1164 et 1169, il confirma la cession à St-Martin, par son vassal Adam III de Valmondois, du *Champ-Dolent*, dont M. l'abbé Daumet a retrouvé l'emplacement, près du passage à niveau de la ligne de Marines le plus rapproché de la gare de Valmondois (note 420 *supra*).

(703) « Transversum aque, eundi et redeundi, ecclesie *Ursicampi* in elemosinam concessi, assensu filii mei ANSELLIXI, in aulâ regis apud *Compendium* ». D'après un vidimus de « PIERRE DE VILLIERS, conseiller du roy et souverain maistre de son hostel, et sires de *l'Isle-Adam* », daté du 25 décembre 1374 (Ms. l. 5473, fol. 273).

(704) A. N. S 4203, n° 28 ; publié par J. Depoin, *Histoire de Méry-sur-Oise*, preuves, n° VI. — A. N. LL 1541, fol. 27 et 33. — Mabile épousa Hugues III, seigneur d'Auneuil. Un de ses enfants, Pierre, chanoine, puis archidiacre de Beauvais, fut en 1252 exécuteur du testament d'Anseau de l'Isle, son cousin et non pas son oncle, comme l'a écrit l'abbé Deladreue (*Notice sur Auneuil*, dans les Mémoires de la Soc. Acad. de l'Oise, IX, 400).

(705) A. N. LL 1351, fol. 115. — Douët d'Arcq, *Comtes de Beaumont-sur-Oise*, p. 69.

(706) Adam V est l'*Adam de l'Isle* qui prélevait, en 1195, sur le domaine royal d'Auvers-sur-Oise, une rente d'un setier de vin.

(707) Le sceau apposé à cet acte avait pour légende : SIGILLVM ANSELLI DE INSVLA, et présentait un écu triangulaire chargé d'une bande, accompagnée d'une merlette en franc-canton (Ms. l. 5473).

(708) Ms. l. 5462, fol. 249.

(709) *Cartul. vetus Livriaci*, Ms. 676, fol. 2. Bibl. Ste-Geneviève.

En 1205 Anseau II de l'Isle fit hommage à Mathieu III, comte de Beaumont-sur-Oise, pour les fiefs de Balincourt, Hodenc, Nesles et Prérolles (710).

Il est à présumer qu'il mourut en 1219, car, à cette date, Anseau III son successeur approuvait un legs de 40 sous de rente fait par son père Anseau, au moment de mourir, à l'Abbaye du Val, où il avait élu sépulture, et confirmait un don de pareille rente faite à ce monastère, le 8 août 1208, par le même Anseau II, pour l'âme d'Eve, sa femme, inhumée au Val (711).

Anseau III, le premier des sires de l'Isle qui ait pris, en 1226, le surnom de *l'Isle-Adam* (712), était alors marié à *Marie Mauvoisin*, fille de Gui III de Rosny : il en eut une fille, *Mahaut*, qui en 1267 était unie à Guillaume de Doudeauville, écuyer (713). Après la mort de Marie, Anseau convola avec *Clémence de Pomponne*.

On peut juger de la fortune d'Anseau III par le chiffre de 200 marcs d'argent pour lequel, en février 1235, il se porta garant, avec d'autres alliés de Mahaut de Dammartin, son arrière-cousine, veuve de Philippe de France, comte de Boulogne, qu'elle ne marierait point sa fille sans le consentement du roi son suzerain (714).

En mai de la même année, le sire de l'Isle-Adam prit part avec Gui VII de la Roche-Guyon, Mathieu I de Trie, Jehan I de Chaumont, Gilles I de Montchevreuil et Jehan des Barres, comme mandataires de tous les chevaliers du Vexin français, à la rédaction à St Germain-en-Laye, d'une déclaration des coutumes du pays concernant le droit de relief des fiefs (715). Le P. Anselme assure qu'Anseau III se croisa en 1239. On le retrouve encore le 12 juillet 1250, comme témoin de l'hommage rendu par Gui de Chevreuse à Renaud III de Corbeil, évêque de Paris (716). Il mourut en 1252, ayant fidèlement servi la reine-douairière Blanche de Castille, dont les conseils l'inspiraient souvent (717).

Parmi les legs qu'il fit en mourant, il s'en trouve deux, de 20 livres chacun,

(710) Douët d'Arcq, p. 44.

(711) Ms. l. 5462, fol. 325. — Le P. Anselme, VIII, 790. Les autres enfants d'Anseau II furent *Manassé II*. qui testa en 1233 ; *Adam VI*, et *Pierre*, chevaliers ; *Aèlis* dame de Neufmoutier, enterrée à Barbeaux.

(712) Mss. lat. 5462, fol. 320. — Nous voulons parler des actes officiels, car dès 1137 le nom de *l'Isle-Adam* était en usage (p. 419 et note 692 *suprà*).

(713) Arch. de l'Eure, H 10, fol. 89.

(714) A. N. J. 238, *Boulogne*, nos 23 et 52.

(715) Une ordonnance du roi, de la même date, entérina cette déclaration en y faisant quelques changements (Teulet, *Layettes*, II, 291).

(716) Guérard, *Cartul. de N.-D. de Paris*, I, 163.

(717) Témoin ces deux mentions de son testament :

« Volo quod de residuo mobilium meorum capiantur ce libræ turonenses quæ de consilio Dominæ meæ Reginæ mittantur in subsidium Terræ Sanctæ.

« Volo quod executores mei in omnibus utantur consilio Dominæ meæ Blanchiæ excellentissimæ Reginæ ».

(Ms. lat. 5462, fol. 363. — Les testaments d'autres seigneurs de l'Isle-Adam ont été analysés et reproduits en partie dans les Mémoires de la Société Hist. du Vexin, t. VIII).

attribués à ses neveux, *Adam* et *Anseau de Villiers* (Adam). Ce sont les fils d'*Adam VI* et d'*Isabelle*, dame de Séresville (718). *Pierre*, le quatrième fils d'Anseau II, eut la terre de Puiseux près Pontoise : de lui descendent les seigneurs de Puiseux et d'Andrésy.

Anseau III laissa aussi plusieurs fils. L'aîné, *Jehan*, qui lui succéda, était dès 1236 associé aux actes de son père. Il testa en juin 1275, et fut inhumé au Val, près sa femme, *Héloïs de Crapaumesnil* ; leur fils, *Anseau IV*, n'eut point d'hoirs mâles, et *Guillemette*, son héritière, vendit la terre de l'Isle-Adam à Pierre de Villiers en 1364.

La suite de cette généalogie n'intéresse plus notre abbaye. Elle pourra être développée lorsque la publication du Cartulaire du Val-Notre-Dame en fournira l'occasion. De très nombreux textes de nature à l'éclairer ont été rassemblés par notre confrère M. Eugène Darras, professeur à l'Ecole Albert le Grand, à Arcueil, qui a bien voulu nous faire profiter de ses recherches et à qui nous adressons tous nos remerciements.

Les armes des l'Isle-Adam sont *de gueules à la fasce d'argent*. Elles ont été plus tard chargées de merlettes, en souvenir des nombreux pèlerinages en Terre Sainte accomplis par les membres de cette noble famille.

(718) Près Mainvilliers, canton de Chartres (Ms. l. 5481, fol. 169).

VII

Sur la Maison de POISSY

La généalogie très complexe des diverses branches qui ont porté le surnom de *Poissy* est laborieuse à établir. Nous ne la pousserons pas au delà des dates extrêmes de notre Cartulaire, laissant aux futurs éditeurs de l'important travail qu'avait préparé sur cette famille notre regretté confrère Adrien Maquet, le soin de continuer cette étude en la complétant au besoin, les indications qui suivent étant le résultat de nos seules recherches personnelles.

La branche qui apparaît la première avec le surnom de Poissy se distingue par les prénoms de *Nivard* et de *Geofroi*. Elle a possédé les seigneuries de Septeuil (719) et de Maisons-sur-Seine.

Un chevalier du nom de *Nivard*, frère du normand *Anquetil* (720) donna en 1026, à l'abbaye de St-Wandrille, un arpent de terre sur le chemin de St-Lubin, à gauche de la croix de Darnestal. Il est qualifié, dans la notice du cartulaire, *Nivardus de Septulia* (721).

(719) Canton de Houdan, arr. de Mantes. — La terre de Septeuil était encore, en janvier 1257, aux mains des *Sans-Avoir*, rameau incontesté de la souche de Poissy. L'abbé de St Wandrille fit alors un accord avec « GUILLELMUM SINE AVERIO et JOHANNEM, *ejus* nepotem, dominos *Sutolii*, milites », qui prétendaient avoir « in villa *Capelle*, juxta *Setolium*, justiciam. » (Gr. Cart. de St-W., fol. CCLVII). — Le fief de *la Chapelle* fut compris plus tard dans la paroisse de Septeuil (Note de M. Grave).

(720) *Anquetil*, vicomte en Normandie sous Robert le Diable (mort en 1036), eut pour fils *Rainnoulf*, auquel Guillaume le Conquérant concéda la moitié de Greneroy (Coll. Moreau, t. XX, f. 95 ; t. XXI). *Rainnoulf*, vicomte de Bayeux, épousa *Aëlis*, sœur de Robert le Diable (Coll. Baluze, t. XLV, p. 227).

(721) Arch. de Rouen, Gr. Cart. de St-Wandrille, fol. CCCXXIX. Parmi les témoins : Heudoin de Feucherolles (c. Marly-le-Roi), Girard *de Montemedio* (Montmeillan, éc. Plailly, c. Senlis) ; Sanson de Pontpoint (a. Senlis).

Nivard de Septeuil pourrait être identifié avec *Nivard fils de Hugues*, contemporain de Henri Ier (Guérard, *Cart. de St-Père*, p. 133) et avec Nivard, chevalier de ce roi, qui dut renoncer, en 1043, aux coutumes indûment établies sur une terre de St-Maur, *Equata* ou Yvette (éc. Lévy-St-Nom, c. Chevreuse, a. Rambouillet) — Coll. Baluze, XLI, 146).

Nivard I laissa au moins trois fils : *Geofroi I, Nivard II* et *Gautier I*. Ce dernier donna sous Eudes, prieur de Longpont (722), le bois Saint-Denis à ce monastère, en présence de Robert Courte-Heuse, fils du roi Guillaume, et de Simon I de Montfort ; l'acte est passé à Montfort même (723).

Nivard et Gautier, frères, sont cités ensemble en 1073 parmi les témoins du diplôme de Philippe Ier pour St-Germain-en-Laye (724).

Geofroi I, fils de *Nivard I*, fut aussi l'un des bienfaiteurs de St-Wandrille. Il donna à l'abbé Girbert (725) le libre travers du port « qui *Maisons* vocatur » pour la nef des moines, sous condition de célébrer avec messe et vigile l'anniversaire de sa femme. *Geofroi II*, son fils, souscrivit à cette libéralité (726).

Dans les preuves de l'*Histoire de Montmorency*, d'André Duchesne, est une charte sans date, donnée en présence du roi Philippe et de l'aveu du comte Ives, par laquelle *Geofroi, fils de Nivard*, restitue l'église usurpée de Maisons, en y ajoutant la dîme du port, celle de la pêche des bateliers (*decimam piscature de nauticis*) et beaucoup d'autres dons. Sa femme *Hildeburge*, ses enfants *Nivard III, Geofroi II, Aélis*, agréent ce dessaisissement (727).

Geofroi était mort sans doute dès 1073. Ses fils figurent seuls dans le diplôme donné alors par Philippe Ier pour le prieuré de St-Germain-en-Laye.

Du vivant de son père, *Geofroi II* fut investi de la vicomté de Dreux. Il fut, dans une guerre, au milieu du XIe siècle, fait prisonnier par Hugues fils de Gasce, qui l'enferma dans son fort de Chérisy. Geofroi, désirant revoir son père, donna des otages pour obtenir une mise en liberté provisoire, et durant le séjour qu'il fit près de Geofroi Ier, se rendit avec lui à Notre-Dame de Coulombs (728).

(722) *Eudes de Péronne* était prieur en 1076 ; *Etienne*, son devancier, en 1070 ; *Henri*, son successeur, en 1085 (Marion, *Cartul. de Longpont*).

(723) Ms. l. 9968, n° 321. — Nivard II est qualifié *de Montfort* dans une charte de Gautier III, comte de Vexin, en février 1055 (*Cartul. de St-Père*, p. 199).

(724) Depoin, *Le Prieuré de St-Germain-en-Laye*, p. 14. — On retrouve *Gautier, fils de Nivard*, à Dreux, en 1086 (Ms. l. 5417, f. 567).

(725) Cet abbé siégea de 1053 au 4 septembre 1089.

(726) « S. GOIFFREDI. — S. GOIFFREDI filii ejus. — S. WILLELMI CALVI. — S. LETBERTI militis. — S. ROGERII prepositi ; S. GALTERII filii ejus (Gr. Cart. de St-Wandrille, fol. CCCXXX). *Gautier II* ayant remplacé son père 'Roger I comme prévôt de Poissy dès 1067 (p. 429 *infrà*), cette charte doit être placée entre 1060 et 1066.

(727) Laisné a aussi conservé une copie de cette pièce dans le ms. fr. 24.133.

(728) N. s. o. quod GAUFREDUS vicecomes de *Drocis castro*, postquam de carcere per intervallum temporis alicujus exivit, datis revertendi obsidibus HUGONI filio GASTHONIS qui eum in munitione de *Charisiaco*

Ce fut Geofroi II qui en 1087, donna à l'abbaye de Coulombs une charte recognitive des libéralités de ses ancêtres et des siennes propres, où sont énumérés l'église et la dîme de Maisons, six bouvées de terre, un arpent de pré, la dîme du port et celle de la pêche, l'emplacement convenable pour deux moulins et un gord, et enfin trois arpents de vignes dont deux à Sannois et un à Montaigu (729).

Nivard III, son frère aîné, est le même personnage qui, sous le nom de *Nivard de Septeuil*, s'allia à Guillaume le Roux et fut absous de ses méfaits par Ives de Chartres en 1098 (730) ; ce fut à cette occasion que, dans la chapelle du saint évêque, lui et sa femme *Hubeline* (731) s'engagèrent solennellement à fonder une église dans le château de Davron, dont Nivard était seigneur. Elle ne fut consacrée toutefois qu'après 1115, par l'évêque Geofroi II, successeur d'Ives, sous l'invocation de la Madeleine ; elle fut dotée de la dîme de Wideville (*decima Udeville*), et le service divin fut confié aux moines de Josaphat (732).

Sous le nom de *Nivard de Poissy*, le fondateur du prieuré de Davron figure parmi les conseillers de Louis le Gros en 1112 et 1114 (733). Il est cité en 1126 dans une charte d'Anscher, abbé de St-Riquier, donnée en présence de Louis VI et de toute sa cour, avec Mathieu I de Beaumont, Gui II de la Tour (de Senlis) et Guillaume II de Trie (734). — Il mourut le 15 mai. L'obituaire de Davron vante l'éclat de sa race et le qualifie « l'un des plus illustres parmi les excellents chrétiens » (735).

ceperat, venit ad nos in cellarium *Stæ Mariæ Columbensis*, quicquid *pater ejus* GAUFREDUS filius NIVARDI dederat *Stæ Mariæ Columbensi* vel auctorizaverat, dedit nobis et auctorizavit. Testes de monachis : Sulpitius, Gastho, Petrus, Germundus ; de militibus : GAUFRIDUS pater ejus, et GAUFRIDUS filius VITALIS.

(B. N. Coll. Baluze, t. XXXVIII, fol. 28).

(729) Lucien Merlet, *Histoire de l'abbaye de Coulombs*, p. 19.

(730) *Histor. de France*, XI, 102 ; XII, 667.

Le cartulaire de St-Wandrille (fol. cccxxx) contient une charte de Nivard de Septeuil datée de 1096, indiction 4, épacte 23, trois indications concordantes.

(731) C'est apparemment la fille de Pierre I⁻ᵉʳ de Maule, nommée aussi *Herbeline*. La forme *Hubeline* doit être préférée comme fournie par l'obituaire de Davron, aussi bien que par le cartulaire de Coulombs.

Voici comment s'exprime à son sujet le nécrologe de Davron :

« Pridie Kal. febr. Obiit HUBELINA, quæ cum viro suo dno videlicet NIVARDO DE PISSIACO, hujus ecclesiæ fundamenta sapienter jecit, parietes viriliter erexit, strenue cooperuit, ipsos parietes decenter cortinis et palliis adornavit ; celsam crucem, cappas et albas paratas, domos omnes fecit, et redditus in vineis, in terris et decimis studiose comparavit ».

(732) Ms. fr. 24.133, fol. 231 et ms. l. 10.102, fol. 4-11. La charte de l'évêque Geofroi II, non datée, constate le consentement de Simon Malfilâtre ou Maufilliastre (*Maliprivigni*), de sa femme *Marie*, et de leur fils *Amauri*.

(733) A. N. K 21, n° 10. — LL 42. — *Cartul. des Vaux de Cernay*, I, 450.

(734) Coll. Moreau, t. LII, fol. 110.

(735) « Id. maii. Depositio pio affectu nobis recolenda Dni NIVARDI DE PISSIACO, viri generis nobilitate conspicui, atque in *optimis* Christianis preclarissimi ; qui inspirationis divinæ instinctu, ut credimus, accensus, ecclesiam istam proprio suo benevolus ac devotus nobiliter ædificavit, et religiosos monachos Deo jugiter

L'original de cet obituaire existe encore ; il est relié avec d'autres manuscrits dans le volume 10103 du fonds latin. Mais ce n'est plus qu'une ruine, une victime lamentable de l'incurie et du vandalisme. A l'exception de quelques lignes presque illisibles, mais où se retrouve l'obit que nous citons en note, ce que l'usure des mains sur les pages feuilletées durant six siècles, avait laissé subsister du texte du xiie, a été gratté, poncé ; on est allé jusqu'à couper les marges pour mieux détruire les annotations qu'elles contenaient. Aussi ne saurait-on trop de gré au prieur de Mondonville, Laisné, d'avoir conservé dans ses notes une copie de cet obituaire exécutée en un temps où il n'était pas encore mutilé. Nous croyons intéressant de lui emprunter l'ordonnance suivante de Gérard, le premier abbé de Josaphat, qui règle minutieusement l'ordre des cérémonies funèbres commémoratives et prescrit un glas carillonné pour Nivard III :

N. s. o. quod pie memoria GERARDUS venerabilis abbas Stæ Mariæ Josaphat statuit in capitulo apud Daveronem ut, cum anni orbita memorabilem diem decessionis ab hac luce NIVARDI reduxerit, sic in æternum sine diminutione celebretur. Postquam igitur expleta fuerit vespertina sinaxis, quæ illo die temperiùs agenda erit, mox signis sonantibus, suàque gratissimâ melodiâ ad memoriam defuncti audientes invitantibus, solemniter *Placebo Domino* incipiat hebdomadarius (*le Semainier*). Prior autem revestietur ad *Magnificat*, offeretque Dno incensi sacrificium super altare, quod tunc debet melioribus ornamentis ecclesie esse paratum. Deindè pergat in capitulum thuriferare tumbam. Signa vero tandiu sonabant donec tres primi psalmi de officio expleantur ; tunc legantur lectiones ordinatæ super analogium ante altare. Unus vero leget lectiones et alter cantabit responsorium. Septimum responsorium erit *Congregati sunt*. Octavum *Libera me, Domine, de viis*. Nonum vero, *Libera me, Domine, de morte*. Hoc à cantabunt duo ante altare, et dicent hos versus : *Dies illa, Quid ego, Vix justus*. Itaque, finito officio, extinguentur lampades, quæ ante officium accendi debuerunt. *Exultabunt Domino* tunc non dicitur, sed post matutinos, et tunc sonabunt signa usque ad finem. Ibit processio in capitulum ad faciendam commendationem animæ piissimi Nivardi, quâ exeunte incipiet cantor *Chorus angelorum*, pulsatis etiam duobus majoribus signis, et dicentur Psalmi *In exitu Israel, Confitemini, Quemadmodum, Domine clamavi*. Hic repetatur antiphona *Chorus*, et dicantur orationes quæ pertinent ad commendationem animæ.

Geofroi III, fils de Nivard III, confirma l'approbation de feu son père au don de 4 arpents de terre près les fossés du château de Davron, fait au prieuré de la Madeleine par Pierre de Chennevières, un ami des moines, et que Philippe de Chennevières avait consenti. Il confirma encore aux moines le moulin de Wideville et un revenu foncier que leur avait légué Barthélemi Raulet (737).

serviendum in ea adjuvare diligenter studuit ; atque de redditibus suis, undè viverent, ordinare sagaciter procuravit ».

Dans le nécrologe de Josaphat (ms. l. 10104, f. 157) où se trouve insérée cette mention, on a gratté le mot correspondant à *optimis*, et on l'a remplacé par *institutis*, « instruits ».

(737) Obit. de Davron, iv non. dec.

Il n'eut qu'une fille, *Marie*, mariée à Simon (Malfilâtre) dès la fin du XIe siècle. Simon accompagnait son beau-père au siège de Montmorency par Louis-le-Gros, alors roi désigné (en 1105 : cf. Cartulaire, n° XLIX). Dans la tente de l'abbé de Corbie, où ils se trouvaient avec Thérould, abbé de Coulombs, ils donnèrent à ce dernier un juif *de Grisenvilla* (738).

Marie hérita de la terre de Davron et la porta à son mari *Simon* Malfilâtre, *fils de Gaucher* (de Neaufle). Elle eut pour fils *Milon, Amauri, Gaucher, Thierri* (*Theodericus* ou *Theudo*). *Milo* et *Theudo* sont nommés avec leur père dans le consentement qu'il donna à la cession faite à Saint-Magloire de la dîme de Saint-Martin de Bazoches, par Nivard de Septeuil, leur bisaïeul (739).

Milon fut d'abord écuyer d'Ives II, sire de Courville ; il succéda à son père, et le nécrologe du prieuré de Davron, qui l'appelle « MILO miles DE DAVERONE », mentionne son obit au 15 décembre avec celui d'*Héloïs*, dame de Crespières.

On peut regarder comme un fils de Milon de Davron *Nivard des Mesnils*, qui, entre 1118 et 1162, fit un don à l'abbaye des Vaux de Cernay, fondée par Simon de Neaufle. Les noms des quatre fils de Nivard, *Simon, Amauri, Nivard* et *Milon*, rappellent les divers anneaux de leur généalogie (740).

(738) Peut être Grainville. Voici l'analyse du Cartulaire de Coulombs donnée par Laisné : « Carta GAU-FRIDI filii NIVARDI de judeo *Grisenville*, ex consensu SYMONIS generis sui, data tempore LUDOVICI filii regis PHILIPPI, in obsidione castri *Montismorencii*, in papilione abbatis *Corbiensis*, et tempore THEVROLDI abbatis, quâ liquet quod concessit hoc idem, apud *Corbuillam* (Courville), MILO filius dicti SYMONIS, qui tunc IVONIS armiger erat, tribus solidis inde receptis. Postea venit in capitulum idem SYMON et uxor ejus confirmantes supradictum donum cum filiis suis GAUCHERO et THEODERICO, testibus GODESCALCO DE BUXERIA (*la Boissière*), PAGANO DE BUTINIACO (*Bouligny*), GODEFRIDO fratre ejus et SIMONE DE MONTEPINSONIS ».

(739) Elle fut approuvée en 1124 par Amauri de Montfort, comte d'Evreux, à la sollicitation de Guérin, prieur de Saint Laurent de Montfort (LL 39, fol. 37).

(740) Cartul. *des Vaux de Cernay*, t. I, p. 34.

Nivard de Mesnils et son frère, *Hugues*, furent témoins en 1151, d'une libéralité consentie à l'abbé de Josaphat par *Raoul*, chevalier de Ménerville, fils de *Simon*, par sa femme Aéline, leurs fils *Nivard, Hugues* et *Robert* prêtre ; et par les neveux de Raoul, *Simon* et *Guillaume* fils de *Nivard*. Tous ces personnages paraissent bien issus de la même souche (Ms. l. 10102, fol. 66).

Ménerville est une paroisse voisine de Boissy-Mauvoisin ; elle dépendait au XVe siècle de la justice d'Apremont, démembrement de Rosny. Raoul de Ménerville, conclut M. Grave, doit être issu des Mauvoisin. Cette conjecture nous sourit également. Elle donnerait lieu au tableau suivant, dans lequel les rattachements hypothétiques sont signalés par des astérisques :

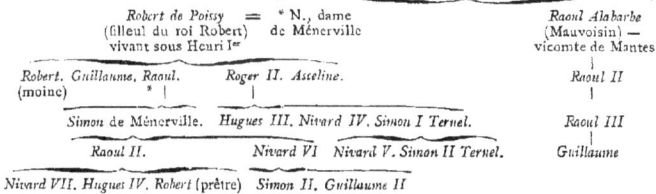

Robert de Poissy =	* N., dame			Raoul Ala barbe
(filleul du roi Robert)	de Ménerville			(Mauvoisin) —
vivant sous Henri Ier				vicomte de Mantes
Robert. Guillaume, Raoul.		Roger II. Asceline.		Raoul II
(moine)	*			
Simon de Ménerville.		Hugues III. Nivard IV. Simon I Ternel.		Raoul III
Raoul II.		Nivard VI Nivard V. Simon II Ternel.		Guillaume

Nivard VII. Hugues IV. Robert (prêtre) Simon II. Guillaume II

Gautier II, fils de Nivard II, épousa *Eudeline*, fille de Pierre I de Maule ; pour acquérir le droit de sépulture à Coulombs, et pour la rançon éternelle de son seigneur, Hugues fils de Gasce de Châteauneuf-en-Thimerais, il donna aux religieux l'église St-Remi, près d'Auneau, du consentement du chevalier *Amauri*, son fils (741). Ses prévisions furent déjouées par un événement qui ne s'annonçait guère alors : ce fut la première Croisade, où Gautier II suivit Robert Courte-Heuse, et au cours de laquelle il devait succomber à Philippopoli, en juillet 1096.

Orderic Vital raconte que le signe de la croix apparut sur son corps, et que ses obsèques furent une sorte de canonisation anticipée (742).

Amauri, comme son père, dut être une des victimes de la Croisade, puisque les terres de Gautier passèrent plus tard à un cadet, *Simon*.

Gautier s'était mis en route dès avril 1096 dans l'armée que commandait l'un de ses neveux, le fameux *Gautier Sans-Avoir*, et qui comprenait trois des frères de celui-ci, *Guillaume*, *Simon* et *Mathieu*. Sauf ce dernier, tous devaient périr dans la malheureuse expédition ; celui qui la commandait, Gautier Sans-Avoir, le 29 septembre 1096 ; Guillaume et Simon, au désastre de Ramleh, en mai 1102 (743).

Auguste Le Prévost a rattaché le surnom de Sans-Avoir à la possession de la seigneurie de Boissy-Sans-Avoir, près Montfort-l'Amaury. Il est cependant plus conforme aux habitudes de ce temps que la terre ait pris le nom ou le surnom de ses maîtres. Quoi qu'il en soit, ce sobriquet railleur, illustré par la bravoure, fut revendiqué avec orgueil comme un titre de gloire légendaire, par les descendants du général des premiers croisés français. On le trouve traduit de diverses manières : *Sine-Censu*, *Sine-Pecunia*, *Sine-Habere*, et même *Sine-Averio* : sa forme française la plus ancienne est *Senz-Aveir*.

Il est extrèmement probable qu'aux trois fils de Nivard I, énumérés plus haut, il y a lieu d'adjoindre un quatrième, *Roger le Normand* (ROGERUS NORMANUS), pré-

---

(741) Ms. fr. 24133, fol. 116. « Carta de ecclesia *Sti Remigii* data à GALTERO filio NIVARDI, et ADELINA ejus uxore, pro sua sepultura et pro redemptione anime HUGONIS filii GASTHONIS, ex consensu AMALRICI militis, filii eorum ; et de concordia ab eodem facta cum SYMONE filio dictorum GALTERI et ADELINE, qui etiam, tanquam dominus feodalis, confirmat medietatem *Offenville* quam dederat HUGO CHOLET in presencia ipsius ». — Sur Eudeline, cf. Orderic Vital, l. XI.

(742) Ed. Le Prévost, III, 479. Cf. Hagenmeyer, *Le vrai et le faux sur Pierre l'Hermite*, traduction Furcy-Raynaud, p. 163.

(743) Orderic Vital, éd. Le Prévost, III, 451, 478 ; IV, 133, 134.

vôt de Poissy sous Henri Ier (726), et même un cinquième, *Robert*, qui occupa la même charge sous Henri Ier (vers 1053) et fut remplacé de son vivant par Roger d'abord, puis par Gautier II, fils de ce dernier (744).

Gautier I s'intitule *filius* NORMANNI, *de Pensacio* (745) et GALTERUS DE PENSIACO dans l'acte de dotation du prieuré de Liancourt par le comte Gautier III (746). Il exerça dans tous les cas cette charge au nom de Philippe Ier, comme on le voit par sa souscription à un don de son devancier, l'ancien prévôt Robert (744) et au privilège du roi pour St-Martin-des-Champs, en 1067.

Le prévôt Gautier eut pour successeur, après 1073 et dès 1076, son fils *Hugues* (747).

Hugues épousa *Ermeline*, dont il eut trois fils : *Nivard, Hugues* et *Sevin* ; ce dernier prit l'habit à St-Père de Chartres, le 5 mars 1093 (748).

A cette date, le prévôt de Poissy se nommait *Archenfroi* (Cartul. n° XXXI) ; il assista à la dédicace de la nouvelle église collégiale de Poissy (749). Son successeur *Robert II*, prévôt en 1098 (750), fut remplacé vers 1102 par *Hugues II* (Cartul. n°ˢ XX et XLIV), fils d'Archenfroi (Id. n° X).

On peut regarder comme tout à fait probable la supposition que les mutations d'office entre les divers titulaires de cette prévôté se firent parmi les branches d'une même famille.

Il n'est pas douteux, en tout cas, qu'il faille rattacher à Nivard I la lignée des *Simon* de Poissy. En effet Simon IV, arrière-petit-fils de Simon Ternel I, fit

(744) T* 671 ⁶, fol. 79, acte dont voici l'analyse par Laisné : « Carta ROBERTI DE PISSIÁCO, quondam prepositi ejusdem castri, de vinea sub *ecclesia Beate Marie*, sita apud *Pissiacam*, ab eo data ob amorem ROBERTI filii sui, in monachum recepti, concedentibus WILLELMO, RADULFO, ROGERIO et ASCELINA, liberis suis, in presentia WILLELMI DE CHAMBURCIACO et GALTERII prepositi regis (Analyse du Cart. de Coulombs par Laisné, prieur de Mondonville, Ms. fr. 24133, p. 140).

(745) En souscrivant à une charte de Geofroi de Gometz (Levrier, XI, pr. 156).

(746) *Cartul. de St-Père*, p. 199.

(747) Levrier, t. XI, pr. 186 et 196. Dans le premier acte, il est nommé *Hugo filius Galterii de Pisseio*.

(748) « Ego SEVINUS sevum — quod in ecclesia Bti Petri ab abbate, consensu congregationis, tenebam, — cum monachilem habitum assumpsi — pro remedio animarum mei patris HUGONIS et matris ERMELINE, fratrumque meorum NIVARDI et HUGONIS in eternum donavi... testium horum presenti audientia : Ex parte Sevini : Hugonis fratris ejus, Frodonis succentoris, Landrici canonici, WILLELMI filii SYMONIS DE MONTEFORTI, Fulconis archidiaconi... Actum 4 nonas martii anno Dnice Incarnationis 1093; indict. 1 (Ms. l. 5417, fol. 474).

On retrouve un *Sévin de Poissy* en 1098 aux obsèques de Halnuis Deliés, et en 1103 près du roi à Beauvais (A. N. K 189, n° 3). Peut-être, comme Guillaume Mauvoisin et bien d'autres, le fils du prévôt Hugues jeta-t-il le froc aux orties.

(749) Donation, non datée, par Philippe Ier, du marché de l'Annonciation et du produit des foires de la veille de cette fête au chapitre de Poissy (A. N. K 191).

(750) Ms. l. 10977, fol. 11 et 12.

en 1230 hommage de la terre de Davron — dont la justice ressortait de Poissy — et Simon Ternel I avait pour père *Roger II*, fils du prévôt de Poissy *Robert*.

Du vivant de son successeur Gautier II, Robert fit don d'une vigne à Coulombs pour y faire admettre comme moine son fils homonyme, de l'aveu de ses autres enfants : *Guillaume, Raoul, Roger, Asceline* (744).

Roger II, fils de Robert, épousa *Juliane*. Jehan de Créteil et sa sœur Auberée leur restituèrent un fief à Rosny qu'ils tenaient d'eux. Deux des fils de Roger II, *Hugues III de Poissy* et *Simon Ternel I*, aumônèrent ce fief aux Templiers, à charge de leur bailler chaque année, six oies à la Noël (751).

L'obituaire de Davron relate la mort de *Juliane* et cite deux autres de ses fils : *Nivard IV* et le chanoine *Gautier* que nous retrouverons plus loin (752).

🙚

Simon I, fils de Roger II, porta le surnom de *Ternel*, simultanément pris par d'autres membres de la famille de Poissy (Cf. *Aubri Ternel* en 1093 ; Cartul. n° XXVIII). Chargé de garder le donjon de Pont-Audemer, il le défendit avec intrépidité contre Henri Ier d'Angleterre, jusqu'à ce que, cédant au nombre, il dut capituler, en sortant avec les honneurs de la guerre (753).

Louis VII affranchit de tous droits, à son avènement, une terre que Simon Ternel avait donnée à « l'Aumône St-Benoît, au faubourg de Paris, près du lieu qu'on appelle les Thermes » (754). Ce même Simon donna aussi pour construire une partie de l'abside de l'église St-Jacques, une terre dépendant de St-Martin-des-Champs, ce que le prieur Eudes approuva (755). Simon vivait encore en 1140 ; il fut avec *Nivard IV de Poissy*, au nombre des fidèles de Louis VII, appelés comme témoins quand ce prince accorda une foire annuelle à Mantes à l'abbaye

---

(751) Ces indications sont relatées dans un diplôme de Louis VII, donné en 1162-63 (Luchaire, *Actes de Louis VII*, n° 464, d'après K 24, n° 8. — Cartul. de Sainte Geneviève, fol. 74. — Tardif, *Cartons des Rois*, n° 578).

Roger et Juliane sont cités dans un titre d'Yerres comme ayant confirmé à cette abbaye, avant 1158, le don d'un moulin sur l'Orge fait par *Mathieu Ternel* (A. N. K. 179, n°s 1 et 5).

(752) Obiit JULIANA familiaris nostra pro quabus filii ejus, NIVARDUS DE PISSIACO et GALTERIUS canonicus, donaverunt nobis per singulos annos in die anniversarii ejus duos sextarios annone et duos solidos ad refectorium monachorum » (Obit. de Davron, ad v id. jan.).

L'obituaire signale aussi en ces termes la mort de Hugues III : « xv kal. jan. ob. HUGO DE PISSIACO qui dedit nobis tres sextarios tritici, annuatim, in granchia ejus, veluti ad pitanciam » (Ms. fr. 24134, fol. 982).

(753) Ord. Vital, éd. Le Prévost, IV, 448, l'appelle SIMON TERNEL DE PEXEIO. Le texte porte *Trenel* par une lecture fautive de l'abréviation *er* ou *re*.

(754) Cartul. des Mathurins, LL 1544, fol. 12.

(755) A. N. LL 1024, fol. 70. Ce prieur est *Eudes I* (1127-1128) ou *Eudes II* (1133-1148).

de Coulombs (756), en 1140. C'est à ce *Simon Ternel* que se rattache la série des chevaliers de Poissy au prénom héréditaire de *Simon*.

Simon II eut pour frère *Osmond de Poissy*, qui fut clerc de l'église Notre-Dame de Paris en 1134, et fut promu au canonicat entre 1156 et 1157 (*Cartulaire*, n° CXV, note 361). Pour relever l'oratoire de St-Denis-du-Pas, Simon fit un legs de 30 livres afin de constituer le traitement du curé, et chargea du placement son frère Osmond. Celui-ci se servit de cet argent pour racheter du vicomte Gilbert II, de Corbeil, la dîme de Boneuil et fit, en 1178, d'autres libéralités à la cathédrale (757).

Mahaut, femme de Simon II, était nièce de *sire Henri* (fils de Robert de Paris ? cf. *suprà*, p. 277), qui possédait, outre la terre d'Ablon, un aleu à Villeneuve ; il donna celui-ci avec ses vignes et sa grange d'Ablon à St-Victor, pour l'expiation de ses fautes, « *accusante conscientiâ* », au moment de partir pour Laon. « Et ne in futurum aliqua occasio reliquatur calumpniandi, neptis domini HENRICI, assensu mariti sui SIMONIS TERNELLI, concessit » (758).

En 1175, de l'aveu de sa femme *Mahaut* et de *ses fils*, ainsi que de *Nivard V*, son frère, Simon II donna aux Vaux-de-Cernay son domaine et la dîme de Saint Nom, une maison à Paris près l'église St-Bonit, six arpens de vigne à Ablon (759). A cette même date l'abbaye de St-Victor, dont dépendait la paroisse d'Athis, introduisit devant la Cour de l'évêque de Paris une instance contre Simon et Mahaut pour s'opposer à l'établissement d'une chapelle, qu'ils avaient construite dans leur ville d'Ablon. L'évêque Maurice arrangea les choses et décida les moines à consentir au maintien de la chapelle. Telle fut l'origine de la paroisse d'Ablon (760).

Devenue veuve, Mahaut donna, de l'assentiment de son fils *Simon III*, une crierie à Paris (*unam clamatoriam*), à l'Hôtel-Dieu, avec l'autorisation de Philippe-Auguste, en 1189 (761). En 1193, Simon III, qualifié par l'évêque Maurice « dominus SYMON vir nobilis de PESSIACO », octroya au même établissement une grange près du palais des Thermes (762).

Aux moines de Cernay, Mahaut fit, aussi en 1189, une libéralité plus impor-

---

(756) Coll. Baluze, XLVIII, 29. — Nivard IV était son frère. Cf. note 752.

(757) De Lasteyrie, *Cartulaire de Paris*, t. I, p. 456. — J. Depoin, *Les vicomtes de Corbeil*, chap. III. — L'obit d'Osmond se célébrait à Notre-Dame le 22 avril (Guérard, t. IV, p. 51).

(758) Guérard, *Cartul. de N. D. de Paris*, t. III, p. 353, a placé sans preuve, cette donation « vers 1130 ». Elle a pour témoin « ANSCHETINUS famulus SIMONIS DE PISSIACO ». — Ce prénom est à rapprocher de celui d'*Anquetil*, frère de Nivard I de Poissy.

(759) *Cart. des Vaux de Cernay*, I, 61.

(760) *Hugues IV* et *Nivard V de Poissy*, tous deux chevaliers, furent témoins de cet acte (Coll. Baluze, t. LI, fol. 108. A. N. LL 1450, fol. 148).

(761) Entre le 9 avril et le 31 octobre. La donation aux Vaux de Cernay reçut, dans la même période, la sanction royale (Delisle, *Cat. des actes de Philippe Auguste*, n°ˢ 231-232).

(762) Coyecque, *Archives de l'Hôtel-Dieu de Paris*, n°ˢ 33 et 41.

tante pour laquelle elle s'assura du consentement de son fils et de l'approbation
du roi. Elle donna les terres qu'elle avait à Athis qu'on appelait *les terres de la
Reine* (*terre Regine*), en assurant au curé d'Ablon 18 setiers de froment de rente
dans la grange d'Athis (763).

Cette châtelaine, en se montrant aussi généreuse, ne faisait que continuer
une tradition établie depuis deux générations dans la famille de son mari.

Simon II avait un oncle paternel, *Gautier* (fils, comme nous l'avons vu, de
Juliane et de Roger II) qui fut chanoine de Paris (764) ; cet oncle donna aux
Vaux-de-Cernay, par un acte qui n'a pas été conservé, des biens à Chapet, à
St-Nom, des vignes à Mareuil, deux clos à Médan et au Moussel (*Muicels*),
paroisse d'Andrésy, ainsi que sa maison de Poissy.

A ces largesses déjà fort considérables, Simon II avait ajouté une maison à
Paris près St-Bonit et sa vigne de *Peilecoc* (Piscop ?).

Simon III, l'héritier de tous ces donateurs, s'émut un jour de cette brèche
importante à son patrimoine. Il réclama, mais les arbitres choisis, en 1202, lui
donnèrent tort (765).

La situation de Simon était devenue assez précaire en 1201 pour qu'il dût
vendre, moyennant 250 livres, au chapitre de Notre-Dame, ses droits fiscaux à
Orly (766).

Le roi, qui autorisa cette réalisation, accorda peu après des compensations à
Simon, en lui octroyant Beaufort indivisément avec Adam V, vicomte de Melun,
et Jehan Briart, mari d'Amicie (767).

En échange des droits qu'il avait dans la forêt de Laie, Simon de Poissy
reçut de Philippe Auguste (entre le 1ᵉʳ novembre 1212 et le 13 avril 1213) le bois
et la terre que le roi avait en Cruie. Simon eut en outre la garde de la forêt, où
il conserva quelques usages (768).

En 1215, Simon III se constitua jusqu'à concurrence de 220 marcs d'or,
caution pour Robert de Courtenay, qu'il rendrait au roi un fidèle service en
toutes affaires temporelles. Il est intéressant, pour comparer les situations de
fortune des principaux chefs des familles féodales de l'Ile de France, de relever
le chiffre des cautions assumées par les autres *pleiges* :

Jehan de Beaumont,	100 marcs.
Adam de Beaumont (gendre de Robert Mauvoisin),	200 marcs.
Jehan Briart (de Corbeil),	200 marcs.

(763) *Cartul. des Vaux de Cernay*, t. I, p. 100.
(764) C'est le *Gautier*, chanoine-prêtre en 1156 (LL 42, fol. 60).
(765) *Cartul. des Vaux-de-Cernay*, I, 139. Simon III, parlant des donations de Gautier, s'exprime ainsi :
« Ex dono Galterii Pissiacensis, canonici, patrui patris mei ».
(766) Guérard, II, 13. — A. N. K 181, n° 27. — Delisle, *Cat. des actes de Philippe Auguste*, n° 660).
(767) Par un diplôme donné entre le 1ᵉʳ novembre 1206 et le 21 avril 1207 (Martène, I, 1069. — Delisle,
Cat. des actes de Philippe Auguste, n° 1008).
(768) Martène, *Amplissima collectio*, I, 1105. — Delisle, *Cat. des actes de Philippe Auguste*, nᵒˢ 1404, 1405.

Baudoin VI de Corbeil,	250 marcs.
Le Bouteiller (Gui IV de Senlis),	400 marcs.
Son fils (Gui V),	200 marcs.
Mathieu II de Montmorency, le connétable,	300 marcs.
Le comte de Dreux,	500 marcs.
Le comte de Nevers,	1000 marcs.

Lorsque Louis VIII assiégeait Douvres en 1217, il envoya Simon de Poissy sous les ordres de Thomas, comte du Perche, pour tenter une expédition vers Lincoln ; cette colonne fut surprise par les partisans du roi Henri III ; son chef fut tué, beaucoup de capitaines pris ; Simon fut assez heureux pour s'échapper, et vint relater ce désastre au roi de France, qui se hâta de conclure la paix (769). Simon mourut peu de temps après, en mars 1218, ayant fondé la chapelle d'Aigremont (770). Ce preux chevalier, qualifié « venerabilis miles DE PISSIACO », portait, en mars 1207, un *loïangé échiqueté d'argent et de sable de dix pièces*.

Sa mort fut le signal d'un amoindrissement dans la fortune des siens. C'est ainsi que le défunt détenait l'ancien palais des Thermes, où il avait installé un pressoir (771). En 1219, Philippe Auguste disposa de ces dépendances du domaine en faveur de son chambellan Henri, concierge de Paris (772). De même, le roi céda en 1220 aux marchands hansés de Paris, moyennant 320 livres de rente, les crieries de Paris qui avaient été précédemment tenues par Simon de Poissy (773). Il laissa pour héritier *Simon IV*, qui, en février 1223, fit hommage au roi pour sa forteresse d'Aigremont, s'obligeant à la livrer au roi dès qu'il en serait requis (774).

Il épousa *Agnès d'Andresel*, d'une famille alliée à celle de Corbeil et à la puissante maison de Garlande (775).

Il perdit en 1224 un fils du nom d'*Anseau*, pour l'âme duquel il fit une fondation à l'abbaye de Senneport (776).

(769) *Histor. de France*, XVII, 107, 110.

(770) Ms. l. 5481, fol. 109, 111, 194.

(771) Auprès était une grange qu'il vendit, en 1212, au chanoine Renaud de Wissous (*de Viccors*), de concert avec sa femme *Agnès*. De leur aveu, le chanoine céda aux Vaux de Cernay cette grange en 1213 (*Cartul. des Vaux*, p. 188 et 230).

(772) Mém. de l'Acad. des Inscriptions, XV, 681. Delisle, *Cat. des actes de Philippe-Auguste*, n° 1888.

(773) Félibien, *Hist. de Paris*, I, xcix. — *Cat. des actes de Philippe Auguste*, n° 1959. — Cette reprise ne se fit pas sans compensation toutefois, comme on va le voir.

(774) Martène, I, 1164. — Aigremont était dans la forêt de Marly. — Delisle, *Cat. des actes de Philippe Auguste*, n° 2191 et p. 572.

(775) B. N. Mss. lat. 10942, fol. 15 et 18.

(776) A. N. K. 190, n° 64. Louis VII confirma cette fondation en mai 1228. — B. N. Cart. de Barbeaux, fol. 282. Voici le texte de cette fondation :

« Ego SIMON DE PISSIACO miles dedi in elemosinam, pro remedio anime mee et defuncti ANSELLI filii mei, ecclesie Bte Marie de Sancto Portu IV libras par. annui redditus... in prepositura Parisiensi, ita sane quod, quamdiu vixero, in die anniversarii filii mei de dictis IV libris pitancia fiet in conventu, post obitum autem

En 1230, Simon de Poissy fit hommage à St-Denis pour le fief de Davron. Il scelle d'un *loçangé*. A la même date, son fils, *Simon V le Jeune*, append à une charte pour St-Martin des Champs, un sceau où se voit un *loçangé brisé d'un lambel* (777).

Simon jouissait de la confiance royale car, en 1233, c'est à lui que fut confiée la garde de l'hôtel épiscopal de Beauvais, saisi sur l'évêque Milon (778).

Il fit en 1243 un testament dont il confia l'exécution à son fils *Simon V* et à *Guillaume de Frémainville*, son proche parent, car il porte les mêmes armes que Simon IV, brisées aussi d'un lambel (779).

Simon IV eut aussi une fille à laquelle il donna, en la mariant à Henri III de Richebourg, une rente de 60 livres que Philippe Auguste lui avait assignée dans la prévôté de Paris en échange du droit de vente à la criée dont il jouissait sur les places publiques de la capitale (780).

Nous ne poursuivrons pas plus loin, pour les motifs indiqués au début de cette notice, la généalogie de la maison de Poissy issue de Nivard. Il nous reste à parler d'une autre famille qui se rattache à celle-ci par une alliance et qui paraît avoir eu, avant elle, droit au surnom *de Poissy*.

Geofroi I de Maisons, outre les fils dont nous avons parlé, eut une fille, *San-celine*, mariée à *Gasce II,* fils, comme nous l'apprend Orderic Vital, de *Robert l'Eloquent*, et frère d'*Osmond*, seigneur du château de Chaumont. Robert paraît se rattacher à un *Gasce I de Poissy*, qui entre le 26 mars et le 4 août 1060, fut présent à un acte des comtes de Dammartin (781).

Un acte du Cartulaire de St-Wandrille daté de 1117, explique que Gasce, héritier de Geofroi, refusa de continuer aux moines la faculté de faire naviguer leurs bateaux sur la Seine sans payer à Maisons le droit de péage. Toutefois, à la suite d'une démarche faite par le prieur, il rendit cette faveur au monastère à condition que tant que lui et sa femme vivraient, on réciterait pour eux à Fontenelle, le tricenaire des défunts, et que leur nom serait inscrit dans le martyrologe

meum, dicte IV lib. partientur, ita quod de XL solidis in anniversario meo fiet pitancia, et in anniversario ANSELLI de reliquis XL solidis... Actum anno gratie M° CC° XX° quarto ».

(777) A. N. S 2350, n° 3 ; S 1421, n° 23. Douët d'Arcq, n°ˢ 3258 et 3259.

(778) Mathon, *Le droit de gîte du Roi à Beauvais,* ap. Mémoires de la Société Académique de l'Oise, VI, p. 658.

(779) B. N. Mss. lat. 5481, fol. 109, 111 et 112.

(780) A. N. K 190, fol. 99.

(781) *Cartul. de St Père,* p. 154.

pour que mémoire en fût faite chaque année, et que leurs âmes participassent à
l'absolution que l'abbé donnait dans le cours de l'office. La renonciation de Gasce
à ces droits se fit, en public, par la rupture d'une baguette et il promit de se
montrer toujours à l'avenir le plus fidèle ami des moines. On trouve dans cet
acte la souscription de ses deux fils, *Amauri I*, l'aîné et *Gasce III* (782). Il occupa
la haute charge de connétable de France dans les dernières années du règne de
Philippe Ier, alors que le prince Louis, dont il avait été le compagnon (*Cartulaire*
nº XLIV), était devenu le véritable chef de l'Etat (783).

Amauri I, fils aîné de Gasce II, étant mort prématurément (784), *Gasce III*
recueillit l'héritage paternel. Il fit bâtir dans sa tour d'Orgeval une chapelle qui
fut consacrée par Geofroi II, évêque de Chartres ; Pierre, prieur de St-Germain,
y célébra la première messe (785), à laquelle assistèrent Gasce III, sa femme et
ses fils.

Le domaine de Fresnes appartenait aussi à Gasce dès 1141, comme le prouve

(782) Voici le texte de cet acte : « Anno Incarnationis Dnice Mª Cⁿ Xª VII, concessit Vaszo de Pen-
seio ecclesie S. *Wandregesili de Fontanella* coustumam totam traversi quam, in portu qui *Maisons* vocatur, per
singulos annos de bacis Sti W. vel navibus per Sequanam in Franciam ascendentibus sive inde descendentibus
ab antecessoribus suis solitus erat habere. Donatio vero hujus concessionis, per partem virge surcise, facta est
apud *Penseium* per manum Walterii prioris et Ricardi monachorum S. W., vidente et concedente uxore sua
Sesselina. Idem vero monachi qui causabantur adversus Waszonem quod injustitiam eis fecerit, videlicet
quod eandem coustumam prius a socero suo Gaufredo concessam diu ci(s) dare distulerat, quantum in cis
esset promiserunt eum a tali commisso absolvere, et de reliquo tam eum quam uxorem suam et filios suos
tocius beneficii ecclesie participes per omnia facere. Insuper etiam, quando Waszo vel uxor ejus morerentur,
promiserunt se per eos qui tunc viverent trigenarium defunctorum pro eis facturos et in martirologio in
quo fratrum defunctorum nomina scribuntur, eos ascripturos ; ut per singulos annos anniversaria die, nomina
eorum rememorentur et anime eorum absolventur. Ipse vero pro tanto beneficio non solum supradictam elemosinam se dedisse asseruit, sed et in omnibus causis et negociis ecclesie nostre, ubicunque pertingere
poterit, se sicuti fratrem et amicum fidelissimum affuturum promisit.

Ut autem concessio hujus donationis a successoribus Waszonis firma in evum permaneat, ipse Waszo
primus signum confirmationis sue imposuit, deinde Sanscelina uxor ejus ; deinde Amalricus filius ejus primogenitus.

† Sign. Waszonis. †
   S. Sansceline. †
   S. Almarrici. †
   S. Waszonis filii. † (*)

(783) « S. Gascionis de Pissiaco constabularii nostri » (1106 ; Coll. Baluze. XLV, 97). — « S. Waszonis de Pissiaco constabularii » (1107 ; Coll. Moreau, XLII, 240).

(784) Orderic Vital, éd. Le Prévost, II, 465.

(785) Le prieur Pierre est cité dans un acte de 1127 ; il était remplacé avant 1131. (J. Depoin, *Le Prieuré
de St-Germain-en-Laie*, p. 18).

(*) Arch. de la Seine-Inf. Cart. de St-Wandrille, fol. cccxxx). — On observera comment, dans cet acte
le nom de la femme de Gasce II s'altère en deux formes graphiques distinctes et simultanées. Dans la souscription c'est *Sanscelina* (féminin de *Sanszo* ou *Sanson*, qui est lui-même une transformation apocuristique de
Sanswalon, devenu en Picardie *Sagalon*) ; — et dans le texte, c'est *Sesselina*. Sous cette forme adoucie, ce prénom féminin est devenu plus tard *Sessilia* et a été orthographé *Cæcilia* par un rattachement aux traditions religieuses, analogue a celui imposé au prénom masculin correspondant. Ces dérivations ont été fort nombreuses ;
elles feront, dans l'*Histoire des familles palatines*, que nous préparons, le sujet d'un chapitre de l'Introduction
consacré à la *Genèse des prénoms et leurs métamorphoses*.

un mandement de Galeran II de Meulan au sujet du tonlieu établi sur la Seine, en faveur du prieuré de St-Nicaise (786).

En 1147, Gasce III ayant été remplacé par son fils *Gasce IV*, Louis-le-Jeune confirmait, à St-Germain-en-Laie, la renonciation par ce dernier, *Mabile* sa femme et leurs enfants aux droits de péage sur la nef ou le bac de Saint-Wandrille (787).

Les enfants de Gasce IV furent au nombre d'au moins quatre. Vers 1160, *Gasce V* confirme une donation de Guillaume Rochart au prieuré de Conflans Ste-Honorine avec ses frères *Amauri II* et *Hervé* (788). Amauri, Hervé et *Geofroi de Poissy*, frères, sont témoins d'un acte de Gautier Buffé daté de l'Isle Adam vers la même époque (789).

Gasce V nous est connu par des actes nombreux ; nous en citerons quelques-uns. En 1168, Louis VII permet à Gérard Chotard de prendre, à titre de droit héréditaire, dans la forêt de St-Germain-en-Laie, tous les résidus des branchages que les deux ânes de Gasce de Poissy ne pourraient pas emporter (790).

En 1174, Louis VII accorde divers privilèges aux habitants des Alluets, d'accord avec Gasce, qui tenait du roi la moitié de cette terre et la garde de la forteresse ; moyennant ces privilèges les habitants paieront au roi et au châtelain le double des rentes qu'ils versaient auparavant, mais ils auront le droit d'usage dans la forêt de Crême (791).

Levrier a eu l'idée originale de rechercher la trace de cette *forêt de Crême* dans le *bois de Beurrières*, entre Poissy et les *Alluets-le-Roi* (qui prirent ce surnom lorsque la propriété en fut passée tout entière à la Couronne).

A la garde des Alluets, Gasce V joignait celle plus importante du château de Mantes. Là, comme son père à Maisons, il se trouve en face de privilèges et d'exemptions qu'il cherche à réduire dans l'intérêt du fisc. Fontenelle faillit être victime de ce zèle. Heureusement l'abbé Anfroi sut déployer une grande activité (792) : il provoqua une enquête où l'on appela les prud'hommes et les anciens

(786) « Nullus preterea liber erit a thelonei solutione preter istos quos inferius subscribendos curavi : omnes videlicet infra *castrum Mellenti* et *Mellentum villam*, et villani de *Tessencort* usu cotidiano commorantes, aut famulus alicujus militis in *castro Mellenti* residentis custodiens aliquam domum domini sui extra *Mellentum* positam et vivens de pane domini sui, si tamen ipsa domus est de feodo Mellenti ; famulus etiam GAZONIS DE PIXIACO custodiens domum ipsius de *Fresnes* ».

(787) « LUDOVICUS D. g. Francorum rex et dux Aquitanorum. Fidelis noster GASZO DE PISCIACO filius GASZONIS, una cum assensu filiorum suorum et uxoris sue MABILIE, in manu nostra concessit,... monachis Bti W. consuetudinem illam quam, ex successione genitoris, itidem optinebat in baco sive in navi eorum... anno Incarnationis Dni M. C. XLVII, regni nostri XI ». (Gr. Cart. de St-Wandrille, fol. cccvI).

(788) Arch. de Seine-et-Oise. Fonds de Conflans-Ste-Honorine.

(789) *Histoire de Méry-sur-Oise*, par le comte E. de Ségur-Lamoignon et J. Depoin. Pièce justif. n° II. Un *Geofroi de Poissy* était trésorier de l'église de Meaux en 1204. (B. N. Mss. lat. 9977, fol. 16).

(790) A. N. K 191, n° 21. Fonds de St-Louis de Poissy.

(791) Lévrier, XIII, preuve 379. — Luchaire, *Actes de Louis VII*, n° 662.

(792) Cet abbé, élu en 1167, mourut le 27 avril 1188 (*Gallia chr.*, XI, 180).

de la ville, les prévôts royaux et les serviteurs de la couronne ; enfin, un rendez-vous fut pris à Pontoise entre l'abbé et le châtelain. En présence du roi Louis et de ses barons, et de leur assentiment, Gasce V renonça à ses revendications, échangea avec l'abbé le baiser de paix ; lui, sa femme Jacqueline et ses fils, confirmèrent en même temps l'exemption du travers de Maisons concédée au monastère par Gasce II (793).

Cet acte n'est point daté, mais le Cartulaire de Jumièges contient une confirmation de libéralités analogues faites à cette abbaye par *Gasce* et *Jacqueline* : elle est datée de 1182 à Paris, en présence du jeune roi Philippe-Auguste et du grand sénéchal Thibaut (794).

Jacqueline était fille d'un chevalier nommé Guillaume (795), très probablement le vicomte *Guillaume II*, car elle eut en dot une portion des revenus du péage de Mantes, et cette alliance dut valoir à son mari la capitainerie de cette ville. Gasce V et Jacqueline, du consentement de leurs trois enfants, *Gasce VI, Robert II* et *Pétronille*, exemptèrent l'abbaye du Bec de tous les droits de péage leur revenant (796).

(793) Noverint universi p. p. et f. quod ego GUASZO DE PUISIACO et abbas *S. Wandregisili* diu calumpniam habuimus et controversiam de transversu et consuetudine navium et baccorum Sti Guand[regisili] apud *Medantem*. Et quia nulli fidelium veritati resistere convenit, fideles homines et antiquiores de *Medante*, prepositos et famulos Dni Regis consului, et rei veritatem diligenter inquisivi. Quorum veredica voce et testimonio cognovi me de navibus et baccis Sti Gu. consuetudinem injuste exigere. Cognita igitur veritate, ego et abbas Sti Gu. ANFREDUS *Pontesie* convenimus, ibique in presentia Dni Regis LUDOVICI et baronum ejus, consuetudinem quam violenter exstorseram dereliqui et in manu abbatis, vidente et annuente Rege et baronibus suis, quietam in perpetuum assignavi.

Sopita igitur contentione, et nobis in osculo pacis ad invicem confederatis, donationem quam predecessores mei fecerant, scilicet liberum transitum navium vel baccorum Sti Gu. apud portum qui dicitur *Maisons*, ego pro Dei amore et mea, et uxoris mee JACHELINE et filiorum meorum, prosperitate et salute, concessi et sigilli mei munimine confirmavi, ita quod ulla deinceps consuetado vel exactio in eundo vel redeundo ab eis requeratur, sed libere et quiete apud *Maisons* et apud *Medantem*, quantum ad me pertinet, ascendent et descendent (Cartul. de St-Wandrille, fol. cccvi).

(794) Noverint universi quod ego GAZO DE PEISSI et JAKELINA uxor mea... concessimus monachis Gemmeticensibus libertatem quam hactenus apud *Meduntam* habuerunt quod pro navibus vel baccis vinum suum vel quelibet alia ad usagium ipsorum, ubicumque morentur vel propriorum servientium pertinentia portantibus, ...ab omni consuetudine... liberi sunt et immunes. Concessimus etiam eis ut LX^ta arpenta et unum de nemore RAINSENDIS DE MALDESTOR ...exstirpent et colant...

Actum publice *Parisius* in presentia illustrissimi Regis Francorum PHILIPPI et comitis THEOBALDI Francie senescalli; testibus GUIDONE DE CHEVREUSIA, GAUFRIDO DE CHANEVERIIS, GIRALDO MUSTEL, PETRO DE ISSI. Anno Incarnati Verbi Mª Cº LXXXº IIº.

(Grand Cartulaire de Jumièges, charte 71).

En voyant figurer dans l'entourage de Gasce V un *Geofroi de Chennevières*, on se rappellera que, dès la fin du XIᵉ siecle, *Philippe* et *Pierre de Chennevières* apparaissent comme vassaux de *Geofroi III de Poissy*, seigneur de Davron (p. 426 *suprà*).

(795) Cité en 1180 (Depoin, *Le Prieuré de St Germain-en-Laie*, p. 25).

(796) « ...Voluntate JACHELINÆ uxoris meæ *ad cujus patrimonium hoc pertinebat*, et filiorum meorum WASCHONIS et ROBERTI et filiæ PETRONILLÆ » (Du Moustier, *Neustria pia*, p. 491. — Levrier, t. XIV, preuve 603).

Pétronille épousa plus tard Hugues III de Chaumont (p. 355 et 357 *suprà*). Mais Gasce V eut encore plusieurs autres fils. En 1184, au moment de partir en Palestine (*tempore peregrinationis suæ in Jerusalem*), il donnait aux moines du Val le libre transit du pont de Maisons, du consentement de ses fils *Gasce VI, Gautier, Robert II, Amauri III* (797). Nous allons rencontrer tout à l'heure un cinquième fils, *Gervais*, puis un sixième, *Guillaume*.

La sollicitude de Gasce V, à la veille de son départ pour la croisade, s'arrêta par une prédilection naturelle, sur une abbaye dont il se déclare solennellement le fondateur. Il établit en effet un couvent de Prémontrés au lieu dit d'abord Haubertcort et devenu déjà *Haulbecourt*, où existait une simple chapelle que, sur ses instances, les moines de Coulombs cédèrent en 1184 à ceux de Marcheroux (Cartul. n° CCI). Sans doute par allusion à la robe blanche des chanoines, Gasce voulut appeler ce monastère *Alborumcuria*; il ne se doutait guère que la tradition des siècles, par un nouveau jeu de mots, en ferait *Abbécourt* (798).

Il lui constitua une dotation, non seulement en fonds de terre, mais en rentes sur les cens de Fresnes, et y ajouta même « VI sextaria salis in villa mea que *Mansiones* dicitur. Hanc piam largitionem — ajoute-t-il — concesserunt filii mei GASCO, ROBERTUS, ALMARICUS, GALTERUS, GERVASIUS » (799).

S'il donna suite à ses projets, son pèlerinage fut court, car, en 1186, nous le voyons chargé d'une négociation délicate par Philippe Auguste, qui l'envoie, avec Gérard de Fournival (*duos milites a latere suo mediæ manus*), escorter les messagers du roi d'Angleterre à leur retour en Normandie, où on leur fit un fort bel accueil. Leur mission consistait à obtenir la neutralité des Normands dans la querelle des comtes de Poitiers et de Saint-Gilles (800).

Philippe Auguste, l'année suivante, confirma l'accord conclu entre les armateurs de la Seine ou *marchands de l'eau* et Gasce de Poissy touchant le passage des marchandises à Maisons (801).

Gasce V mourut le 14 août 1189. Le nécrologe de Marcheroux, — abbaye à laquelle il avait fait appel pour sa fondation d'Abbecourt — le qualifie, par une exagération pompeuse, « noble et puissant seigneur, naguère *comte de Mantes et de Meulan* » (802).

Dès 1190, Gasce VI, Robert, Amauri et Gautier de Poissy, frères, accor-

(797) B. N. Mss. lat. 5462, fol. 234. — A. N. LL 1541, fol. 40.

(798) Levrier, t. XIV, preuve 624.

(799) *Gallia christiana*. VIII, Preuves, col. 343.

(800) *Histor. de France*, XVII, 628 (Ex Radulpho de Diceto).

(801) A Paris, entre le 29 mars et le 31 octobre 1187. — Delisle, *Cat. des actes de Ph. Auguste*, n° 192. — Félibien, *Hist. de la ville de Paris*. I, XCVI. — Ordonnances, XII, 287).

(802) Die XIV Augusti, commemoratio nobilis ac potentis domini, domini GUASCIONIS DE PISCIACO, dudum comitis de *Meduuta* et de *Meulento*, fundatoris abbatie, filie nostre, *Albecurie* (D. Estiennot, ms. l. 12741, fol. 397).

dèrent le libre passage de Maisons à l'abbaye de Bon-Port et à celle des Vaux-de-Cernay (803).

Robert II de Poissy eut en partage la terre de Fresnes, dont il augmenta les cultures; pour fonder l'anniversaire de ses parents et de son frère aîné Gasce VI, il donna la dime des novales (terres récemment défrichées) à St-Nicaise de Meulan, en 1193 (804).

L'intervention de Robert auprès du comte Jehan de Beaumont en 1212, est signalée par Douët d'Arcq (805).

Son intrépidité, durant la campagne des Flandres, au printemps de 1213, lui valut les éloges de Guillaume le Breton. Philippe Auguste, assiégeant Gand, fut informé tout d'un coup que le comte de Salisbury et le comte de Boulogne avaient battu et dispersé sa flotte devant Dam (l'ancien port de Bruges) et menaçaient la ville que défendait valeureusement, seul avec une poignée d'hommes, Robert de Poissy. L'armée royale leva aussitôt le siège pour se replier sur le port (806).

La femme de Robert, *Pétronille*, qu'il avait épousée dès 1193, était encore sa compagne en 1233, comme le montre un titre de St-Nicaise, où le sceau de ce chevalier porte les armes suivantes : *De... à trois merlettes de... au lambel à trois pendants de...* (807).

Dom Estiennot nous a conservé (808) le résumé d'une « Enqueste de la valeur des fiés de Poissy » faite l'an 1217 :

Robert de Poissy	II^{m} lb.
Simon de Poissy	VIII^{n} lb.
Amaury de Poissy	III^{c} lb.
Geoffroy de Poissy	c lb.
Hugues de Poissy	LX lb.

(803) Andrieux, *Cartul. de Bon-Port*, p. 5. — Merlet et Moutié, *Cartul. des Vaux de Cernay*, t. I, p. 103. — Robert ajouta la même faveur pour les moines des Vaux à Mantes : « eamdem libertatem in transitu *Medunlæ* ad se pertinente, et per totam terram suam, misericorditer contulit ».

(804) Ego ROBERTUS DE PISSIACO filius GACHONIS DE P. decimas novalium et arpentum terre ad construendam in ipsis novalibus granchiam, in dominio meo et feodo meo de *Fraxinis* contentarum, assensu AMALRICI et GALTERII et aliorum fratrum meorum donavi... pro anniversario G. patris mei et JACHELINE matris mee, et fratris mei G. Testes : GACHO DE TOROTA, ROBERTUS SINE CENSU, ROBERTUS DE FRAXINIS et GUILLERMUS frater ejus, ALANUS presbiter de *Fraxinis*, GARNERIUS presbiter de *Morauviler*, capellanus episcopi *Carnoti*. Actum est anno 1193 (D. Cotron, *Chron. de St-Nicaise*, p. 53. — Levrier, XIV, pr. 659).

(805) *Recherches historiques sur les comtes de Beaumont-sur-Oise*, p. 75.

(806) Solus cum paucis ROBERTUS PISSIANITES sustinet incursus et villæ claustra tuetur (Philippid. IX, 464, ap. *Histor. de France*, XVII, 236).

(807) D. Estiennot, ms. l. 12741, fol. 397.

(808) Ex mss. cod. Cameræ Compotor. XIª arm., p. 41 (Ms. l. 12741, fol. 397).

VIII

Sur la Maison de CONFLANS

La terre de Conflans-Ste-Honorine appartenait autrefois à l'église de Paris. Elle en fut démembrée sous l'un des premiers Capétiens, au profit d'une famille de fidèles qui portaient le prénom d'Ives et paraissent se rattacher aux châtelains de Creil et de Ham. Un de ces Ives reçut la terre de Cauvigny, en précaire de l'abbaye d'Homblières, pour lui, sa femme *Geila*, qualifiée *venerabilis*, et leur fils Ives. Le duc Hugues approuva cette cession d'usufruit à Senlis en 981 (809).

Le premier comte de Beaumont-sur-Oise, *Ives I* dont on cite le nom en 1028, était probablement assez vieux, puisque dès 1039 il avait fait le partage de ses biens, associé son fils aîné au comté et attribué le château de Conflans-Ste-Honorine à un cadet, *Ives*, clerc et chanoine, qui devait plus tard quitter l'aumusse pour le harnais, et succéder comme comte de Beaumont à son frère Geofroi. La charte qui constate cet apanagement a échappé à Douët d'Arcq, et son importance considérable pour l'histoire des comtes de Beaumont nous engage à la reproduire en entier.

Omnium rectarum convenientiarum causas firmari decet a rectis aliqua retentionis ac memorie nota. Unde ergo comes Ivo cum filio meo simili nomine vocitato, scilicet clerico et canonico, cui jure hereditario post decessus mei cursum, castrum *Confluentie* tribuendo concedo, cum mea propria conjuge EMMA et ceteris omnibus meis liberis, Deo omnipotenti et Sto Petro apostolorum principi, necnon Sto Wandrigisilo abbati, ad usus fratrum Deo in Fontanelle monasterio servientium, teloneum navium ascendentium et descendentium per transitum videlicet ejusdem supradicti castri, cujusque mercis vehentium, donamus et concedimus et perpetualiter annuimus, pro salute anime mee et animarum scilicet genitorum meorum et supradictorum heredum meorum.

(809) Arch. de l'Aisne, H 588, éd. par Lot, *les Derniers Carolingiens*. De Geila le P. Anselme fait, à tort, la femme d'Ives I, comte de Beaumont ; il la dit sœur de *Milon de Chevreuse*, qui serait alors un ancêtre du seigneur homonyme considéré comme le premier Milon.

Les prénoms alternatifs des châtelains de Ham sont *Ives* et *Eudes*.

Acta est hec largitio regnante HENRICO rege anno nono regni, anno ab Incarnatione Dni Mᵒ
XXXᵒ IX, indictione VIIᵃ, epacta VIIIᵃ, concurrentibus VI et bissexto subsequente (*), tunc temporis regente supradictum monasterium abbate dicto nomine GRADULFO.

Et ut hec largitio firma permaneat, istos testes assertores ejus esse subscribendo novimus,
quorum nomina sunt.

Ego IVO nutu Dei comes, scilicet hujus largitionis assertor, manu et ore confirmando
tandem subscribo.

Ego IVO clericus voluntarie annuo et subscribo.

Ego comes GOFFRIDUS qui hanc conventioni interfui, libenter annuo et subscribo.

Ego ALBERICUS interfui et subscribo.

S. GELDUINI vice comitis. S. Odonis filii Goefridi. S. Haymonis. S. Drogonis. S. Gundra-
gesili. S. Ivonis. S. Herberti. S. Adonis. S. Albrici Karoli.

S. WALTERII DE MANSIONIBUS (810). S. item WALTERII.

S. BOSONIS DE ALPICO (811).

S. HUBOLDI prepositi.

S. ODONIS filii supradicti comitis.

S. GOSBERTI fratris ejusdem Odonis.

Quicumque huic carte assertores fuerint, habeant partem in orationibus supradictorum monachorum et in regno Christi et Dei. Qui autem ei contradixerint, deleantur de libro viventium et
cum justis non scribantur, sed pereant cum his qui dixerunt Domino Deo : « Recede a nobis ».

Les données de cette charte ne sont pas contestables. Trois des fils d'Ives,
ainsi que leur mère Emma, sont cités dans une pièce, également inédite, du cartulaire de Jumièges, qui a trait à une concession de péage, cette fois à Beaumont-
sur-Oise (812).

En 1082, Ives II, devenu comte de Beaumont, donna l'église de Ste-Honorine
avec celle de St-Pierre de Pontoise à l'abbaye du Bec.

Ces détails expliquent comment la famille des châtelains de Conflans se
rencontre, dès le début, dans le même milieu que les comtes de Beaumont.
Eudes I peut être regardé comme la tige de ces châtelains. Il figure dans notre

(810) *Gautier I* et son fils *Gautier II* ont occupé le château de Maisons-sur-Seine avant Geofroi I de
Poissy, sans doute leur héritier par alliance.

(811) Le Pecq, c. Saint-Germain, a. Versailles.

(812) Le nom de la comtesse Emma figure dans le nécrologe du prieuré de St-Léonor de Beaumont-sur-
Oise. Mais Douët d'Arcq, induit en erreur par le P. Anselme, n'a pu songer à attribuer Emma pour femme à
Ives Iᵉʳ et s'est égaré dans d'autres suppositions erronées. (Cf. *supra*, p. 304 et note 292).

(*) De ces diverses mentions, l'épacte seule est inexacte, le concurrent de 1038 est VI, de 1039 VII, et
1040 est bissextile. La charte est postérieure au 20 juillet 1039 où commence la 9ᵉ année de Henri Iᵉʳ (Gr.
Cart. de St-Wandrille, fol. ccc xxx).

cartulaire (nº LXXIV) comme témoin d'une cession par Dreux de Guiry (ou de Pouilly) de ses droits sur l'église et la dîme de Moulincourt, près Neuilly-en-Thelle, au comté de Beaumont. *Eudes* et son fils *Dreux*, comme suzerains, confirmèrent ce don, qui paraît avoir été fait, non pas au monastère (car il n'est point parlé des moines dans cette notice) mais à la petite église de St-Martin, qui fut donnée plus tard à Saint-Gautier.

Dreux I, fils d'Eudes, confirma le don de son père en présence de Raoul Deliés et de *Milon de Conflans*, probablement aussi fils d'Eudes (813). *Dreux* est cité dès 1055 comme vassal de Gautier III de Vexin. Il s'intitule en 1060 « Droco DE CUFLANTI castro intra *Sequanam* fluvium sito », dans une charte où il donne au prieuré de Liancourt fondé par Gautier III, sept hôtes à Loconville (814).

Girard I, fils de Dreux I, restitua le 15 octobre 1098 aux moines de St-Père un cheval qu'il avait exigé d'eux en échange des droits vexatoires établis par lui sur leur église de Liancourt (815).

La donation d'Huboud de Juziers, dont il est difficile de préciser la date (nº XLVII) fut confirmée par *Milon de Conflans*, sa femme et son fils *Eudes II*. Il semble que *Jehan de Magny* qui contesta plus tard les droits des religieux, ait été le gendre de Milon.

Dreux I est indiqué comme père de *Thibaut* (nº LXXV). Thibaut mari d'*Aélis*, en eut cinq enfants : *Aubri, Etienne, Ade, Richilde* et *Mabile*.

Un fragment du cartulaire de Conflans (malheureusement presque entièrement détruit), qui a été déposé aux archives de Seine-et-Oise, nomme les trois frères *Thibaut, Réri* et *Aubri* comme témoins de donations faites à l'église de Conflans-Ste-Honorine sous Guillaume I, évêque de Paris (1095-1102).

Dans le même acte figure *Ives I de Conflans* (peut-être leur frère aîné) et ses deux fils *Dreux II* et *Gautier*. Ces derniers sont connus par la notice de notre cartulaire rappelant les obsèques de Hugues II de Gisors, auxquelles ils assistèrent vers 1148 (nº CIII).

Comme Ives possédait des terres à Goussainville en 1125 (816), je ne serais pas éloigné de voir dans *Réri*, frère de Thibaut de Conflans, son contemporain, le *Réri I* de Goussainville, ancêtre de cette famille.

Ives est plusieurs fois cité dans notre cartulaire (nºˢ VIII, XXI, XL) de 1100 à 1120 ; il était un des chevaliers de Gautier Tirel en 1118 (817).

(813) Dom Estiennot a attribué cette notice au gouvernement abbatial de Thibaut I (1099-1124). Mais rien n'indique un rattachement à cet abbé ; il n'est plus même question de l'abbaye. Dreux de Pouilly vivait dans les premiers temps de saint Gautier, alors que le monastère portait encore le seul vocable de St-Germain (*Cartul.* nº VIII).

(814) Guérard, *Cartul. de St-Père*, p. 201. Dreux de Conflans souscrivit dès 1053 à une charte du chevalier Gasce.

(815) Guérard, *ib.* p. 511.

(816) Lebeuf, *Histoire du Diocèse de Paris*, édition Bournon, II, 90.

(817) Arch. de l'Oise, H 472.

Ayant épousé *Marguerite* (nº LXXV), il en eut, outre Dreux II et Gautier, *Raoul I*, qui assista avec lui, entre 1124 et 1135, au convoi de Gautier Tirel le Jeune (nº LXXXV).

Dreux II est mentionné dans une charte passée sous Guillaume I, abbé de St-Martin (nº CIII) avec son frère Gautier. Ce dernier, un des chevaliers de Hugues Tirel I, fut présent à la cession que celui-ci fit de sa terre de Bouffémont en 1137 (818).

Eudes III de Conflans et *Odeline*, sa femme, sont témoins en 1175, du testament d'Isabelle de Chaumont (545).

Un Dreux de Conflans, qu'il faut sans doute appeler *Dreux III*, fut père de *Raoul II* qui lui avait succédé dès 1191. A cette date, Roger, prieur de Conflans, certifie que Raoul a donné aux moines de Bon-Port « quietanciam gubernaculi navis ejusdem abbatie, quociens transitum fecerit per Conflencium » (819).

En 1210 *Raoul II*, du consentement de *Mabile* sa femme et de *Raoul III*, son fils aîné, donna au Val-Notre-Dame, pour le salut de l'âme de Bouchard V de Montmorency, de celle de sa femme et de la sienne propre, un muid de vin de sa métairie de Neuville, et deux deniers de cens que son père *Dreux* recevait des moines « pro gubernaculo aquæ » (820).

Raoul II est nommé avec *Ives II*, son frère, dans des pièces de 1197 et de 1202 (821). Tous deux étaient chevaliers. Un titre de 1207 leur donne deux autres frères, *Eudes IV* et le moine *Simon* (822). Raoul II était mort en 1217 ; Mabile, sa veuve, est citée avec tous ses enfants, *Raoul III, Guillaume, Hugues, Girard II, Dreux IV* et avec son gendre *Barthélemi* dans une pièce du Cartulaire de l'Hôtel Dieu de Pontoise, à cette date. *Guillaume*, le second fils de Raoul I, était chevalier en avril 1226. Il vendit son pré de Jouy à Nicolas, abbé de St-Martin (823).

(818) LL 1551, fol. 108.

(819) Andrieux, *Cartul. de Bon-Port*, p. 11.

(820) B. N. Mss. lat. 5462, fol. 260 et suiv.

La terre de Neuville était partagée entre les Conflans et les Deliés : on retrouve dans les deux familles les prénoms des comtes d'Amiens et de Pontoise : *Dreux, Gautier, Raoul*.

(821) Arch. de l'Hôtel-Dieu de Pontoise, B 45. — A. N. LL 1170, fol. 2t.

(822) Ego RADULFUS DE CONFLENS miles, pro salute anime mee et MABILIE uxoris mee et antecessorum meorum, religiosis *Ursicampi* concessi ut de rebus propriis et usui suo necessariis quas per *Confluentium*, i. *Conflens*, transferrent, ab omni exactione wicuagii sui cujuslibet consuetudinis liberi sint. Concesserunt RADULFUS primogenitus filius meus, et fratres mei, SYMON monachus, YVO et ODO. Testes : ODO DE BELLOMONTE et Odo de Pissiaco (Ms. l. 5473, fol. 273).

(823) Anno 1226, mense aprili, emit NICOLAUS abbas a WILLELMO filio RADULPHI DE CONFLENZ militis aliquod pratum, situm inter *Ham* et *Joy* super ripam *Ysaræ*, summa triginta solidorum parisiensium.

Hoc anno idem abbas emit a WILLELMO TRENCHEBISE quatuor arpennos terræ quæ sita sunt apud *Mongeroul*, summâ sexdecim lib. par.

Pratum autem quod WILLELMUS DE CONFLENZ et quatuor arpennos terræ quos WILLELMUS TRENCHEBISE abbati NICOLAO vendidere, de monasterio ad censum tenebant, ideoque et hi cessisse magis quam vendidisse, et abbas redemisse potius quàm emisse dicendi sunt.

(Analyse. D. Estiennot, lib. I, cap. xx).

Il n'est pas impossible que l'attribution à un écart de Cergy du nom de *Ham* soit une translation onomastique.

En 1228 *Raoul III de Conflans*, chevalier, Guillaume, chevalier, Hugues, Girard et Dreux, ses frères, amortissent à l'abbaye du Val tout ce qu'elle avait acquis dans leur fief de Goussainville. *Agnès*, femme de Raoul, céda également ses droits, après que son mari eut fait le remploi de sa dot et y eut affecté un cens à Villiers-Adam : « in assignamentum dotis sue, censum quem habebat apud *Villare Ade* ». Jehan, prieur de Conflans, constate l'adhésion des enfants de Raoul et d'Agnès : *Eudes V*, l'aîné, *Dreux V, Jehan, David, Marie, Jehanne, Agnès* (824).

Eudes V était marié à *Eve* dès juillet 1223 : tous deux approuvèrent le don de deux sous de rente au Val dans un fief d'Anseau de l'Isle, par Raoul et Agnès (825).

La seigneurie de Conflans Sainte Honorine passa, vers la seconde moitié du XIIIᵉ siècle, dans une branche de la maison de Montmorency, issue d'*Erard*, fils cadet de Mathieu III.

Il existait à Pontoise, à la même époque, une famille *de Conflans* issue très probablement de cadets de celle dont nous venons de parler. Le Cartulaire de Maubuisson (titre XIII), mentionne une donation faite en janvier 1258, à ce monastère, de biens en divers lieux, par *Mahaut*, fille de *Pierre*, dit *de Conflans*, du consentement de son frère *Jehan*, bourgeois de Pontoise et de leur mère, *Agnès de Quitry*.

(824) Mss. lat. 5462, fol. 145 et suiv.
(825) Ibid. fol. 370 et suiv.

IX

Sur la Maison de BOURY

Il faut bien se garder de confondre les châtelains de Boury (*Borris, Borriz*) avec les seigneurs de Bury en Beauvaisis, qui se rencontrent souvent sur des terrains communs, à Gerberoy par exemple.

L'origine des châtelains de Boury remonte à *Gaubert I*, qui fut un chevalier batailleur et mourut excommunié par l'archevêque de Rouen, pour s'être emparé des terres de Gisors dépendant de la cathédrale.

Orderic Vital nous montre deux de ses fils, *Gaubert II* et *Richard* (826), dirigeant la résistance de la noblesse vexinoise contre les Normands en 1097 (532) avec Osmond de Chaumont, aux côtés duquel en 1098, on retrouve Gaubert II avec un autre de ses frères, Raoul I et leur neveu Roger (511).

Raoul I de Boury, fils de Gaubert I, se rendit, le jour de la Pentecôte de l'an 1105, dans la cathédrale de Rouen, et, pendant la grand'messe, en présence de l'archevêque, de tout le clergé et d'un nombreux concours de peuple, déposa sur l'autel un couteau symbolisant la restitution à l'Eglise des terres de Gisors dont son père et lui s'étaient emparés. L'archevêque releva l'âme de Gaubert de l'excommunication encourue. Puis la cérémonie se renouvela à Vesly, quelque temps après; la mère de Raoul était présente, ainsi que ses frères *Gaubert II, Eustache* et *Aubri,* et *Enguerran de Chars,* neveu de Raoul (827).

Louis VI, après la prise des Andelys en 1119, en confia la garde à quatre chevaliers : Gaubert II de Boury, Baudri de Bray, Enguerran de Trie et Geofroi de Serans. A cette époque, comme plus tard en 1167, les Anglais brûlèrent et ravagèrent Boury comme les localités voisines (828).

---

(826) *Richard de Boury*, entre 1071 et 1079, fut témoin de la cession de l'église d'Anet à Saint-Martin des Champs par le chevalier Foulques (Ms. l. 10977, fol. 27).

(827) « Ubi tunc interfuerunt, hanc redditionem concedentes, ex parte RADULFI : mater ejus et fratres ejus, videlicet WALBERTUS, EUSTACHIUS et ALBERICUS, INGELRANNUS nepos ejus, filius WILLELMI DE CARZ ». (Orig. Arch. de l'Eure. Cité par Bonnejoy, *Chars*, p. 17. — Cf. Le Prévost, notes sur Orderic Vital, IV, 23).

(828) GRAVES, *Annuaire de l'Oise*, 1827.

Eustache, fondateur du prieuré de Saint-Germain de Boury, était le seigneur de ce château.

L'acte de fondation, daté de 1104 (*Cartul.* nᵒ XLVI) mentionne le consentement d'*Ermentrude*, femme d'Eustache, de *Raoul* son fils aîné ; Eustache y parle de *ses fils* et de *ses filles*. Parmi les témoins il cite *Guillaume de Chars*, mari de sa sœur, et *Guillaume* leur fils. Eustache se procura ensuite l'adhésion de son frère Gaubert II.

Dom Caffiaux assure qu'Eustache, en 1104, portait comme armes « une fasce centrée accompagnée de six merlettes ». Ces armes étaient tout au moins celles de son petit-fils Jehan I.

Outre son fils aîné Raoul II, Eustache eut encore *Richard II*, nommé dans une charte de Guillaume de Boury son neveu.

Raoul de Boury n'eut que deux enfants, *Guillaume* et *Ade* (829).

Guillaume I succéda à Raoul son père. Il partit pour la Croisade sur la fin du xiiᵉ siècle, probablement en 1190.

Euphémie, veuve de Raoul, se remaria à *Geofroi de Gamaches*. Elle en eut six fils et quatre filles : *Mathieu I*, déjà marié à *Havis* en 1190 ; *Guillaume*, *Richard*, *Henri* (chanoine de Bayeux en 1236), *Robert*, *Gilles* (chevalier en 1236), *Béatrice*, *Alice*, *Mabile* et *Emeline*. Euphémie souscrivit à une charte de son fils Mathieu en 1190 (830).

Par cet acte, Mathieu de Gamaches donnait vingt acres de sa forêt de Sérifontaine au Val, du consentement de ses frères Guillaume de Boury, Pierre de Gamaches, Guillaume, Richard et Henri. Plus tard, Guillaume de Boury et Robert de Gamaches, avec leurs frères Henri et Gilles, donnèrent à Saint-Germer leur part de 29 acres restant du bois de Sérifontaine dont 20 acres avaient été données au Val « in procinctu itineris Jerusalem ».

Guillaume de Boury, comme Mathieu de Gamaches, avait pris la croix en 1189. Les archives du Val contiennent un acte qui le constate :

Ego WILLELMUS DE BORRIS, suscepte peregrinationis ad sepulcrum Domini iter inclusus, notum fieri volo quod cum ego copiam presentie venerabilis patris et domini mei G. *Rothomagencis* archiepiscopi, nimis remoti (831), habere non possem, et urgentibus me sociis meis, presente venerabili M. *Parisiensi* episcopo (832), ecclesie *Vallis Beate Marie* in perpetuam eleemosinam donavi omnia

---

(829) Devant Rotrou, évêque d'Evreux (1139-1164) *Guillaume de Besu*, ses fils Raoul et Hugues. Hugues fils de Payen et ses quatre filles Sebile, Marie, Eremburge et Mathilde donnent à cens au monastère du Val « terram *trium carrucarum* de territorio *de Curceles*, nemorosam et incultam, *id est centum et octoginta acras*, ut eam arabilem redderint et colerint, et pro unaquaque carruca singulis annis eis darent dimidium modium annone hiemalis. Laudavit RADULFUS DE BURRI de cujus feodo est terra illa, et dedit fidejussorem RADULFUM DE FLAVACOURT ; concesserunt filius et filia RADULFI, WILLELMUS et ADA, HELIAS filius DROGONIS DE HEREGNI. » (Mss. lat. 5462, fol. 82 et suiv.). Cette cession fut approuvée par Galon de Chaumont en 1160 (LL 1541, fol. 15).

(830) Mss. lat. 5462, *passim*.

(831) *Gautier le Magnifique*, archevêque de Rouen (1183-1208).

(832) *Maurice de Sully*, évêque de Paris (1160-1196).

aiseantia viarum et aquarum totius aire mee, et pasturas omnibus animalibus ejusdem ecclesie, tam in nemoribus quam in campis, preter *es talleiz*. Concessi etiam viam ad nemora de *Gerberoy*, etc... sorore mea ADA cum filio suo JOHANNE consentientibus. Testes THEOBALDUS DE SPINA, PETRUS DE LODEVILLA milites, WILLELMUS DE NAMTODORO, HUGO filius GIRARDI, PETRUS DE FAIEL, GALTERUS DE VARENNA, JOHANNES DE BORRIZ, ALEXANDER DE NEMORE WILLELMI. Actum in majore aula apud Sanctum Dionysium, crastino octabarum Pasche, anno Domini M° C° L° XXX° IX° (833).

Parmi les cautions de la paix conclue à Messine, en mars 1191, entre Philippe-Auguste et Richard Cœur de Lion, figurent, sous la garantie de tout leur fief, Guillaume de Boury, *ou son hoir,* et Jehan de Trie (834). Guillaume avait en effet institué pour héritier son neveu qu'il appelait, sur la fin de sa vie, à souscrire à ses actes (835).

C'était Jehan, issu du mariage d'*Ade*, sœur de Guillaume, avec le fils de Jehan de Mussegros, seigneur de Vaudencourt. Ce dernier eut, à la mort de Guillaume, la garde noble de son petit-fils. Il prend le titre de sire de Boury dans un acte d'arbitrage entre Amauri de Meulan et Jehanne de Rolleboise (836).

Toujours en qualité de seigneur de Boury, Jehan de Mussegros fit un accord avec les religieuses de Fontainéguérard au sujet de diverses dîmes, en l'an 1200. Jehan I de Boury, son unique héritier, confirma cet accord que Gautier le Magnifique, archevêque de Rouen, approuva en 1204 (837).

Le Registre des Fiefs sous Philippe-Auguste indique ceux que Jehan de Boury possédait à Courcelles et aux alentours :

Dominus JOHANNES DE BORRIACO tenet *Corceles* et *Borriacum* ultra aquam et *Belseregium* et quicquid GUILLELMUS TIOIS habet apud *Nuucuriam* in feodo et dominio, et apud *Villaceaux* et hoc

(833) Mss. lat. 5462, fol. 78 et suiv. La date complète est donnée dans D. Caffiaux, vol. 1209, p. 186.

(834) Agnoscant omnes t. f. q. p. quod WILLELMUS DE BORRIZ pro anima sua et parentum suorum, assensu avunculi sui RICARDI et sororis sue ADE et nepotis sui JOHANNIS, ecclesie Sti Petri de *Calvomonte* et monachis ibidem Deo servientibus, censum v solidorum *et demi*, quem habebat in predicto castello, perpetuo possidendum concessit. Nos vero consilio et prudentia capituli nostri et proborum virorum, LX solidos ex nostro ei donavimus. Actum publice apud *Calvomontem*, GAUFERIO fratre PETRI preposito, majore presidente ; RADULFO de *Aez* priore existente. Istis conventionibus interfuerunt ACO sacerdos, qui hanc cartam manu sua scripsit, THEOBALDUS DE CARZ, EUSTACHIUS DE HARDENCORT, PETRUS filius ERNEUDIS, cum filiis suis REINOUDO et GACONE ; Reinaudus teinctor, Willelmus frater ejus ; ODO DE BULLEIO, ROGERIUS comes, ROBERTUS nepos prefecti (A. N. SS 2037, n° 1).

(835) « GUILLELMUS DE BORRY vel heres ejus ; JOHANNES DE TERRIA vel heres ejus ». (*Histor. de France*, XVII, 336).

(836) Graves, *Annuaire de l'Oise*, 1827, donne à cet acte la date de 1180, qui est incomplète.

(837) Mémoire mss. de 1650. Arch. de l'Oise, Prieuré de Boury. Boury fut pris par le roi d'Angleterre en 1199. (Rog. de Hoveden, ap. *Histor. de France*, XVII, 590).

quod dna Maria de Maudestor tenet apud *Ybovillare*, et unam aream ad molendinum apud *Medentam*, unde debet exercitum et equitatum ad suum custum (838).

En 1223, Jehan de Borriz, pour le salut de l'âme de *Guillaume*, son oncle, et d'*Aélis, sa femme*, fonde à l'abbaye du Val, un autel qui sera desservi par deux prêtres, et donne pour le service divin deux muids de blé dans son moulin de Sérifontaine, du consentement d'Aélis et de leurs enfants *Jehan II, Guillaume II, Gui et Gautier* (839).

Gui, le troisième fils de *Jehan I*, mourut prématurément, comme le prouve la fondation suivante, datée de novembre 1235 :

Noverint u. p. et f. quod ego Johannes miles dnus Burrich, assensu et voluntate Aalis uxoris mee et Johannis militis primogeniti filii mei, Guillelmi et Galterii filiorum meorum, pro salute anime mee et ant. meor. et specialiter pro salute anime Guidonis filii mei defuncti, in puram eleem. dedi monachis in ecclesia *Bti Germani de Borris* Deo servientibus unum arpennum prati situm in pratis meis de *Borris*, quiete et pacifice in perp. possidendum. Preterea volo et concedo et confirmo eisd. monachis alium arpennum prati quem pren. Johannes filius meus dedit et concessit eisd. monachis in perpetuam eleemosinam pro salute anime Christiane uxoris sue. Preterea ego et Johannes filius meus concedimus, volumus et confirmamus quod prefati monachi, quicumque pro tempore in ecclesia de *Borri* fuerint, decimam omnium culturarum mearum de *Borri* percipiant, tempore messium, in campis, sicut hactenus percipere consueverunt. Et ne super premissis omnibus ab aliquibus heredum nostrorum in posterum eisd. monachis possit injuriam sive dampnum inferri, vel ex quacumque causa contentio suboriri, ego et seped. Johannes filius meus, intuitu charitatis et pro indempnitate eorum monachorum penitus conservanda, et ut hoc firmum et stabile in perpetuam perseveret, pres. scriptum sigillorum nostrorum munimine dignum duximus roborandum. Actum anno Domini M. CC. XXX. V°, mense novembri (840).

Les archives de St-Denis contiennent un intéressant acte de juillet 1237 par lequel Jehan de Boury le Vieux (*Senex*), son fils Jehan, Guillaume de Montchevreuil, Pierre d'Enencourt-le-Sec, Jehan de Jouy-sous-Thelle, Eustache et Guillaume de Fayel-Bocage, Jehan du Fay-les-Etangs, Jehan de Lihus, tous chevaliers,

(838) Mss. lat. 5462, fol. 64 et suiv. Le sceau relevé par D. Caffiaux porte « une fasce centrée en forme de croissant, de sable, accompagnée de six merlettes de même, sur champ d'argent, qui sont les armes de sa mère » (Vol. 1209, fol. 186).

En 1239, Guillaume II de Boury, du vivant de son père, portait les mêmes armes chargées d'un lambel de quatre pendants.

(839) *Mém. des Ant. de Normandie*, t. XV, p. 180.

(840) Ex authentica. D. Estiennot, l. III, xiv, 7, décrit ainsi les sceaux qui existaient de son temps et sont aujourd'hui perdus :

« S. IOHANNIS DE BOURI MILITIS. Porte *de... à un croissant de... au lambel de cinq pendants, trois canettes en chef et trois en pointe*, 2 et 1 (écu triangulaire). Aliud quoque Johannis alterius de Bourry sigillum sustinet cartha, supras° omnino simile, his exceptis : *Sans lambel, et trois merlettes en chef et trois en pointe contournées*. In circulo deest nomen militis ; legunturque hæc tantummodo : SIGILLUM JOHANNIS DE BORRIS ».

L'original existe aux Archives de Seine-et-Oise, fonds Saint-Martin, cart. 45.

et Jehan de Pommereux, écuyer, se portent fort envers le prieur de St-Pierre de Chaumont que lorsque l'héritier de Montchevreuil, quel qu'il soit, sera majeur, il ratifiera comme tiers seigneur du bois d'Estrées, entre Pommereux et Jaméricourt, la vente de ce bois faite aux moines par Jehan de Fayel (841).

Quelques mois plus tard, un nouveau malheur frappait le vieux châtelain : il perdait cette fois l'aîné de ses fils. Sa femme et lui, de l'aveu de leurs deux enfants survivants, donnèrent pour le salut de leurs âmes et de celle de Jehan leur fils, chevalier défunt, vingt arpents de bois, proche de celui des moines du Val, à Provervilliers (842).

Cette succession de deuils déterminèrent Jehan I, malgré son âge avancé, à s'enrôler dans la croisade de 1239.

Le chartrier du Val renferme un acte où il s'intitule *le Croisé* (*Crucesignatus*). Par une prévision touchante qui devait se réaliser, il disposa d'une notable partie de ses biens en faveur des églises, dans le cas où il ne reverrait pas sa patrie.

Il fit ces legs, du consentement de sa femme Aélis, de ses fils Guillaume, chevalier et Gautier, écuyer (843).

Jehan I ne revint pas, en effet, de son voyage. En 1242, son fils *Guillaume II*, en possession de la terre de Boury, — car Jehan II, son aîné, n'avait pas laissé d'enfants mâles de sa femme *Christiane*, — confirma les dons de ses ancêtres par une charte dont voici les parties essentielles :

Noverint u. p. et f. quod ego GUILLELMUS miles dnus BURRICII... concedo monachis in ecclesia *Beati Germani de Burricio* Deo servientibus unum arpentum prati situm in pratis meis de *Borriz*... quod bone memorie JOHANNES pater meus quondam dnus BURRICII dedit eis pro salute anime GUIDONIS fratris mei defuncti... et unum aliud arpentum prati quod JOHANNES frater meus primogenitus defunctus miles dedit eis pro salute anime CHRISTIANE uxoris sue. Ceterum concedo quod monachi... percipiant decimam et redecimam omnium culturarum mearum de *Borriz* tempore messium, in campis, sicut hactenus percipere consueverunt... et monachos ab omnibus corveis imperpetuum quitto et absolvo, ita siquidem quod nichil corveie ego de cetero vel heredes mei in posterum poterimus exigere a dictis monachis et domo sua. Dictus vero prior ad molendinum meum molet sine conditione primus post illum quem invenerit molentem. Salvo jure prepositi ejusdem ville quod tale est. Videlicet si prepositus miserit bladum suum in molendinum antequam dictus prior miserit bladum suum, prepositus primus molet. Si vero idem prepositus molere noluerit vel distulerit, statim prior molet sine conditione post primum molentem, et quoquet ad furnum meum. Volo insuper quod quidquid pie memorie EUSTACHIUS BURRICII dominus ancessor meus et ERMENTRUDIS uxor illius sepedictis monachis in puram elemosinam contulerint, libere et pacifice teneant, videlicet jus patronatus ecclesie de *Borriz* cum decimam molendini de *Borriz*... Actum anno Dni Mo CCo XLo Secundo, mense Junio (844).

(841) Arch. Nat. S 2237. Inventaire.

(842) Mss. lat. 5462, fol. 58.

(843) « JOHANNES miles DE BORRIZ dictus CRUCESIGNATUS, iter faciens apud *Jerusalem*, notum facis me hujusmodi fecisse legata, si in hac peregrinatione me mori contigerit. Primo ecclesie de *Borriz* unum sextarium bladi in molendino meo de *Borriz*, etc. ». (Mss. lat. 5462, fol. 78 et suiv.).

(844) Orig. Arch. de S.-et-O. Fonds Saint-Martin de Pontoise, carton Demay — Sceau en partie brisé.

Pas plus que ses frères, Guillaume II ne laissa d'enfants mâles. La terre de Boury passa aux mains d'Anseau de l'Isle, écuyer, frère cadet de Jehan I, sire de l'Isle-Adam, par suite de son mariage avec Isabelle, fille de Jehan II et de Chrétienne. En 1265, Anseau et sa femme amortirent aux religieuses de Gomerfontaine des biens qu'elles avaient reçus à Helloy de Gautier de Courcelles, chevalier, mouvant du fief de Guillaume II de Boury qui doit revenir après sa mort à Anseau de l'Isle (845).

Guillaume venait alors de mourir, mais sa succession n'était point encore réglée en avril 1266. Clémence de Vigny et son fils Henri (CLEMENCIA DE VIGNAYO domina et HENRICUS filius meus) donnèrent à cette date, aux religieuses de Gomerfontaine (846), une rente à Boisemont (apud *Buessemunt*, in granchia *heredum de Bourris*).

En 1271, Anseau, devenu sire de Boury, concéda au prieur un fossé et un mur situés entre leurs résidences :

U. p. l. i. Ego ANSELLUS dictus DE INSULA miles, dominus *Bourriaci*, et ego YSABELLIS ejus uxor... cum haberemus apud *Bourriacum* quoddam fossatum tam in circuitu domicilii nostri quam in domicilio prioris dicti loci cum muro desuper dictum fossatum existente... Concedimus priori... dictos muros et fossatum pro ea parte qua extenditur in longitudine a domibus dicti prioris usque ad portam qua itur communiter per cimeterium ad ecclesiam dicti loci... Presentes fuerunt... Frater GALTERUS abbas dicti monasterii ; ROBERTUS prior dicti loci ; HUGO DE LUPI DOMIBUS (Leurmaisons), cantor dicti monasterii ; JOHANNES DE ARGENTOLIO, monachus dicti loci ; GALTERIUS DE VELANA, RADULPHUS DE FONTENETO, milites ; JOHANNES DE FONTENETO, FRANCHETUS DE JOIACO et JOHANNES prepositus dicti loci, armigeri, et dous GAUFREDUS rector ecclesie dicti loci... Anno Dni millo CCo septimo primo, mense aprili (847).

Une notice a été publiée sur *Boury et ses seigneurs*, par M. Hersan, en 1848. Elle est extraite en partie du chartrier de la seigneurie rédigé par l'abbé Leprince, aumônier du château, par les ordres du marquis de Boury (Guillaume Aubourg II) en 1772, chartrier conservé aux Archives de l'Oise.

---

l'écu chargé d'un *croissant accompagné de six merlettes, 3 en chef, 2 et 1 en pointe*. — Dom Caffiaux remarque que *Guillaume*, qui brisait l'écu familial d'un lambel en 1239, reprit les armes pleines à la mort de son père : ce sceau indique une autre brisure.

Les mémoires de la maison de Boury, qui font d'Isabelle une fille de Guillaume II, lui donnent pour sœur *Jehanne*, mariée à Thibaut de Trie.

(845) « Quæ movent de feodo domini GUILLELMI DE BOURRIS militis, quod dictum feodum ad nos debet devenire per decessum dicti Guillelmi » (A. N. K 191, nᵒ 96).

(846) A. N. K 191, nᵒ 84.

(847) Orig. A. de S.-et-O. Fonds Saint-Martin de Pontoise, carton Demay. Sceau *à la fasce accompagnée de six merlettes, 3 en chef, 2 et 1 en pointe*. — Lévrier, t. XV, preuve 1075...

X

Sur la Famille TIREL DE POIX

L E surnom de *Tirel* qui se prononçait au XIV° siècle *Tireau* (891) était porté, dans la première moitié du XI°, par des personnages que les chartes ne rattachent pas directement les uns aux autres, et dont la souche commune nous échappe. Ainsi un *Hellouin Tirel* est témoin d'une charte d'Hellouin II, vicomte de Mantes, sous Henri I°r (848). Un *Raoul Tirel* est, avec saint Anselme, abbé du Bec, présent à une donation de Robert II d'Ivry à Coulombs (849).

Gautier Tirel, mari d'*Ermine*, renonce en 1053 à ses revendications sur la terre de Noyelles-en-Chaussée, appartenant aux moines de St-Riquier. Hariulf le désigne ainsi : « quidam miles, nomine WALTERUS, quem *vano cognomine* TIRELLUM vocant » (850).

C'est comme exerçant des fonctions vicomtales que le chevalier Gautier réclamait ces droits. On peut le déduire de ce fait qu'en 1069, le consentement de son fils Gautier (*Galterus, filius Galteri Tirelli*) fut nécessaire pour l'acte par lequel Raoul, comte d'Amiens et de Valois, marié alors à Anne, veuve de Henri I°r, affranchit les biens de l'église d'Amiens situés dans la châtellenie de Conty de tous les droits *dus aux vicomtes*. Simon, fils de Raoul, ne souscrivit à cet acte qu'après Gautier (851).

Le voisinage de Poix et de Conty devrait nous engager à rattacher à ce Gautier II, fils de Gautier Tirel, le *Gautier Tirel III* qui apparaît dans notre cartulaire

---

(848) *Cartul. de St-Père*, p. 185. — Il vivait encore en 1066 (Lévrier, XI, pr. 157).

(849) Col. Baluze, XXXVIII, 27.

(850) *Chron. de St-Riquier*, édit. Lot, p. 231.

(851) Bibl. mun. d'Amiens, n° 516. Levrier, XI, pr. 187.

comme châtelain de Pontoise et qui l'était certainement aussi de Poix. Toutefois il y a lieu de réserver la question de filiation que ne précise aucun texte.

D'après des concordances qui ne semblent pas permettre de repousser une identification, Gautier Tirel III, qui partit pour Jérusalem sous Louis VI, serait le chevalier homonyme, croisé justement à la même date, dont parlent divers documents, rapprochés dans notre étude sur les *Vicomtes de Corbeil* (852).

Sa mère s'appelait *Aremburge*, elle était fille de Ferri et nièce de Hugues, seigneur de Voves, l'un des grands bienfaiteurs de Saint-Martin-des-Champs. En 1097, Aremburge habitait Corbeil et s'y trouvait avec ses quatre fils : l'un se nommait Ferri, l'autre Gautier, un troisième Geofroi, un quatrième Bégon. La mère et les fils accordent leur adhésion aux pieuses libéralités de Hugues de Voves. Parmi les témoins de l'acte est Gaudri, vicomte de Corbeil. Or nous retrouvons, dans un acte de *Ferri, fils de Gaudri*, donnant l'église de Bondoufle à Longpont, sa mère Aremburge et ses frères Geofroi, *Gautier Tirel* et Bégon.

Ce dernier, qui fut plus tard moine de Longpont, portant le nom du père de Gaudri, doit être considéré comme fils de celui-ci, ainsi que Ferri.

Mais en est-il de même de Gautier Tirel et de Geofroi ? La rédaction très spéciale des actes que nous venons de citer, où la mère et les enfants agissent collectivement, alors que Gaudri, certainement père de deux d'entre eux, et qui vivait encore bien après la date de ces documents, n'intervient pas ou est seulement témoin, permettrait de croire que les quatre fils d'Aremburge n'étaient pas de même lit. En tout cas, Geofroi, seigneur d'Yerres, qui eut un fils appelé Gautier Tirel comme son oncle, fut certainement frère germain de ce dernier.

Gautier Tirel III, avec lequel nous commencerons cette généalogie, était un chevalier français, de très noble race (853), riche et puissant entre tous les grands du royaume et très valeureux. Il avait la garde du château de Poix en Picardie et du château royal de Pontoise (854).

Il avait su gagner la confiance de Guillaume le Roux, fils du Conquérant de l'Angleterre ; il devint le convive familier et le compagnon assidu du jeune roi. Mais un jour qu'ils chassaient l'un et l'autre dans une vaste forêt, une flèche inconnue vint frapper Guillaume et lui fit une blessure dont il ne put guérir. C'était le 2 août 1100. Gautier fut accusé de cette mort et se hâta de se retirer en France. Plus tard, interrogé devant Suger, alors qu'il n'avait rien à espérer ni à

(852) *Bulletin de la Société de l'Histoire de Corbeil*, 1898.
(853) *Miles generosus*, dit Orderic ; *Vir nobilissimus*, dit Suger.
(854) « Erat de Francia, miles generosus, Picis et Pontisare dives oppidanus, potens inter optimates et in armis acerrimus » (Ord. Vital, éd. Le Prévost, II, 90 et IV, 86, 91).

redouter de ses réponses, il attesta plusieurs fois par serment qu'il ne se trouvait pas ce jour-là dans la partie du bois où le roi avait été frappé, et qu'il ne l'avait même pas aperçu dans cette journée (855). L'imputation n'en a pas moins subsisté, mais Orderic Vital pense que le meurtre fut involontaire, et dû à une flèche égarée, imprudemment lancée par Gautier Tirel.

Dès 1102, l'ancien commensal du prince anglais est installé à Pontoise, dans une maison où il héberge le jeune Louis-le-Gros, roi désigné (*Cartulaire*, n° XLIV). Cette résidence subsiste encore ; elle est à mi-côte, à l'entrée de l'ancien chemin d'accès du château, et domine aussi le cours de l'Oise ; elle s'appelait encore au xive siècle l'hôtel de Poix, et n'a pris le nom d'hôtel d'Orgemont, qu'elle porte encore (856) qu'après la cession du fief dont elle était le chef à Pierre d'Orgemont, seigneur de Méry-sur-Oise et de Chantilly, et chancelier de Charles V.

En 1113, Gautier Tirel assista avec tous les grands officiers à la confirmation accordée à Cluny par Louis VI, de l'église Saint-Pierre de Pithiviers (857). — Cinq ans après, il dota richement le prieuré qu'il venait de fonder dans son château de Poix, comme le relate une charte fort intéressante de l'évêque Godefroi, dont nous reproduisons quelques extraits. Elle est du 23 octobre 1118.

« Ego GODEFRIDUS nomine non merito *Ambianensium* episcopus... Ne ecclesia que in honore B. Dionysii apud *Piccium castrum* habetur a nobis inadjuta remaneret, ad preces dilectissimi GVALTERII TIRELLI et peticionem canonicorum sub regula B. Augustini inibi Deo militantium, quicquid ipse Gualterius eidem ecclesie in dotem in dedicatione ipsius, annuentibus uxore sua ADELICIA et HUGONE filio ejus, contulit, villam scilicet qui dicitur *Moncellis* integram, cum omnibus appendiciis suis, cum servis et ancillis ; in villam qui dicitur *Spelis*, altare cum tercia parte decime, apud *Vertonem* unum hospitum et unam salinam duorum modiorum salis et dimidii, decimam quoque mediam plaicium in quadragesima, cum aquata unius navis. In *Anglia* duas marcas argenti de decima *Lavingaban*. In prefato castro hospites quos ecclesia habebat et acquirere posset, quietos et liberos *ab omni vicecomitatia* que ad eum pertinebat... Servum quoque, Walterum filium Hildaldi, cum fratribus suis et uxoribus earum... Decimam piscium et *salis in thelonco* cum decima molendinorum et furnorum, panemque suum absque mercede coquendum, et modium unum frumenti propter *advocaturam de Daminescurt*. » (858)

(855) Suger, *Vie de Louis le Gros*, éd. Molinier, p. 8.

(856) L'ancien hôtel a été remplacé par un bâtiment moderne ; mais une tour polygone subsiste encore dans la rue de la Roche, en face de l'avenue du Château.

(857) Coll. Moreau, XLVII, 17.

(858) Suit l'énumération de beaucoup d'autres dons. La charte se termine ainsi : « Hujus rei testes fuerunt ego GODEFRIDUS eps. FULCO archidiaconus. RAD^t. abbas *Sti Quintini*. GIROULDUS prior. ADAM, BARTHOLOMEUS, GUARNERIUS, THEOBALDUS, presbiteri. Laici : RAD^s PUER DE ARKNIS. DROGO DE TOILI. GIRARDUS DE CARI. IVO DE CONFLENZ. WIARDUS filius HAYMERI. HUGO DE OIRI. GAUFRIDUS filius WIARDI. VALTERIUS DUPLEX... Anno Verbi Incarnati M^o C^o octavo decimo, X^o kalendas novembris ». — Arch. de l'Oise, H 112. Magnifique sceau de l'archidiacre Foulques, représentant un buste de prêtre. — Les mêmes archives contiennent une confirmation de l'évêque Godefroi, du don de la maison d'un certain Waison Golecul, faite au prieuré de St-Denis de Poix par Gautier Tirel, en présence de l'abbé Raoul, d'Ives de Conflans, de Girard de Chars,

On doit conclure de cette pièce, où l'évêque d'Amiens, saint Godefroi, qualifie Gautier Tirel *dilectissimus*, qu'il existait entre eux une alliance assez proche. Elle montre aussi que les biens que Gautier possédait en Angleterre, grâce à la libéralité des rois normands, ne lui avaient pas été enlevés à la suite de sa retraite en France.

Aélis, nommée dans cette charte, était fille de Richard Giffard (854). Elle porta en dot à son mari la terre de Selincourt, où un prieuré se trouvait établi dès 1131. Cette nouvelle fondation apparaît comme une suite du deuil que vint causer à ces époux le trépas inopiné de leur fils aîné, *Gautier Tirel IV*. Ce jeune homme mourut à Pontoise et fut enterré à St-Martin. Pour le repos de son âme, sa mère Aélis, le jour de ses obsèques auxquelles elle assistait seule, abandonna aux moines tous les droits de coutume et de justice qu'elle et son mari avaient sur leur terre de Livilliers. *Hugues*, frère cadet de Gautier, vint ensuite prier sur la tombe de son frère et confirma ce don. Enfin le sire de Poix fut le dernier à accomplir ce triste pèlerinage et en arrivant de l'Amiénois à St-Martin, il approuva ce que sa femme et son second fils avaient fait. (*Cartul.* n° LXXXV).

En 1122, Gautier Tirel est cité au nombre des chevaliers de Charles de Danemark, comte de Flandre (859).

Peu après, pour expier ses fautes, il entreprit le pèlerinage de la Terre-Sainte, qu'il n'atteignit pas ; la mort le surprit en chemin (854). Avant son départ, il avait donné à Longpont la dîme de Viry ; après sa mort, son frère Geofroi la retint quelque temps, puis la remit aux moines entre 1137 et 1140 (860).

Hugues Tirel I, qui, dans les dispositions primitives de son père, devait lui succéder seulement dans la vicomté de Poix (861), se trouva ainsi son unique héritier (854).

C'était un très vaillant chevalier, *strenuissimus miles* (854) ; il figure, en 1131, dans l'entourage de Guillaume IX d'Aquitaine près duquel il avait peut-être été chargé d'une mission par Louis le Gros (862).

Dès le 13 mars 1129, Guérin, évêque d'Amiens, se trouvant à St-Josse, une grande foule de chevaliers vint l'y rejoindre, et là, en présence d'Etienne, comte de Boulogne et de Clarbaud de Thiembronne, ceux qui tenaient en fief de Hugues

---

de Gerand fils d'Hermer, etc. Ces pièces ne semblent pas donner lieu à contestation : mais il existe dans le même fonds une pièce *en français*, datée de 1127, dont la fausseté n'a pas besoin d'être démontrée (Voir toutefois Corblet, *Hagiographie du Diocèse d'Amiens*, t. II, p. 435).

(859) Arch. du Pas-de-Calais, Cartulaire de Guimont, fonds de St-Vaast, H 1, fol. 43.

(860) Ces dates sont fixées par la présence à l'acte de Jehan, prieur de Longpont en 1140, dont le prédécesseur est cité en 1136 et le successeur en 1141 (Marion, *Cartulaire de Longpont*).

(861) C'est pour cela qu'il intervient seul avec son père dans la charte de l'évêque Godefroi en 1118.

(862) Ms. l. 18403, p. 359 ; donation de l'ancien château d'Angely, propriété des comtes de Poitiers, à l'abbaye de St-Jean. — Le mariage d'Aliénor, fille de Guillaume IX, avec Louis-le-Jeune, alors âgé de 18 ans, fut célébré en 1138, quelques jours avant la mort de Louis VI.

Tirel l'autel de Waben le remirent, du consentement de leur seigneur, au prélat, qui le concéda à St-Josse (863).

En 1137 il donna à St-Martin-des-Champs l'église de Bouffémont, dans la vallée de Montmorency, libéralité qui fut confirmée à Poix par sa femme *Adile* (ou *Ade*), et son fils *Gautier V* (864).

La même année, il fit aussi une importante libéralité à l'abbaye du Val-Notre-Dame (865), et l'année suivante, dix marcs de rente sur son manoir d'Angleterre furent accordés par lui au prieuré de Conflans-Sainte-Honorine, dépendant du Bec (866), pour le repos de l'âme de sa mère *Aélis*, qui s'y était retirée sous l'habit religieux et y avait fini ses jours (867).

Au moment de partir pour la croisade avec Louis VII, le lundi de la Pentecôte 7 juin 1147, Hugues, de concert avec son fils *Gautier Tirel V*, fit une nouvelle fondation au prieuré de Conflans pour l'âme de sa mère et lui donna la dîme d'Epiais (868).

Par des lettres données entre le 2 avril et le 8 juin 1147, Louis VII annonce à Eudes, évêque de Beauvais, qu'à la prière de son vassal *Hugues Tirel*, il approuve le contrat par lequel celui-ci, devant accompagner le roi à Jérusalem, engage un fief à l'évêque, pour trois années à partir de la prochaine fête de Pâques, moyennant cent livres de la monnaie de Provins (869).

Pendant l'absence de Hugues, *Ade*, sa femme, administra ses domaines et ce fut alors qu'elle essaya, mais sans succès, de rentrer en possession d'un bois offert

(863) Arch. du Pas-de-Calais, Cartul. du xiii⁰ s., fol. 13. — En 1210, « WALTERIUS DE MONSTEROLO (Montreuil-sur-Mer) cognomento TIRELLUS et dominus de Mentenay », approuve un don par l'un de ses vassaux à St-Josse (Ibid. fol. 8).

(864) A. N. LL 1351, fol. 108 ; LL 1354, fol. 143.

(865) Tardif, *Cartons des rois*, n⁰ˢ 431,433.

(866) Notum sit o. t. p. q. f. quod ego HUGO TIREL concedo et proprio sigillo consigno Deo et *Ste Marie Beccensi* et monachis apud *Confluentium* conversantibus, pro anima matris mee que se illic sub religionis abitu Deo obtulit. ibique vitam finivit, decem marcas argenti in manerio quod dicitur *Lavigaham*, ad festivitatem Sti Michaelis, jure hereditario possidendas. Hoc concessum est apud *Piccium* castrum, anno M⁰ C⁰ XXX⁰ VIII⁰ ab Incarnatione Dni, viii⁰ id⁰ Martii. Huic conventioni interfuerunt ROBERTUS prior *Confluensis*, GILDUINUS filius WALERANNI. WILLELMUS prior *Picentis*, GERARDUS et HUGO canonici, GAUFFRIDUS miles et WARNERIUS frater ejus, et GIRARDUS DE COPENVILLA ; JOHANNES et RODBERTUS Rufus, famuli monachorum (Arch. de l'Eure, H 10, original).

(867) On voit par là que les moines du Bec, comme ceux de St-Martin de Pontoise, admettaient des veuves âgées dans leur monastère, sans toutefois que le couvent prît le caractère mixte de Fontevrault.

(868) « Secundo die Penthecostes, rege Francorum pergente in Iherusalem et ipso HUGONE cum illo », Hugues et son fils Gautier donnent à Dieu, à Ste Honorine et à St Pierre de Pontoise « omnem decimam suam apud *Spieias*, pro anima matris sue que apud *Confluentum* sanctimonialis fuit et ibi quoque quiescit, jure hereditario possidendam in eleemosina, propter mutuum decem marcharum argenti quas ab ipsis habebant in *Anglia* ; et in eadem villa dedit HUGO TIRELLUS Sancte Honorine unam masuram terre. Hoc donum fecit apud *Pontisaram*, videntibus... ROBERTO priore, DROCONE DE SELINCURT, GAUFFRIDO DE CAPELLA, GUALTERO DE CHAMBLIIO, etc. » (Vidimus. Arch. de S.-et-O. Prieuré de Conflans-Ste-Honorine).

(869) *Hist. de France*, XVI. 10. — Coll. Moreau, t. LXIII, fol. 91. — Luchaire, *Actes de Louis VII*.

précédemment à St-Martin en mémoire de Gautier Tirel IV, son beau frère (*Cartulaire*, n° LXXXV).

Nous ne voyons pas que Hugues Tirel soit revenu de Palestine. Gautier V son fils était, dès 1157, marié à *Béatrice* avec laquelle il céda de nombreux domaines aux chanoines de St-Josse (870).

🙊

Gautier Tirel V se qualifie dès 1159 *sire et prince du château de Poix par la grâce de Dieu*. Les archives de la Somme contiennent de lui diverses pièces. L'une d'elles, où il prend ce titre, est un amortissement général des biens du prieuré de Selincourt.

Ego GALTERUS TYRELLUS, Dei gratia domnus et princeps de castello de *Poiz*... WALTERO abbati ecclesie *Sti Petri de Selincurte* ejusdemque ecclesie fratribus omnia que de meo feodo, vel de meo patrimonio tenebant, in elemosinam concessi et nullum mihi inde premium nisi celeste quesivi... Insuper et advocatum me de omnibus esse promisi. Testes : HUGO DE FONTIBUS, DROGO DE SILINCURTE, RADULFUS DE VILERS, GUARINUS DE MARISCHEL, EUSTACHIUS DE BELLORAMO, GUILLELMUS CAMERARIUS, GALTERIUS HAPPEMUSCE (871), ADAM DOUBLEL.

Factum est hoc anno Incarnationis M. C. L. IX (872).

Une notice du cartulaire de Valloires rappelle une confirmation de certains dons accordée par lui en 1162 (873).

Mais son acte le plus important fut la constitution d'une commune pour les hommes de Poix, en 1173 :

(870) Noverint t. q. f. quod ego WALTERUS TIRELLUS (*) concedo ecclesie *Sti Judoci* et canonicis ibidem manentibus quidquid habebam de feodo meo in territorio de *Beinières* et *Baiuerolles*. Concedo etiam *Domno-Martin* cum terris et pratis et nemoribus... dimidiam partem de *Alsouci*... nemus de *Auvin* cum aliis omnibus nemoribus que a vavassoribus exstruncanda acceperint, ut fratres ea libere exstruncare possent. Concedo quicquid ead. ecclesia in domo de *Tigny* (Tigny-Noyelle, cant. Montreuil-sur-Mer) vel alioquoque loco, tam in terris, quam in aquis, molendinis, piscaturis et pratis de feodo meo possidet.

Acta sunt hec presentibus his: VUALDITO COLETH, WUALDITO MARESCHEL, VUARINO nepote ejus. Recognitum est apud *Sanctum Andream Adcre* (S. André près d'Aire), VUALDITO (**) presente et concedente uxore ejus BEATRICE, presentibus BERTRANNO DE NOVION, EUSTACHIO COLETH, HUGONE DE GOI.

Anno Verbi Incarnati Mⁱ Cⁱ LVIII actum est, et recognitum anno Mⁱ Cⁱ LXIIIⁱⁱ.

(Copie certifiée, d'après un calendrier de l'abbaye de St-Josse. — Vⁱ de COLBERT, 161, f° 13).

(871) Ce sobriquet de *Happemouche* est amusant à relever.

(872) Bibl. d'Amiens. Ms. 508, fol. 54.

(873) Cum monachi quartam partem marescorum et aquarum totius *Argovie* ex parte RADULFI DE HUPPI suam asseruerent, sicut et confirmatum est carta et sigillo WALTERI TYRELLI anno Dni Mⁱ Cⁱ LXⁱ IIⁱ de illo enim tunc temporis feodum suum tenebant quod postea de ALELMO DE FONTANIS tenuerunt et in presentiarum de HUGONE filio ejus tenent. (Arch. de la Somme. Cartul. de Valloires, n° 331).

(*) Le texte porte par erreur *Titellus*.

(**) *Gaudi*, forme familière de *Gautier*. La copie porte *Matesthei* pour *Mareschel* et *Vuanno* pour *Vuarino*.

Ego G. Tirellus *Piceii* dominus concessi hominibus *Piceii* communiam, salvo jure meo de censibus et aliis rebus, salvoque *Bti Dionysii Peceiensis* ecclesie omni jure ; et quia abbas ecclesie *Bti Quintini* et capitulum suum præbuerunt assensum, statutum est assensu meo et communie, quod hospites *Bti Dionysii* tam intra castrum quam extra, in circumadjacentibus villis, singulis annis reddent in perpetuum ecclesie Bti Quintini propter census solitos et antiquas consuetudines, tres solidos decem et octo denarios, in festivitate Sti Remigii... S. Beatricis uxoris Galterii Tirelli. S. Hugonis de Fontanis... S. Roberti prioris... S. Henrici majoris communie et scabinorum... Auctum *Piceii* anno Incarnati Verbi Mo Co LXXo IIIo (874).

Il vivait encore en 1179. Il fit à cette date un échange avec Jehan, prieur de St-Denis de Poix, en présence du maire Henri (874).

A ses derniers moments, il confirma une donation faite à Selincourt de biens en Angleterre :

Ego Galterus Tirellus de Poiz... ad eternam cupiens venire felicitatem, sigilli mei impressione corroborare curavi elemosinam quam de dono antecessorum meorum ecclesia *Bti Petri de Selincurte* possidet apud *les Plankeles Reimboldi* juxta *Verlou*, scilicet terram *de Prato* cum omnibus pertinenciis, unde et homines Castellani prememoratam presumunt vexare ecclesiam (875).

Gautier Tirel V, mari de *Béatrice*, fut remplacé par son fils *Hugues II*, dont le nom ne nous est connu que par une fondation de son fils *Gautier Tirel VI* dit *le Vieux*, qui en 1195, de concert avec sa femme *Avicie*, confirma l'aumône faite aux moines du Val par Hugues II d'une partie de la forêt de Rosières (876).

Dès 1186, Gautier Tirel VI déclare que Raoul II, chevalier de Conflans (fils de Dreux III, cf. p. 443 *supra*) tenait de lui en fief « medietatem totius vicecomitatus seu viarie que est in valle Andresiaci et Joiaci », la moitié de la vicomté dans le val d'Andrésy et de Jouy-le-Moutier ; il en approuve la vente au chapitre de Paris, en présence de Roger, prieur de Sainte-Honorine, et retient seulement le droit appelé *tensement*. L'autre moitié de la vicomté appartenait au chevalier Dreux de Rosnel et à Garnier de Marines, qui la vendirent à la même époque au chapitre (877).

En 1187, Gautier Tirel VI approuva la cession par Philippe de Franconville, son vassal, aux moines de Conflans, d'une terre à Bessancourt (878).

La filiation de Gautier Tirel VI se prouve d'une façon certaine par une charte où son fils *Gautier VII le Jeune* confirme en 1195, au prieuré de Selincourt, de

---

(874) Arch. de l'Oise. H 272.

(875) Bibl. d'Amiens. Ms. 528, fol. 32.

(876) Mss. lat. 5462, fol. 253. — Antérieurement à 1183, Gautier Tirel VI céda à St-Martin de Pontoise une terre que lui avait donnée la femme de Boson de Poix (Cartul. no CXCIII).

(877) Guérard, *Cartulaire de N.-D. de Paris*, II, 154-156.

(878) « Terram *de Nemore Guidonis* apud *Bercencourt* ». Un des témoins est « Garnerius le Mareschal». (Arch. de Seine-et-Oise. Fonds Ste-Honorine de Conflans).

concert avec son frère Guillaume Tirel, l'amortissement général de tous les biens reçus par le prieuré depuis *Hugues I, son trisaïeul* (879).

Ego GALTERUS Junior filius GALTERI Senioris u. f. quod quicquid ecclesia *Sti Petri de Selincurte* tenebat et tenuerat a tempore HUGONIS attavi mei de propria hereditate vel de feodo totum concessi. Insuper totam terram quam possidet in territorio de *Rislues* et de *Audeivvilete*, de qua inter me et fratres pred. ecclesie querela vertebatur, similiter concessi et super altare *Bti Petri* concessi... presente GUIDONE abbate, anno Verbi Incarnati Mo Co nonago. Vo. Testibus : GUILLELMO fratre pred. GALTERI. SYMONE DE VERRIGNES. OBIN. BALDUINO, BERNARDO pistoribus et aliis multis.

Nous avons publié dans le *Cartulaire de l'Hôtel-Dieu de Pontoise* une charte fort intéressante par laquelle *Gautier Tirel VII* et *Avicia* sa femme, donnent à métayage leurs vignes du Vaugeroux aux confrères de la Maison-Dieu en 1190 (880).

En 1203, Gautier, *Aviz* sa femme et *Gilon* son fils donnèrent 20 arpens dans leurs bois de Rosières aux moines du Val (881).

En novembre 1204, le châtelain de Poix affranchit de servitude la masure d'un de ses hommes, en présence de Gireaume, maire de Bessancourt et de Lambert, maire de Pierrelaie (882).

Gautier VII mourut peu après. Dans les registres de Philippe-Auguste, constitués vers 1209, figure parmi les vassaux du comte de Beaumont « *le fils de Gautier Tirel* » (883).

Gautier Tirel VIII était marié à *Ade* en mai 1215 ; il se qualifie *châtelain de Poix* (884), vivait encore en juillet 1219 (885) et portait alors un écu *à la bande componée* (886).

Ade survécut à son mari ; elle était encore vivante en 1235.

Hugues III, fils ou frère de Gautier VIII, lui avait succédé dès 1230 (882). En 1232, le roi l'autorisa à échanger les terres de Cormeilles en Parisis, Montigny et Pierrelaie, qu'il possédait, contre celle de Féricy que l'abbaye de St-Denis désirait

(879) Bibl. mun. d'Amiens. Ms. 528, fol. 54. — L'expression *attavus* (rigoureusement: quadrisaïeul) ne nous semble pas devoir être prise au pied de la lettre. Elle désigne volontiers des ancêtres au delà du bisaïeul :
Mæcenas atavis edite regibus...

(880) J. Depoin, *Cartul. de l'Hôtel-Dieu de Pontoise*, p. 1.

(881) Mss. lat. 5462, fol. 253.

(882) Cartulaire général de Maubuisson, t. II, titre VI (ms. des Archives de Seine-et-Oise). En novembre 1230, Hugues III divise la mairie de Bessancourt et en concède à perpétuité la moitié à Eustache, neveu du maire. La sœur de Hugues, Marie, épousa Jehan de Montmorency, écuyer, et lui porta en dot une partie des bois de Rosières, qui fut vendue par ces deux époux à la reine Blanche en janvier 1239.

(883) Douët d'Arcq, *Comtes de Beaumont-sur-Oise*, p. 223.

(884) A. N. LL 1157, fol. 395.

(885) WALTERIUS TIREL, dominus PICEI anno 1219, mense julii, monachis S. M. in puram eleemosinam concedit consuetudinem mensurarum vini quod habebat in cellario eorumdem quod est situm apud *Pontisaram* in *Cultellaria*. — Ce cellier occupait le no 7 de la rue de la Coutellerie. (D. Estiennot, lib. I, cap. XIX).

(886) D. Estiennot, ms. l. 12741, p. 418.

lui céder. L'échange fut réalisé en 1233 (887). A la même date, *Hugues III* était marié à *Gille* (888).

Le cartulaire de Selincourt contient une charte de lui datée de 1235 et qui concerne Thibaut de Selincourt, son vassal, très probablement son cousin et issu de Guillaume, frère de Gautier V :

Ego HUGO TYRELLUS miles, dnus *Piceii* n. fieri volo quod THEOBALDUS miles, dominus DE SELINCURTE, homo meus, terram sitam ante portam *Bti Petri de Selincurte* quam de me tenebat, de assensu meo et dilecte matris mee, in parte in eleemosinam dicte domui contulit et in parte vendidit... Actum anno gratie M° CC° XXX° V°, mense augusto (889).

En septembre 1237, Hugues Tirel, sire de Poix, vendit à « sa très excellente dame Blanche, par la grâce de Dieu illustre reine de France, quatre arpens de pré auprès de Maubuisson et un arpent de pré sur l'Oise entre le pont et la chapellerie, sur le chemin de Beaumont, pour 60 livres parisis ». Il s'engagea à faire ratifier devant l'évêque de Paris par sa femme *Gille*, l'acte qui est passé à Vincennes (890).

A Hugues III succéda *Guillaume Tirel I* qui se qualifie dans une charte française de 1260 : « Je Willaumes Tiraus chevaliers sires de Pois » (891).

En 1269 on trouve une forme qui semble rappeler l'étymologie à laquelle nous avons fait allusion dans une note précédente :

« Ego WILLELMUS dictus TYRIAUS miles, domnus DE PICEIO ad petitionem HUGONIS armigeri, domini DE SELINCURT, hominis mei... elemosinas et venditiones prenominatus... concedo. Actum anno Dni M° CC° LX° IX°, mense julio » (892).

En avril 1276, Guillaume Tirel, chevalier sire de Poix, et *Marguerite* sa femme, amortirent à l'Hôtel-Dieu de Pontoise les deux tiers de la grosse dîme de Gérocourt. En novembre 1278, Guillaume fait intervenir *Henri* son frère (893).

En arrêtant ici cette étude généalogique, nous devons signaler les divergences absolues qu'elle présente avec celle tirée d'un manuscrit de Dumont de Moyencourt, et publiée par M. Cuvillier Morel d'Acy en 1869 (894). Celle-ci s'est trouvée trop souvent en contradiction avec nos documents pour avoir pu nous inspirer confiance.

(887) Tardif, *Cartons des Rois*, n° 804.

(888) Coll. Baluze, t. LV, fol. 413.

(889) Arch. de la Somme. H. 528, fol. 55. Voir, à la même date, le *Cartulaire de l'Hôtel-Dieu de Pontoise*, p. 16.

(890) Arch. de S. et O. Fonds Maubuisson, cart. 34.

(891) Coll. D. Grenier, vol. 304. — *Cartul. de Selincourt*, fol. 60.

(892) *Cartul. de Selincourt*, fol. 63.

(893) J. Depoin, *Cartul. de l'Hôtel-Dieu de Pontoise*, p. 53.

(894) *Histoire généalogique et héraldique de la maison des Tyrel*. Paris, 1869, in-8° (B. N. Réserve, L³m 1159). — L'ouvrage de M. Delgove (*Poix et ses seigneurs*, Amiens, 1881, in-8° B. N. L² k 19225) contient des indications se rapprochant des nôtres et puisées en partie aux mêmes sources, mais bien moins complètes.

Comme nous l'avons indiqué au début de cette notice, il a existé, simultanément avec la lignée que nous avons suivie, d'autres Tirel différant considérable-
ment des châtelains de Poix et par le rang et par les armes. Orderic Vital parle
d'un doyen d'Evreux, Foulques de Guernanville, clerc marié (*suivant*, dit-il,
l'usage du temps) à une certaine Orieu (*Orieldis*) et père de huit fils : le dernier
fut *Gautier surnommé Tyrrel*. Gaignières nous a conservé la pierre tombale de
Guillaume Tirel, sergent d'armes et queux du roi Philippe VI, enterré en 1360 au
prieuré d'Hennemont, près de Saint-Germain-en-Laye. Son effigie est placée entre
celles de ses deux femmes, Isabeau Le Chandelier et Jehanne La Ruelle ; son écu
présente *une fasce chargée de trois marmites et accompagnée de six roses, trois en
chef, deux et une en pointe*. Rien, dans ce blason d'anobli, ne rappelle celui des
Tirel de Poix et la noble simplicité de leur *bande componée*.

XI

Sur les Seigneurs de BANTELU

ANDRÉ Du Chesne, dans son *Histoire généalogique des Montmorency*, a le premier rattaché à la vieille lignée des Bouchard la branche seigneuriale de Bantelu. Il s'appuie, pour établir cette filiation, sur les notices LIX et LX de notre Cartulaire, où Richard Ier de Bantelu et son frère sont dits fils de Thierry de Montmorency (*filii Theodorici de Monte Morentiaco*).

Richard I de Bantelu tient, dans la vallée, des terres et des églises en fief de Bouchard IV de Montmorency. Ses fils, ses neveux et lui-même vivent à la cour de Bouchard, assistent aux plaids convoqués dans le château fort, se mêlent, comme témoins ou comme garants, à tous les actes passés par leur suzerain ; et plus tard, quand ils transportent à Bantelu (895) leur résidence habituelle, ils y sont suivis par des cadets de la branche dominante, et deviennent vassaux des sires de Gisors.

A une date que les synchronismes permettent de limiter entre 1071 et 1079, Foulques d'Anet ayant donné aux chanoines de St-Martin des Champs l'église de

(895) Le domaine de Bantelu était originairement partagé. L'église et une partie des dîmes furent données à l'abbaye de Saint-Martin-lès-Pontoise par Enguerran, chevalier de Cléry, dont les enfants conservèrent encore des intérêts à Bantelu. Il y avait aussi une famille de Bantelu dont les membres sont quelquefois nommés dans les actes émanés de Richard I et de ses fils, mais elle pouvait bien n'être autre qu'une branche cadette issue d'un *Eudes de Montmorency*, fils d'Eudes, cité en 1096, et d'un Aimer ou *Hermer de Montmorency*, cité par Du Chesne. Elle se compose en effet de deux frères : *Eudes* et *Aimer*. Eudes a pour fils *Gautier* et notre Cartulaire cite un *Gautier de Montmorency* (n° LXXXI). D'Aimer sortent *Payen* et *Etienne*, chevalier (1122).

Une autre partie des dîmes de Bantelu était tenue du chevalier Miles de Conflans par Huboud de Juziers, et passa dans les premières années du XIIe siècle entre les mains des moines de Saint-Martin.

St-Martin d'Anet, appela comme témoins avec le comte Hugues de Dammartin, Hervé de Montmorency, *Thierri, fils de Fouchard* et *Hugues* son fils, Landri et Arrode, fils d'Aubri (896). Tous ces personnages appartenant, suivant les conclusions d'André Duchesne, à la famille des Bouchard, Aubri et Fouchard peuvent être considérés, par hypothèse, comme fils de Bouchard II, et partant oncles d'Hervé de Montmorency.

Hugues et *Richard,* fils de Thierri, sont cités en 1096 avec Eudes fils d'Eudes de Montmorency, parmi les chevaliers de Bouchard IV, fils d'Hervé.

Notre Cartulaire cite encore un autre fils de Thierri, *Fouchard II,* et deux de ses filles, *Idoine* et *Reine.*

Comme l'abbé Lebeuf l'a soupçonné avec raison, Richard I n'est autre que l'avoué de St-Denis à Argenteuil, qui fit régler en 1110 par Louis le Gros, ses différends avec le monastère (897).

Richard, pour le salut de son âme, donna l'église de Moncelles (*Moncelli*), près Taverny, longtemps possédée sans titre légal par ses ancêtres, à l'abbaye de Saint-Martin. L'acte de donation fut déposé sur l'autel du saint par le bienfaiteur et par son frère Fouchard, en présence de Théoud, curé de Bantelu. Sept ans après environ, les religieux de Sainte-Honorine de Conflans prétendirent avoir des droits sur l'église de Moncelles. On leur assigna un plaid à la fontaine d'Éragny. Richard s'y présenta avec plusieurs de ses amis et de ses hommes-liges, parmi lesquels on nomme Barthélemi, chevalier de Montmorency, et Gautier, fils d'Eudes de Bantelu. Payen de Neauphle, châtelain de Gisors, dont la fille *Mathilde* avait épousé Richard, accompagnait son gendre.

Le prieur de Sainte-Honorine ne se présenta pas. Richard lui indiqua de nouveau trois jours de plaid à Pontoise, où il fit encore défaut, et Girbert, évêque de Paris, par un diplôme daté de 1122, confirma définitivement aux moines de Saint-Martin la cure de Moncelles, « annuente », dit-il, « Burchardo de Montemorenciaco qui eam (ecclesiam) de episcopali feodo tenebat, annuente etiam Richardo, Theodorici filio, qui eamdem a Burchardo de feodo tenebat ».

Fouchard II ne voulut pas le céder à son aîné en libéralité pour l'abbaye pontoisienne. Souffrant de la maladie qui devait l'emporter, il fit venir auprès de lui l'abbé Thibaud, et lui offrit l'église de Saint-Leu, en présence de Geoffroi, archevêque de Rouen, de l'archidiacre Richard et d'un chanoine de la cathédrale.

L'abbé Thibaud se rendit ensuite à Bantelu (où Fouchard ne résidait pas) et

(896) Ms. l. 10977, fol. 28. *Liber Testamentorum Sti Martini de Campis,* p. 75.

(897) Duchesne, *Preuves de l'Hist. de Montmorency,* p. 34. — Lebeuf, *Hist. du Diocèse de Paris,* édit. Bournon, t. IV, p. 15.

demanda à Richard d'avoir pour agréable cette aumône, car Saint-Leu était de son fief. Richard y consentit, et fit aussi consentir ses deux fils *Richard* et *Guillaume*, — ce dernier encore tout enfant, « adhuc infantulum », — et ses filles *Mathilde* et *Agnès*. Les témoins de cette concession furent le doyen Ives, Guillaume et Arnoul, clercs ; Eudes de Bantelu, Raoul de Cléry, Barthélemi de Montmorency, Payen d'Argenteuil ; Baudoin et Aubri, écuyers de Richard ; Foucher, maître d'hôtel de Richard ; Étienne, chevalier, neveu d'Eudes ; Bencelin le Pelletier et ses fils.

Thierri II, fils aîné de Richard Ier, n'assistait pas à cet acte ; il était alors absent de Bantelu. Mais, en revenant de Saint-Denis, la veille de Pâques, il s'arrêta à l'abbaye de Saint-Martin ; et après l'adoration de la Croix, il mit sur l'autel, par l'ordre de son père et en présence de toute la communauté, une charte de ratification. Cette cérémonie se fit en présence d'un grand concours de chevaliers, parmi lesquels on cite Jehan de Magny et son frère Herbert, Barthélemi de Montmorency, Gautier de Bantelu, les seigneurs du Perchay, de Serans, d'Estrées, de Courcelles, de Groslay ; Baudoin de Gonesse, écuyer de Richard, etc. (*Cartul.* nᵒˢ LIX et LX).

Bantelu était à cette époque une étape du grand chemin de Paris à Rouen par Pontoise. Vers 1140, Geofroi des Alluets ayant cédé la dîme d'Avesnes à l'abbé Thibaud, en présence de Hugues, archevêque de Rouen, alors aux Andelys, revient avec l'abbé à Pontoise ; sur le parcours, il s'arrête à Bantelu. (Cartul. nᵒ XCIV). Il fait venir sa mère et ses frères pour approuver, sur l'autel de l'église, la transaction faite avec Thibaud. Toute la famille du seigneur est présente : Thierri II, Richard II et *Hugues II*, ses fils ; *Hugues III*, son neveu (fils de Fouchard), Gautier et Étienne de Bantelu ; Guillaume, fils d'Étienne ; Raoul de Cléry, Adam et Payen d'Argenteuil, Bardoul ou Barthélemi de Montmorency chevalier de Richard (cf. *Cartul.* nᵒ XL).

En venant habiter Bantelu, Richard I ne s'était pas soustrait à ses obligations féodales envers son suzerain Bouchard de Montmorency. Le Cartulaire (nᵒ XLV) en fournit la preuve. « Il advint — ainsi s'exprime le rédacteur — que le seigneur abbé Thibaud se rendit à Montmorency auprès du sire Bouchard. Et le sire Bouchard convoqua les hommes du son château et tous ses hommes liges au manoir de Hugues de Luzarches ; il reconnut devant eux que, pour le remède de son âme, des âmes de sa femme, de ses fils, de ses filles et de tous ses aïeux, il donnait à Saint-Martin trente sous de rente qu'il avait sur le chemin qui va de Pontoise à Saint-Denis-l'Aréopagite (*sic*). Ainsi le dit Bouchard, et le confirma son fils Mathieu, ce dont furent témoins ceux dont les noms suivent : *Richard, fils de Thierri,* Baudouin Le Bel, Antheaume de Groslay, Galeran de Meulan, Richard de Villetaneuse, Hervé de Deuil, etc. Ce fut fait au manoir de Hugues à Montmorency ».

Des deux sœurs de Richard I, l'une, Idoine, possédait une moitié des bois de

Jouy [-le-Moutier] vers 1130 (*Cart.* nº CXXXIV) ; l'autre, Reine, épousa le cheva-lier Raoul de Jagny et reçut en dot plusieurs terres, dont un clos de vigne à Argenteuil. Elle légua ce clos à l'abbaye de Saint-Martin, en laissant à ses héritiers la faculté de donner aux moines, au lieu du clos, le tiers de tous les biens qui formaient sa dot. Son frère Fouchard refusa l'un et l'autre aux religieux. Mais une sentence de Mathieu de Montmorency le mit dans la nécessité d'exécuter le testa-ment de sa sœur. Après avoir pris conseil d'hommes éclairés, il aima mieux laisser au couvent le tiers des biens de Reine que d'abandonner la propriété du clos d'Argenteuil ; et, devant le sire Mathieu et les chevaliers du plaid, il fit serment de partager cet héritage avec les moines dès qu'il en serait requis. (*Cartul.* nº CXXIII).

✿

Richard I eut huit enfants de Mathilde de Gisors : *Thierri II*, l'aîné, qui ne paraît dans aucun acte après la mort de son père ; — *Richard II*, — *Guillaume*, — *Hervé*, — *Fouchard III*, — *Hugues II*, — *Mathilde*, — *Agnès*.

Richard II et ses frères s'attachèrent à leur oncle Thibaud de Gisors et ne quittèrent plus sa cour. On les voit à tout instant comparaître dans les chartes émanées du noble châtelain, soit ensemble, soit isolément, ainsi :

Hervé seul (nº CXXXIII).

Hugues seul (nº CXXVI). Il est qualifié chevalier en 1172 (nº CLXX).

Richard, Guillaume et Hervé, aux obsèques de leur cousine Mathilde, vers 1148 (nº CIII).

Hervé et Fouchard III (nº XCVIII).

Hervé de Bantelu prend le surnom de *Bréançon* dans deux chartes de Thibaud de Gisors (nº CLXXXIX et CXCIX). Il vivait encore en 1187 (898).

Guillaume mourut jeune. Dans sa dernière maladie, il légua aux moines de Pontoise un four à Bréançon et une terre dite la Couture du Saussay, avec le blé qu'on y avait semé : « cultura de *Salceio* cum frumento quod in ea seminatum erat». C'était la plus forte de ses terres ; elle était située entre Bréançon et le Rosnel (*Cartul.*, nº XCIX).

Le corps de Guillaume fut porté à Saint-Martin pour y recevoir la sépulture. Avant que le convoi ne fût terminé, les quatre frères de Guillaume, Richard, Hervé, Foucher et Hugues, déclarèrent qu'ils s'associaient aux dernières volontés du défunt. Parmi les très nombreux témoins de cette charte, on cite Hervé, cha-pelain du sire de Gisors (899).

Nous avons vu que Reine de Montmorency, sœur de Richard I, avait eu en

(898) D. Estiennot, *Antiquitates Velocassium*, ms. lat. 12741, p. 305.

(899) En 1183, il fut témoin d'un acte de Barthélemi du Fay, passé « apud *Charez* in domo domni TEOBALDI DE GISORZ », devant Gilbert, abbé du Val.

dot des vignes à Argenteuil. Richard II avait hérité de son père des rentes dans la même ville. Voulant imiter la générosité de sa tante envers Saint-Martin, il laissa à l'abbaye, du consentement de ses deux enfants, *Richard* et *Mathilde*, le cens et le chaponnage qu'il percevait à Argenteuil. Il voulut de plus que, si ces redevances, qui se payaient la première aux Octaves Saint-Denis, et l'autre à Noël, ne produisaient pas au moins quarante sous par an, cette somme fût complétée sur les autres rentes d'Argenteuil. — Thibaud de Gisors assistait à cette donation.

Richard II doit être aussi compté entre les bienfaiteurs de l'abbaye du Val-Notre-Dame, de l'ordre de Citeaux, voisine de l'Isle-Adam. Du consentement d'Hervé son frère, il affranchit de toute redevance une maison que les religieux du Val possédaient dans son fief de Saint-Leu, ainsi qu'une vigne au terroir de Deuil, mouvant aussi de son fief (900). Richard date cet acte de son manoir de Bantelu ; le curé du pays, maître Gautier, est présent. On remarque parmi les témoins Thibaud de Montmorency, sire de Marly, plus tard moine du Val, le frère de Bouchard V.

Richard II, comme beaucoup de seigneurs de son temps, est représenté sur son sceau armé en guerre, poursuivant l'ennemi sur son destrier, l'épée à la main.

Richard III, en succédant à son père, eut d'abord avec Hugues, abbé de Saint-Denis des démêlés au sujet des dîmes d'Argenteuil qui furent, en janvier 1189, mises sous séquestre au nom du Roi (901).

Vers la même époque, par une suite de l'accommodement qui fut fait à propos de ces dîmes, Richard renonça, moyennant une indemnité de dix livres, à un singulier droit dont il jouissait ; à la mort de chaque abbé de St-Denis, il faisait main-basse sur toutes les nappes et serviettes qu'il pouvait trouver dans le monastère (902).

Richard avait conservé le droit de cens sur la paroisse de St-Leu de Taverny ;

(900) Ms. l. 5416, fol. 215 et 216.

(901) PHILIPPUS Dei gratia Francorum Rex. Noverint universi quod cum inter fidelem nostrum HUGONEM abbatem S. Dionysii et RICARDUM DE BANTERLU contentio erat super decimis feodi quem ipse Ricardus habebat apud *Argentolium*, nos vero decimas feodi illius in manum nostram cepimus ad faciendam voluntatem nostram in hunc modum, quod utraque pars processu temporis plenariam licentiam habeat jus suum disrationandi adversus alteram partem eque lbereque... Actum *Parisius* anno Incarnati Verbi M° C. LXXX. octavo, mense januario (A. N. LL 1158, fol. 282. — L. Delisle, *Cat. des Actes de Philippe Auguste*, n° 227).

(902) Notum sit tam p. q. f. quod RICHARDUS DE BANTARLU dedit consuetudinem quandam malam quam habebat in morte abbatis Sti Dyonisii scilicet mapas, manutergia, in elemosina, et abjuravit, et tenere fideliter juravit, et in contraplegium quem ab ecclesia feudum tenet posuit ; et de caritate ecclesie accepit x lib. Hujus rei testes sunt : JOHANNES prior. HUGO infirmarius. GODEFRIDUS LUPUS cantor. ADAM COQUIN. GUILL⁵ BATESTA. ODO DE MALBUISSUN. GUILL' DE MAULEON. JOH⁴ VILLANUS BERNERIUS et multi alii. (A. N. LL 1157, fol. 168.)

L'infirmier Hugues est cité dans un texte de 1184 (*Ibid*. fol. 58). D'après D. Racine, il exerça cette charge monastique de 1173 à 1185. Un homonyme l'occupa de 1192 à 1204 (*Nécrol. de St Denis*, I, cxvii. Bibl. Mazarine).

il y jouissait également d'autres droits féodaux tels que le rouage. Il dispensa de ces droits une maison que les religieux du Val possédaient dans cette paroisse. Il était aussi co-seigneur de Deuil, dont le territoire était en grande partie planté de vignes, et il y exerçait le droit de pressorage (903).

Deux actes de Richard III sont datés de 1196. Par l'un, il demande à l'abbé de St-Martin une absolution générale pour tout le tort qu'il a pu faire au monastère et lui restitue le chaponnage d'Argenteuil (*Cart.* n° CCXVI). Il autorisa plus tard les moines à constituer un receveur sur place (n° CCXX).

Par l'autre, du consentement de ses enfants, il amortit divers biens que l'abbaye de Chaalis possédait dans sa censive (904).

En 1202 nous le voyons vendre à Guillaume de Garlande le droit d'avouerie qu'il tenait du roi à Argenteuil, et généralement tous les biens et revenus qu'il possédait dans cette paroisse. Philippe Auguste approuva cette vente, et concéda ces biens à Guillaume en augment de son fief (905).

En 1207, Richard de Bantelu, du consentement de son fils *Richard IV*, confirme aux moines du Val tout ce qu'ils ont reçu de la libéralité de son père, et amortit ce qu'ils ont acquis de son temps, notamment une masure à Taverny qui lui devait un cens de 2 sous et 3 oboles (906).

Plus tard, en 1223, Richard IV renonça d'une manière absolue en faveur du Val à tout ce qu'il pouvait réclamer comme service et comme cens, au sujet du tènement qu'ils avaient dans son fief de St-Leu.

Richard IV, chevalier de Bantelu, est nommé avec *Marie*, sa femme, dans un titre de l'abbaye de Gomerfontaine de l'an 1233 (907). Il était mort en avril 1239.

---

(903) Ego RICARDUS DE BANTELU n. f. quod pro salute anime mee domum quandam quam ecclesia de *Valle Ste Marie* habebat in parochia *Sti Lupi de Taverni* sitam et que de meo censu erat et ad meam donationem pertinebat, eidem ecclesie ab omni redditu et dominatione sive rongio liberam et quietam in perpetuam elemosinam dedi et concessi ; insuper quandam vineam in territorio de *Duel* in loco qui dicitur de *Juiser* sitam similiter ab omni censu et reddito et pressoragio et omni exactione et dominatione liberam eidem ecclesie dedi et concessi. Actum est hoc in domo apud *Banterlu*... Testes sunt magister GALTERIUS presbiter de *Banterlu*, GIROLDUS clericus ejusdem ville, Stephanus et Gaufridus servientes. Ex parte monachorum : HUGO supprior DE MONTEMORENCIACO, THEOBALDUS monachus.

A. N. LL 1541 fol. 55. — Le chartrier du Val contient un texte différent quant aux souscriptions : « HERVEUS frater meus. THEOBALDUS DE MONTEMORENCIACO ». L'acte est revêtu du sceau de Richard, représentant un chevalier armé (Ms. lat. 5462, fol. 217).

(904) Cart. de Chaalis, ms. lat. 11003, folio 235.

(905) Philippus Dei gratia Francorum rex... RICARDUS DE BENTELLU, assentiente uxore sua, vendidit dilecto et fideli nostro GUILLELMO DE GARLANDA advocatiam quam idem Richardus de nobis tenet apud Argentolium et omnes reditus et universa ea que ipse apud *Argentolium* habebat de quocumque ea teneret. Nos quoque eidem Guillelmo in augmentum feodi sui concessimus... Actum apud *Mortuomare* anno Dni 1202 (Du 14 avril 1202 au 5 avril 1203. — L. Delisle, *Cat. des Actes de Phil. Auguste*, n° 723. — Arch. de l'Eure, E 2, fol. 71).

(906) B. N. lat. 5462, fol. 215.

(907) Louvet, *Anciennes remarques de la Noblesse Beauvoisine*, page 77. — Les Bantelu avaient des relations en Beauvaisis. Dès 1190, Richard III était témoin d'une charte de Guillaume de Mello pour Froidmont (Dom Caffiaux, vol. 1211, p. 329).

A cette date, Bouchard IV de Montmorency échange avec les moines du Val, douze arpens de bois sis « in caillosa juxta nemus quod dicitur Louvegni » contre vingt-cinq sous parisis de cens que feu Richard de Bantelu, chevalier, leur a légués sur son cens de Taverny (908).

Les armes des Bantelu nous sont connues par un certain nombre de sceaux. Le plus exactement décrit l'a été par M. Potiquet, dans l'Armorial de Magny-en-Vexin. C'est le sceau de Richard IV de Bantelu en 1223 : « D'or à la fasce de gueules, accompagnée de six merlottes de même, trois en chef, deux et une en pointe ». Ces armes sont également relevées par Gaignières, qui n'indique point les émaux. Les archives de Chaalis contenaient un sceau analogue (909).

(908) A. N. S 4204, n° 44.

(909) Ce sceau apposé à un acte de 1196, signalé par Afforty (B. N. mss. lat. 9977, fol. 7) est décrit par Demay (Sc. de Picardie, n° 128). Il est ogival, de 50 millimètres, et porte un écu à la fasce accompagnée de six oiseaux en orle. L'exergue porte : SIGILLVM RICARDI DE BONTELLV.

XII

Sur la famille de la Bienheureuse HILDEBURGE

I. Maison de GALLARDON

L château de Gallardon appartenait aux anciens comtes de Dunois. Le roi Robert l'ayant détruit, Geofroi II, vicomte de Châteaudun, entreprit de le relever, en dépit du roi de France et de l'évêque de Chartres, Fulbert. Cette entreprise provoqua l'excommunication du vicomte. Toutefois, le donjon resta debout. Dès 1025, il était confié à *Aubert III Le Riche*, sur l'origine duquel nous entrerons dans quelques détails.

Ansoud I Le Riche épousa, après 956, *Raingarde*, que, dans les derniers temps de sa vie, Hugues le Grand avait prise pour maîtresse, et dont il avait eu *Herbert*, évêque d'Auxerre (élu en 968, mort le 13 août 994).

De cette alliance sortirent divers enfants, dont *Jehan*, élève de Gerbert, qui remplaça son frère sur le siège d'Auxerre et mourut, après un court épiscopat, le 21 janvier 998. Ces indications de parenté se dégagent du récit des *Gesta episcoporum Autissiodorensium*, qui donnent aux deux prélats, Herbert et Jehan, la même mère et des pères différents.

Ansoud II Le Riche, frère aîné de Jehan, fut l'un des conseillers de Robert le Pieux, au début de son règne. Il vivait encore en 1015 et sa femme se nommait Rotrude (*Reitrudis*).

Outre *Guérin I*, baron de Paris en 1022, qui d'Hersende eut *Ansoud III*, premier seigneur de Maule (p. 270 *suprà*), Rotrude eut pour fils *Herbert de Gallardon*. En se faisant moine à St-Père, sous l'abbé Hubert (1067-1079), Herbert donna du consentement de ses enfants, *Hervé, Foucher* et *Guiburge*, un aleu dans le Dunois, à Premeville (*in Premetisvilla*), qui lui venait de sa mère (910).

(910) Ms. l. 5417, fol. 495.

Herbert prit sans doute ce surnom parce qu'il avait été appelé à Gallardon comme garde du château, par son cousin *Aubert III Le Riche*. Celui-ci était fils de *Ribaud* et neveu d'Ansoud II.

Ribaud avait pour beau-père *Aubert I Le Riche*, frère d'*Anne*, abbé de Jumièges (943-944), puis de Saint-Mesmin de Micy (944-987). Aubert I prit pour femme *Hildeburge de Bellême*, fille du comte Ives I et de Godeheu, sœur de la comtesse Ledgarde. Il en eut *Aubert II*, abbé de Micy après 1012, le donateur de Bouafle, dont nous avons parlé déjà (pp. 310 et 345 *suprà*). Celui-ci mourut le 14 janvier 1036, laissant d'Hildegarde de Châteaudun, un fils, *Arnoul*, archevêque de Tours (1025-1052). Dans la donation qu'Aubert II fit en 1026, à son abbaye, de l'alleu de Dame-Marie au pays de Bellême, qu'il possédait *ex maternâ hæreditate*, le premier signataire, après le donateur et son fils Arnoul, est *Ribaud*. Gislebert de Laigle, dans le ressort féodal duquel était l'alleu donné, souscrit ensuite, puis le roi Robert, Guillaume de Bellême et enfin Richard III de Normandie, qualifié simplement *comes Normannorum* (911).

Aubert III, fils de Ribaud, figure dès 1025, avec le titre de *dominus castri de Galardone* ou plus simplement sous le nom d'ALBERTUS DE WALARDONE : il souscrit ainsi le diplôme de Robert le Pieux pour Coulombs en 1027.

Il fonda l'église de Gallardon et vécut jusqu'en 1063 ; il avait pour frères *Guérin* et *Teudon*. Outre des filles, dont l'une épousa Gasce de Thimert (912), Aubert III eut un fils, *Hervé I*, seigneur du château de Gallardon après lui.

Hervé assistait en 1052, à la fondation du prieuré de St-Nicolas d'Épernon ; il épousa *Béatrice*, qu'on peut croire fille de Milon I de Montlhéry.

Hervé dota richement l'église Notre-Dame de Gallardon, et son exemple fut suivi plus tard par ses fils *Hugues I* et *Guérin* (913), dont la sœur fut la B. Hilde-

(911) Mabillon, *Vetera analecta*, nova edit., p. 431. — Ce n'était point par *sa mère*, comme le dit à tort une Chronique des archevêques de Tours (Ms. fr. 17047, fol. 11), mais par *son aïeule maternelle*, que l'archevêque Arnoul se rattachait aux Bellême. Il était certainement neveu de son prédécesseur, Hugues de Châteaudun.

Aubert II Le Riche eut aussi une sœur surnommée *Reine*, bienfaitrice de Micy (Coll. Baluze, XXXVIII, 16) ; mariée au chevalier *Havrain*, elle en eut *Hervé*, archidiacre de Ste-Croix d'Orléans et doyen de St-Vrain, fondateur de l'église N.-D. du Bourg qui fut consacrée le 17 août 1024. D'un frère d'Hervé descendent les châtelains de la Ferté-Avrain (depuis la Ferté-Imbault).

Le surnom de *Reine*, rapproché du titre de *nobilissimus* attribué à Ribaud et des bénéfices concédés à l'abbé *Anne*, donne lieu de penser que cette branche des *Le Riche* était apparentée aux derniers Carolingiens. Le domaine de Bouafle dont disposa Aubert II avait été compris dans la dot attribuée par Charles le Simple à sa première femme, *Fréderune*. Or la fille d'Aubert III, mariée à Gasce de Thimert, se nommait *Frodeline* (simple adoucissement de *Fréderune*), et l'on sait que le père de Louis d'Outremer n'eut pas moins de six filles, issues du premier lit, et nées par conséquent, entre 896 et 918. L'une d'elles — peut-être celle qui portait le nom de sa mère — n'aurait-elle pas épousé le père d'Aubert I Le Riche et de l'abbé Anne de Jumièges ?

(912) Gasce eut plusieurs fils : *Hugues* et *Gasce*, cités par le Cartulaire de St-Père, et *Robert de Gallardon*, père d'une nombreuse lignée (Ms. l. 5417, fol. 498).

(913) « Ecclesiam de *Galardone*, sicut ab ALBERTO, ejusdem castri domino, fundata est, cum incrementis et donis que HERVEUS, ejus filius,... contulit..., que postea filii ejus HUGO et GARINUS et eorum successores

burge, que nous retrouverons dans l'appendice suivant avec son mari, Robert II d'Ivry (914).

Hervé paraît encore en 1078 (915); il mourut avant 1092 et fut enterré à Bonneval, comme nous l'apprend son fils dans la charte de fondation du prieuré d'Auneau (916).

Hugues I, cité dès 1092 (917), donna la terre de Voise, près d'Auneau, à St-Martin des Champs, ce qui fut confirmé par *Guérin*, second fils d'Hervé, puis par leurs autres frères, *Gui*, chevalier et *Milon*, archidiacre de Chartres en 1100 (918). Guérin partit pour Jérusalem dans les dernières années du XI⁰ siècle, il n'en revint pas, et sa veuve *Mabile* se remaria à *Aimon le Roux d'Etampes*, dont elle eut une fille, *Euphémie* (919).

Hugues ayant, avant son frère, déjà pris la croix, donna un manse à l'abbaye de Bonneval « pro patris mei Hervei absolutione », le jour même où, sur son départ, il confia à ses fidèles chevaliers son château, et sa fille unique *Mahaut*, en présence de sa femme Agnès et de son frère Guérin (920).

Gui fut le tuteur de Mahaut après la mort de Guérin. Il apparaît comme seigneur de Gallardon au début du XII⁰ siècle.

Cette famille étant tout à fait étrangère au Vexin, nous ne pousserons pas plus loin cette étude, qui porterait dès lors sur des collatéraux de la B. Hildeburge.

II. — FAMILLE D'IVRY

Un sérieux effort a été fait pour débrouiller l'histoire confuse des anciens possesseurs d'Ivry, grâce au travail de M. Mauduit édité en 1899 par la Société libre des sciences de l'Eure (921).

addiderunt, eisdem monachis... confirmamus » (Lettres de l'archidiacre de Chartres, 1118. Arch. d'Eure-et-Loir, fonds de Bonneval: citées par MM. Merlet et de Clerval. — Cf. H. 1067).

(914) Toute cette partie de la généalogie des Gallardon a été éclaircie dans une publication récente : *Un manuscrit chartrain du XI⁰ siècle*, par MM. Lucien Merlet et de Clerval.

(915) Ms. 5413, fol. 12. — A. N. LL 42, fol. 16.

(916) Annuaire d'Eure-et-Loir, 1867, p. 95. Arch. d'Eure-et-Loir, H 999.

(917) *Cartul. de Marmoutier pour le Dunois*, p. 135.

(918) Ms. l. 10977, fol. 40. *Liber Testamentorum Sti Martini de Campis*, p. 102.

(919) Ms. l. 10977, fol. 38. *Liber Testamentorum*, p. 97.

(920) « Dominicum quoque sepulcrum *Jerosolimis* petiturus, ipso die castella mea et filiam meam commendavi meis fidelibus, Garino quoque fratre meo et uxore mea Agnete atque unica mea Mathildi audientibus » (Ms. l. 17139, fol. 61).

(921) *Histoire d'Ivry-la-Bataille*, Évreux, Hérissey, 1899, in-8⁰.

Sprote, mere de Richard Ier de Normandie, se remaria après la mort de Guillaume Longue-Épée, à un normand surnommé l'*Eperlan* (*Asperleng*). Elle en eut *Raoul* qui devint comte de Bayeux et possesseur d'Ivry, personnage semi-légendaire qui, déjà fort âgé, dicta vers 1015 à Dudon de Saint-Quentin les souvenirs que cet historiographe a consignés dans ses récits.

Auberée, sa femme, lui donna deux filles : *Emme* et *Basle* (922). Emme s'unit à Osbern de Crevon, fils d'Herfast et neveu de Gonnor, femme du duc Richard I. Elle fut mère de *Guillaume I* et aïeule de *Guillaume II de Breteuil*, à qui Robert Courte-Heuse, fils de Guillaume-le-Conquérant, donna le château d'Ivry après 1087 (923). Ayant perdu son mari, Emme devint la première abbesse de St-Amand de Rouen.

Robert, fils de Basle et de Richard de Beaufai, quitta les armes pour la haire, et fut institué en 1067, prieur de St-Nicaise de Meulan. Les historiens le qualifient « GALERANNI comitis MELLENTINI propinquus » (*Neustria pia*, p. 333). Il nous semble difficile de ne pas l'identifier avec *Robert* fils de *Richard de Saint-André* (lequel était « GALERANNI comitis MELLENTI nepos ») qui précisément se fit moine à l'exemple de son père (p. 343 *suprà*). On s'explique ainsi la parenté (*cognatio*) des fils de Richard de St-André avec Ascelin Goheu, petit-fils d'Auberée II d'Ivry, et par elle, arrière-petit-neveu de Basle.

Malgré les textes sur lesquels a pu se baser M. Mauduit, il semble inadmissible que l'évêque *Hugues* de Bayeux, fils de Raoul, élu vers 1015 et mort en octobre 1049, n'ait pas été aussi fils d'Auberée. C'est en effet ce nom qu'il donna à l'une de ses filles, *Auberée II*, qui épousa successivement Aubert de Cravent, puis *Robert de Bréval* qui dès 1059 prenait le surnom d'*Ivry* (924). Il souscrit ainsi à une charte d'Aubert Le Riche de Gallardon, fils de Ribaud. Auberée II eut de son second mari, *Robert II d'Ivry* (925) mari d'*Hildeburge*, fille d'Hervé I de Gallardon et petite-fille d'Aubert Le Riche.

La bienheureuse Hildeburge, dont notre Cartulaire a conservé la biographie (n° LVI) avait pour tante maternelle *Gertrude*, dame d'Aincourt. Au début de son

(922) Le nom de *Basle* n'est pas donné par M. Mauduit. Il résulte de l'identification que nous croyons pouvoir établir entre *Richardus de Belfeio* (Beaufai, c. Laigle, Orne), gendre d'Auberée, avec *Richard de Saint-André*, mari de Basle d'après les chartes reproduites p. 344 *suprà*.

(923) « GUILLELMO DE BRITOLIO (dux ROBERTUS) dedit *Ibericum*, ubi arx quam ALBEREDA *proavia ejus* fecit, fortissima est ». (Orderic Vital, t. III, p. 263). — L'éditeur de l'*Histoire d'Ivry* a perdu de vue ce passage, lorsqu'il a supposé que les deux filles de Raoul d'Ivry étaient nées de sa seconde femme *Eremburge*. A celle-ci on ne peut attribuer qu'un fils, *Jehan*, évêque d'Avranches dès 1061, puis archevêque de Rouen vers 1070 et mort en 1078. C'est le prélat auquel s'adressèrent les moines de St-Martin pour obtenir le retour de leur abbé saint Gautier, retiré à Cluny (p. 189 *suprà*).

(924) C'est le *Robertus de Evriaco* (rectification qui s'impose pour *Robertus de Luriaco*), l'un des chevaliers d'Aubert III Le Riche, qui souscrit à la donation de Brézolles à St-Père-en-Vallée (Arch. d'Eure-et-Loir, H 398; Inventaire publié par M. René Merlet, p. 53 ; texte différent de celui édité par Guérard, p. 128). — Robert d'Ivry est encore cité en 1061. (Ms. 1. 5417, fol. 217).

(925) Coll. Moreau, XXII, 56.

mariage, Hildeburge, à l'instigation de son mari, revendiqua les biens laissés, pour sa sépulture, par Gertrude au prieuré de Juziers, membre de l'abbaye de St-Père de Chartres. Les moines durent s'incliner devant la force, s'en remettant à la justice de Dieu (926).

Cette justice se manifesta à l'égard de Robert, au rapport d'Orderic Vital, par une blessure — ou peut-être une maladie cruelle dont la conséquence était la rupture des liens conjugaux. Celle-ci se fit naturellement : Robert entra, comme religieux, à l'abbaye du Bec ; mais avant de le recevoir, saint Anselme exigea de lui la réparation des actes indélicats de sa vie. Les moines de Coulombs lui avaient confié, comme caution d'un prêt, un calice d'or que Robert mit en gage chez les Juifs de Nogent pour trente livres tournois, la moitié de sa valeur. Afin d'indemniser les moines de ce qu'ils avaient dû payer pour le rachat, Robert leur céda tous ses droits sur St-Illiers-la-Ville (p. 344 *suprà*) ; c'est précisément la terre que leur avait donnée Richard de St-André, et ce détail confirme son identité avec Richard de Beaufai (927). Par un autre acte (928), du consentement d'Hildeburge et de leurs fils *Goheu*, *Guillaume* et *Robert* (GODELLUS, GUILLELMUS et ROBERTUS), il renonça à tous droits de justice et de voirie sur les terres de Coulombs à Mondreville et Tilly. Par cet accord, qui se fit en l'église Notre-Dame, au faubourg du château d'Ivry, le jour de la fête de saint Ursin (29 décembre), les moines de Coulombs offrirent à l'autel de ce saint un calice — peut-être celui qui avait fait l'objet des précédentes conventions (929).

Hildegarde, devenue libre, fut instamment sollicitée par ses proches de se remarier : elle y consentit ; toutefois un grave accident survenu le matin de ses noces la fit changer de résolution. Dès lors sa vie se passa en pèlerinages, entrecoupés de séjours en divers monastères. Enfin elle vint se fixer à Pontoise ; St-Martin était voisin du domaine de Jouy, propriété de son fils aîné ; elle en obtint la jouissance sa vie durant, et plus tard, la cession à l'abbaye.

Le fils aîné de Robert II, *Ascelin* surnommé *Goellus* ou *Godellus* (*Gohel* ou

(926) Guérard, *Cartul. de St-Père*, p. 184. L'acte d'abandon de leurs droits est daté de l'an 2 du roi Philippe *adhuc puerulus*, c'est-à-dire 1061-1062. (Coll. Moreau, XXVI, 252).

(927) Il est à noter que Beaufai (Orne) avait une église dédiée à S. Hilaire, qui a laissé son nom à un hameau de cette commune.

(928) Carta et concordia inita cum ROBERTO DE EVRMO, quâ dimittit, annuente uxore sua et filiis suis, vicariam, omnemque judiciarium causarum consuetudinem, quas sui juris esse asserit, de omnibus Ste Marie (*Columbensis*) terris apud *Mandrevillam* et *Tiliacum*, simulque cum atriis ecclesiarum, de *Sto* quoque *Hilario* et omnibus ad eumd. locum pertinentibus, consentiente HILDEBURGE uxore sua, GODELLO, GUILLELMO et ROBERTO filiis suis. — Actum publice in quadam festivitate Sti Ursini, apud ecclesiam Ste Virginis Virginum, sitam in suburbio *Ibreii* castri, presentibus THEOBALDO abbate (*Columbensi*), GAUFREDO et GASTHONE DE MANDREVILLA ; GAUFREDO, loci illius priore. (Coll. Baluze, XXXVIII, 27). — Mondreville et Tilly font partie du canton de Houdan.

(929) M. Mauduit n'a connu ces actes que par l'Inventaire sommaire des titres de Coulombs, aux Archives d'Eure-et-Loir. — Saint *Anselme* fut abbé du Bec de 1078 à 1093, et *Thibaud*, abbé de Coulombs de 1084 à 1090.

Goheu) (930) apparaît dès 1087 comme dirigeant l'avant-garde de l'armée normande qui s'empara de Mantes sous la conduite même de Guillaume-le-Conquérant. Il avait sans doute succédé dès cette époque à son père comme possesseur de la terre de Bréval et prévôt d'Ivry. En 1090, il se saisit par surprise de la tour d'Ivry, sur Guillaume de Breteuil, son suzerain, et la livra au duc Robert II de Normandie. Guillaume la racheta 1500 livres et se vengea en enlevant à Ascelin la prévôté d'Ivry. Le fils d'Hildeburge, qui avait construit à Bréval un château formidable, appela à son aide Amauri de Montfort. Une armée de chevaliers français assaillit Ivry, s'empara de la tour ; Ascelin fit prisonnier Guillaume de Breteuil, et lui fit subir, pour l'expiation de ses péchés, un carême terrible. Il le faisait doucher et promener par les grands froids, *solis camisiis aquâ largiter humectatis*. Après quelque temps de ce régime, Guillaume en passa par tout ce qu'on voulut. Il donna son unique fille à son tortionnaire et reconnut ses droits sur la tour d'Ivry. Puis il alla chercher dans le cloître l'oubli de ses humiliations.

C'est à l'abbaye du Bec qu'il mourut, le 12 janvier 1103, ne laissant que deux enfants naturels : *Isabelle* et *Eustache*. Ce dernier prit possession de toutes les places fortes occupées par son père ; mais il trouva dans le mari de sa sœur un adversaire qui lui suscita de graves embarras. Ascelin soutint les droits d'un rival, Renaud de Grancey, neveu de Guillaume et son seul hoir légitime. Entre ces deux compétiteurs, il garda ses positions. En 1113, une charte du roi d'Angleterre pour St-Evroul porte cette souscription : S. HUELLI DE IBREIO.

Vers la même époque, Ascelin Goheu donnait à St-Taurin d'Evreux, pour la constitution d'un prieuré, une chapelle qui venait d'être élevée au château d'Illiers, un terrain propre à la résidence des moines, les fours de la ville et du château, la dîme des moulins, des pêcheries, de la boulangerie du seigneur, et éventuellement, celle des droits de tonlieu et de péage qu'on songeait à établir (931).

Après la mort de sa mère, à St-Martin de Pontoise, le 3 juin 1115, — date admise par le *Martyrologe* de Chastellain et qui nous semble exacte, — Ascelin confirma la donation du domaine de Jouy qu'elle fit à cette abbaye et obtint un privilège de Louis VI à ce sujet, dans l'été de 1116 (*Cartul.* nᵒˢ LVII et LVIII).

---

(930) Bien des surnoms, à cette époque, rappellent une ascendance illustre, sans distinction de sexe. Celui d'Ascelin pouvait lui venir de sa bisaïeule la comtesse Godehen ou Goheu de Bellême. La note 273 du *Cartulaire* serait à modifier dans ce sens.

(931) Cette donation, où est envisagée la prévision de futurs impôts, n'est point datée dans le Cartulaire de St Taurin (Arch. de l'Eure, fol. 59). Comme cette notice a échappé à M. Mauduit, nous en donnons le texte :

« GOHELLUS DE IVREIO dedit capellam que facta est inter castellum *Illeis* liberam et quietam ; furnos quoque totius ville et castelli, et decimam omnium que ad se pertinent, et panis proprii, et molendinorum, et piscium stagni ; et terram convenientem ad haditandum ; et, si contigerit quod theloneum et transitus ibi capiatur, similiter decimam ».

Lui-même suivit d'assez près Hildeburge dans la tombe. Son fils légitime, *Guillaume*, étant mineur, Eustache de Breteuil, qui avait épousé Juliane, fille naturelle de Henri Ier, obtint de celui-ci la restitution de la tour d'Ivry. Mais Raoul Harenc, le châtelain, convaincu qu'Eustache voulait livrer Ivry aux Français, refusa de lui remettre la place. Eustache s'en vengea odieusement, en faisant aveugler le fils de Raoul, son otage. Sur ces entrefaites, Louis VI s'empara d'Ivry en 1119.

Un bâtard d'Ascelin, *Robert III*, dit *le Roux* d'abord (*Cartul.* n° LVII), puis *Goheu* comme son père, se retira vers Henri Ier fit sa paix avec lui en 1119 et se fit concéder la garde d'Ivry. On le retrouve comme témoin d'un acte royal, pour St-Evroul, qui n'est pas antérieur à 1123 (932).

Cependant *Guillaume II* dit *Louvel*, l'héritier légitime d'Ascelin, dont les droits étaient aussi primés, se tourna vers la France. Il prit part au soulèvement de Galeran II de Meulan dont il avait épousé l'une des sœurs (933) *Mahaut* (p. 319 et note 332, *suprà*). Lors de la surprise de Bourgtheroulde en 1124, il put s'échapper grâce à la connivence d'un paysan qui cacha ses armes, lui coupa la barbe et les cheveux, et lui donna des habits communs. Un épieu de bouvier à la main, il se dirigea vers la Seine, mais, n'ayant pas songé à se munir du denier qu'il fallait payer pour passer le bac et se trouvant sans argent, il laissa ses chaussures au batelier, et fit pieds nus le reste de la route. Plus tard, il se réconcilia avec le roi d'Angleterre (934). Devenu maître d'Ivry, il confirma la fondation de l'*Aumône* ou maison hospitalière que sa mère Hildeburge avait établie (note 271, *suprà*).

De son mariage avec Mahaut de Meulan, Guillaume Louvel eut d'abord quatre enfants : *Robert IV, Galeran I, Elisabeth* et *Elysent* (935).

L'aîné des fils mourut prématurément, et Guillaume fit pour le repos de son âme une fondation à l'église Notre-Dame de Gournay (936).

Dans les dernières chartes de Guillaume, on voit à côté de Galeran, son

(932) Ord. Vital, IV, 302 ; V. 199, 204.

(933) Le P. Anselme (II, 404) l'appelle à tort *Auberée* et place leur mariage à une date prématurée (*vers 1117*).

(934) Dès 1126, on trouve une donation de terres « in feodo WILLELMI LUPELLI » (Ms. fr. 24133, fol. 131).

(935) WILLELMUS qui cognominatur LUPELLUS, *Eboraci* castri dominus, dampnum quod Sti Petri Carnoti ecclesiæ gravissimum intulerat, edificatione novorum molendinorum suorum de *Esiuco* super nostros ibidem sitos, emendavit, et filiis et fratribus concessi fecit... a MAHILDE uxore ejusdem WILLELMI, et filiis eorum ROBERTO et GALERANNO, et filiabus ELISABETH et ELYSENT. Testes ROBERTUS RUFUS, JOHANNES filius Roberti Rufi, RICARDUS RUFUS (Ms. l. 5417, fol. 587). — *Robert le Roux* est Robert III, le bâtard d'Ascelin; *Richard* est probablement un autre frère naturel de Guillaume, la notice employant le pluriel *fratribus*.

(936) WILLELMUS LUPELLUS DE IVREIO dedi ecclesie *Ste Marie de Gornaio* consuetudinem ex omnibus propriis rebus in totam terram meam pro salute mea et uxoris mee MATILDIS et pro anima filii mei ROBERTI et animabus parentum et amicorum meorum. Testibus : ROTROCHO, episcopo *Ebroicensi* et GALERANNO comite MELLENTI, et ROBERTO filio suo, et uxore mea MATILDE, et AGNETE comitissa MELLENTI et Rogero capellano, et magistro Herveo, et Roberto de Altaribus ; Willelmo de P. [de Pinu], Roberto de Formevillis, Radulpho Harenc, Alano de Neuilli (A. N. LL 1397, fol. 33).

futur héritier (937), paraître deux autres enfants, *Gohel*, clerc, et *Guillaume* (938). Ce dernier se maria et laissa une fille, *Mahaut*, dame de Ferrières, à laquelle, en 1245, il restait encore deux fils, Vauquelin (*Gosselinus*) et Hugues (939).

Une fille de Guillaume Louvel, *Auberée*, vivait encore en 1209 et donna à Notre-Dame d'Ivry 50 sous de rente sur le produit de son péage de St-Illiers-la-Ville (940).

La vie de Guillaume Louvel se poursuivit longtemps, non sans vicissitudes nouvelles. Son beau-frère Galeran II fut un batailleur infatigable ; son frère, *Roger le Bègue* de Grossœuvre, fit la guerre au prétendant Etienne de Blois, puis en 1152, au comte d'Evreux, qui ravagea ses terres et celles de Guillaume, dévastant tout le pays à l'exception des forteresses (941).

Toute cette famille tenait pour les Plantagenet.

Geofroi d'Anjou, devenu roi d'Angleterre, adressa, entre 1144 et 1150, un mandement à Guillaume Louvel et au bailli de Vernon pour mettre l'évêque d'Evreux en possession des dîmes de Vernon et de Nonancourt (942).

Guillaume Louvel vivait encore en 1162 (943). Il eut avec Hugues V, abbé de St-Germain des Prés, un différend qui se termina par des lettres où il présentait à l'abbé les plus humbles excuses (944).

Le fils de Guillaume, Galeran I, suivant les errements paternels, ne voulut jamais se dessaisir de sa tour. Mais, en 1173, il en fit hommage au roi d'Angleterre, et celui-ci profita de sa mort, en 1177, pour occuper cette tour convoitée dont ni lui, ni son père Geofroi, n'avaient pu se rendre maîtres (945).

Peu après, le 21 septembre 1177, fut signé entre Ivry et Nonancourt un traité de paix par Henri II et Louis VII, qu'on appela le *traité d'Ivry :* c'est ce pacte que le roi d'Angleterre renouvela avec le jeune Philippe-Auguste, entre Gisors et Trie, le 28 juin 1180 (946).

De sa femme *Reine* Galeran eut trois enfants: *Robert IV, Gohel, Mahaut* (947).

(937) Voir une donation de 1252, A. N. L 194¹, n° 17 bis.

(938) Cartul. de l'Estrée. Arch. de l'Eure, H 319, fol. xi.

(939) Arch. de l'Eure, H 412.

(940) Arch. de l'Eure, H 431.

(941) Robert de Torigny, I, 278.

(942) Arch. de l'Eure, G 122, fol. 42.

(943) D. Bouillart, *Hist. de St-Germain des Prés*, p. 91.

(944) Hugoni Dei gratia abbati Sti Germani sacroque conventui... Willelmus Lupellus de Ibreio, salutem. Confiteor me peccasse Deo et vobis quia consuetudines quas in terra S. Germani in potestate *Domnimartini* accepere solebam, injuste accepiebam, unde vestram Sanctitatem, suppliciter et flexis genibus, exoro quatinus, propter misericordiam Dei et vestram pietatem, me ab hoc delicto absolvatis et beneficii ecclesie participem esse concedatis.

(A. N. L.L 1024, fol. 70).

(945) Robert de Torigny, éd. Delisle, II, 38, 68.

(946) L. Delisle, *Catal. des actes de Philippe-Auguste*, p. 4.

(947) Donation à l'abbaye du Breuil-Benoit. A. N. Q. 194, n° 17 bis.

Robert IV s'engagea à rendre la forteresse d'Ivry à Philippe-Auguste en juillet 1200 et donna pour cautions les trois Mauvoisins, le baron de Maule, les seigneurs de Blaru et de Richebourg (132). En 1221, il souscrivit l'engagement que son fils, *Galeran II*, servirait fidèlement le roi de France et garderait pour lui le château de Montreuil près Dreux (948).

Galeran avait épousé, dès décembre 1224, Agnès, dame de Montreuil, qui avait perdu, entre août 1220 et octobre 1221, son premier mari, Guillaume II, vicomte de Melun (949). Elle fit porter à Galeran le titre de vicomte ; mais elle se vit de nouveau veuve [entre décembre 1232 et avril 1234] (950) et prit un troisième époux, Étienne de Sancerre. Robert IV survécut à ses deux fils, car il perdit non moins prématurément *Gohel*, marié et mort sans lignée. Galeran II avait eu d'Agnès, malgré la brièveté de leur union, un certain nombre d'enfants. L'aîné des fils, *Robert V*, dit *Robin* à cause de son jeune âge, était encore en 1243 sous la caution de son frère aîné, Adam VI vicomte de Melun. En 1247, il était majeur. Il vivait encore en 1270. Mais en 1271, le roi gardait la tour d'Ivry « pour l'hoir de la terre ».

Un cadet de Robin, *Galeran III*, suivit saint Louis à la dernière croisade ; il épousa Marguerite, fille de Pierre de Moret ; il l'avait laissée veuve avec un fils, *Robert VI*, en 1282.

Mauduit n'a pas trouvé de lien précis qui pût rattacher à ces personnages *Guillaume III*, sire d'Ivry et grand veneur de France en 1295. On trouve ensuite *Robert VII*, dit *Robinet*, fait chevalier en 1313, titré seigneur d'Ivry en 1318, marié dès 1323 à Guillemette, héritière de l'Isle Adam, dont il n'eut pas d'enfants. La suite des châtelains d'Ivry est connue depuis, mais leur généalogie n'est pas assurée.

Les armes de Charles d'Ivry, à la fin du xve siècle, étaient *d'or à trois chevrons de gueules*.

(948) L. Delisle, *Cart. des actes de Philippe-Auguste*, nos 1306, 2141.

(949) Cf. Coll. Baluze, LI, 191, et ms. l. 5480, fol. 345 ; La Roque, *Hist. d'Harcourt*, IV, 2035, 2123 ; Ms. fr. 24132, p. 80 ; Marchegay, *Archives d'Anjou*, II, 157.

(950) Cf. Arch. de l'Eure, G 125, fol. 287-290, et La Roque, II, 1838.

SUPPLÉMENT

DOCUMENTS RETROUVÉS EN COURS D'IMPRESSION

XLV bis

Hugues comte de Dammartin, ayant donné successivement à Vézelay et à Cluny un clos de vigne et la chapelle de St-Michel-au-Bois, près de Cramoisy, Artaud, abbé de Vézelay, se rend à Saint-Leu d'Esserent, accompagné de Renaud prieur de Mello, son subordonné, et conclut un accord avec Yves, prieur de Cluny ; en présence de Thibaut I, abbé de Saint-Martin, de Raoul, l'un de ses moines, et d'Aimar I, prieur de Saint-Leu, il renonce à toute prétention sur les libéralités contestées.

Guerpitio Domni Abbatis Viziliacensis de Silva Sancti Michaelis in favorem monachorum Sancti Lupi.

Notum sit omnibus presentibus et futuris quod monachi *Vizeliacenses* calumpniam inferebant monachis *Cluniacensibus* manentibus apud *Escerentem*, dicentes quatinus quandam partem census illius ville quem tenebant, et unum clausum vinearum quem possidebant, et *capellam Sancti Michaelis in Silva*, et partem illius silve circa capellam dederat Hugo comes DE DOMNOMARTINO ecclesie *Vizeliacensi*, priusquam *Cluniacensi* dedisset.

Sed postquam dominus abbas ARTALDUS, gratia Dei, adeptus est tantam dignitatem regendi ecclesiam illam, audivit esse discordiam inter fratres, quam, citius potuit, placavit. Venit enim apud predictam villam pro concordia pacis et amore predicti comitis, wirpivit omnem calumniam illam, quam intulerat illis, cum consilio monachorum suorum, in presentia domini YVONIS prioris *Cluniacensis*. Monachi vero *Vizeliacenses* cum eo hic aderant : RAINALDUS prior de *Marlo*, LANSCELINUS et INGELBERTUS, annuentes et laudantes. Et sicut apud *Escerentem* devote definivit, ita in capitulo *Vizeliacensi* coram cunctis fratribus, voluntate et consilio eorum, litteris et sigillo Beate Marie devotius corroboravit atque munivit, presentibus abbate *Pontesiensi* TETBALDO et RADULFO ejus monacho, atque ADEMARO.

Cette pièce a été publiée par M. le chanoine MÜLLER dans le *Cartulaire de Saint-Leu d'Esserent* (n° VII, p. 12) avec la date : Vers 1104-1106.

Cette dernière date est limitative, puisque c'est celle où Artaud, abbé de Vézelay depuis 1096, fut tué dans une émeute ; d'un autre côté nous connaissons les prieurs de Cluny *Pierre* en 1097, *Henri* en 1101, *Bernard* en 1114 (BRUEL, *Chartes de Cluny*, V, 73, 159, 259) ; *Yves (de Saint-Quentin)* ayant été prieur sous l'abbatiat de saint Hugues mort en 1109, doit donc se placer entre *Henri* et *Bernard*. Ainsi les dates limitatives rigoureuses de la pièce qui nous occupe, sont 1102 et 1106.

Dom Grenier, dans la copie qu'il a fournie de cet acte pour la collection Moreau (t. XLI, fol. 206), était arrivé par induction à un résultat analogue :

« Nous avons trois époques qui concourent pour fixer la date de ce différent, à peu près (vers 1104) ; savoir *Artaud* ou *Arnaud*, abbé de Vézelai, *Thibaut I* abbé de Pontoise et *Hugues*, comte de Dammartin, personnages contemporains, vivants dans les premières années du XII° siècle ».

Raoul, moine de St Martin, devint prieur sous l'administration de Thibaut I, avec lequel il est cité ici, et mourut avant celui-ci, comme on le voit par un rouleau mortuaire reproduit plus loin (n° LVII bis).

La chapelle St-Michel-au-Bois, construite au milieu d'une ancienne forêt, existait encore au temps de Dom Grenier. « Il n'est resté de cette chapelle que quelques blocs de murailles éboulées dont une végétation folle de lianes et de fougères semble protéger le secret » (*Cartulaire de St-Leu*, p. 12, note 56).

LVII bis

Passage d'un rouleau des morts à l'abbaye de Saint-Martin. Mentions nécrologiques de l'abbé saint Gautier, du prieur Raoul, de la B. Hildeburge et de Gertrude, religieuses, d'Amauri [Deliés], de Guillaume [Aiguillon] et de Foulques [le Voyer].

Titulus Sanctorum Confessorum MARTINI et GERMANI *Pontisariensis* cœnobii.

Anima ejus et omnium deffunctorum requiescant in pace. Orate pro nostris et pro Domno Abbate GAUTERIO, RADULFO priore, alioque RADULFO, JOHANNE, MICHAELE, HILDEBURGE sanctimoniali (268), AMALRICO (54), GUILLELMO (131), FULCONE (213), GERTRUDE sanctimoniali, et pro omnibus aliis fratribus, sororibus, parentibus, amicis, benefactoribus, quorum nomina Deus scit.

[Tituli plurium ecclesiarum et monasteriorum, ex veteri codice ms. Ste Genovefe Parisiensis. (Coll. Baluze, t. XLV, p. 397. Cf. ms. f. 5624, fol. 42). — Ed. *Rouleaux des Morts, du IX° au XV° s.* publiés par Léopold Delisle (Société de l'Hist. de France), p. 248].

LXXVI

Liste des principaux nobles ayant pris l'habit à Saint-Martin.

Inter alios bene multos nobiles qui monachatum in præfato monasterio (Sti Martini) professi sunt, notantur ii quorum nomina subsunt, in necrologio et authenticis :

[8] INGELRANNUS DE CLERY.
[28] AMALRICUS DE NOVA VILLA, dominus *de Lieüe,* comitum *Pontisarensium.*
[46] ARCHENFREDUS DE BECHEREL, dominus de *Berval, Menouville, Jouy,* etc.
[48] BALDUINUS DE INSULA-ADAMI, nobilissima stirpe oriundus.
[86] RADULPHUS D'AUVERS, antea miles, an. 1125.
[63] DROGO DE CLARIACO.
     JOANNES DE PONTISARA.
[92] JOANNES VASLETH, dominus de *Jeraucour.*
[119] RETRUDIS DE GRISY
[50] et HILDEBURGIS DE GALLARDON D'IVRY, *Mellentana* comitissa, sanctimoniales.
[84] PAGANUS DE GISORZ, vir nobilissimus.
[101] GERARDUS DE VALLE ENGELGARDIS, *Valengoujart,* ex *Montmorenciana* stirpe
     oriundus.
[108] GERELMUS DE UMBLEVILLA, *Amblainville.*
[119] ODO D'HEROUVILLE.
[43] HUBOUDUS DE GIZORTIO [*lege* GISETIO], ROGERII filius, an. 1100.
[72] JOANNES DE ALLODIO, dominus d'*Averne.*
[27] DROGO dominus DE ROTNEL.
     HUGO DE LUPI DOMIBUS, *Leurmaisons,* an. 1271.
     JOANNES dominus DE ARGENTOGILO.
[228] GAUFREDUS DE RONKEROLLIS, comitis de *Beaumont sur Oyse* nepos.
     GAUFREDUS DE LYENCOURT.
[89] FULCO DE LIEÜE.
     JOANNES DE HAM, lès-*Cergy.*
[62] EUSTACHIUS DE GENCIACO, *Gency-lès-Lieue.*
[63] ODO DE MARINES, dominorum *Gisortianorum* affinis.
[63] ANDREAS DE WALLONIO, dominus de *Buiry.*
[104] INGELRAMNUS DE BOUCONVILLIERS.
     J. DE BOUVILLE, familiâ nobili in *Vulcassino* oriundus.
[241] ROLLANDUS DE QUENOUILLES.
[227] GUILLELMUS DE SENLIS.

[229] NICOLAUS D'ORGEMONT.
    PETRUS DE SILLY.
[239] GUILLELMUS DE BOURRIS.
    GUILLELMUS DE VILLENEUVE.
    CAROLUS DE MARIGNY.
    ÆGIDIUS DES LYONS.
    ROBERTUS DE DAMPONT.

Nous avons cru devoir donner ici la reproduction intégrale d'un chapitre des *Antiquitates Velocassium* de Dom Estiennot (ms. lat. 12741), malgré l'absence d'indications chronologiques et la confusion des dates (*Nicole d'Orgemont*, par exemple, est un personnage du XVIᵉ siècle) et malgré les erreurs matérielles qu'il renferme. Ainsi la B. Hildeburge n'a jamais été comtesse de Meulan, et il est fort douteux que les Vallangoujard descendent des Montmorency, avec lesquels ils ne paraissent pas avoir eu de liens de vassalité.

Par contre, la parenté d'un *Geofroi de Ronquerolles* avec les comtes de Beaumont-sur-Oise se justifie par la présence continuelle auprès de Mathieu II et Mathieu III, comtes de Beaumont, du chevalier Pierre de Ronquerolles (1151-1184), puis de Thibaut de Ronquerolles dès 1189 (Douët d'Arcq, *Recherches sur les comtes de Beaumont-sur-Oise*, p. 9-31, 67, etc.). Le nom de *Geofroi* avait été porté en 1067 par un comte de Beaumont. Il n'est pas impossible que ce moine Geofroi de Ronquerolles soit à identifier avec l'abbé de St-Martin qui siégea de 1177 à 1183.

Nous mentionnons entre crochets, en avant de chaque nom, la page du Cartulaire (ou celle du Nécrologe) où ce nom se trouve cité quand il s'y rencontre.

CII bis

[Entre 1135 et 1148]

Agnès, veuve d'Eudes de Chauvry, donne à l'église de St-Leu d'Esserent trois muids et demi de vin et la moitié d'un pressoir à Chauvry. Mathieu I de Montmorency, seigneur féodal, approuve ce don, en présence de Thibaut II, abbé de St-Martin.

Carta Agnetis de Calferiaco de tribus modiis vini et dimidio.

Universis Ste Ecclesiæ filiis notum sit quod AGNES uxor ODDONIS DE CALFERIACO de suo maritali in elemosinam ecclesiæ *Sti Lupi de Escerento* dedit tres modios vini et dimidium et medietatem unius torcularis apud *Calferiacum*. Hanc elemosinam concessit supradictæ ecclesiæ MATHEUS DE MONTEMORENCIACO et authoritate sui sigilli confirmavit, in presentia domni THEOBAUDI, abbatis *Pontesiensis*, et

ODONIS, prioris *Sti Victoris*, et GAUTERII, archidiaconi *Pontisaræ*, et DURANNI, pres-
byteri *Sti Martini*, et INGELRAMNI, militis DE TAVERNEIO, et RAINARDI prepositi.

Cette pièce a été publiée par M. le chanoine Müller dans le *Cartulaire de Saint-Leu d'Esserent*,
n° LXXXIV, p. 89. Il se montre hésitant sur la date, préoccupé de l'existence, à la fin du XIIᵉ
siècle, d'un *Eudes de Chauvry*, cité ailleurs dans le cartulaire. Une similitude de noms n'a rien que
d'habituel à cette époque dans les filiations seigneuriales. La charte est certainement contemporaine de Thibaut II, abbé de St-Martin et plus probablement voisine de ses dernières années, car on
y voit déjà figurer Gautier, archidiacre de Pontoise, dont un jugement, reproduit dans notre Cartulaire (n° CLXXVIII), porte la date de 1175.

Eudes de Chauvry, vassal de Mathieu I de Montmorency, pourrait bien n'être autre que
Eudes, fils d'Eudes de Montmorency, l'un des chevaliers de Bouchard IV, père de Mathieu I vers 1092
(*Liber Testamentorum Sti Martini de Campis*, n° V, p. 8, et n° XVIIII, p. 26).

CLIX bis

*Acte portant reconnoissance de 30 sols de rente deue aux religieuses de Chelles
par Lencelin abbé de St-Martin et par tout [le couvent] dud. lieu pour raison de certaines terres qu'ils possedent à Livillier et aux environs de Pontoise payables aux
octaves de St-Denis, — de l'an*

1167

Contrepartie de l'acte de même date, émané d'Helvide, abbesse de Chelles,
publié sous le n° CLIX.

Ind. Arch. de Seine-et-Marne. Inventaire des titres de l'abbaye de Chelles,
dressé vers 1702. H 410, reg. de 732 ff. cotés ; — fol. 667.

Une sentence du Parlement du 22 déc. 1464, condamne St-Martin à payer à Chelles 40 s. de
rente pour ces terres. La pièce de Livillier est sise au lieudit le Moulin-à-vent, d'après une déclaration de 1570 (Id.)

Une convention du 13 février 1483 fixa les limites de la paroisse d'Osny, dont les dîmes
étaient partagées inégalement entre Chelles et le chapitre de Beauvais, pour la séparer du terroir
de Genicourt, dont les dîmes étaient divisées par tiers entre St-Martin, l'Hôtel-Dieu de Pontoise et
Marcheroux (Id. fol. 684).

CXCIII bis

Geofroi, abbe de St-Martin, cède aux moines de Molesme les dîmes que son abbaye possède à Chevru, par échange avec celles de Beautheil, près de Coulommiers; témoins, Yves prieur de la Buhotière et Foulques, prieur de la Ferté-Gaucher et d'Amillis.

(Entre 1177 et 1183)

De tempore successio quod legitime factum est eliminet. Ego GAUFREDUS, abbas *Bti Martini Pontesiensis*, tocius assensu capituli, litteris presentibus et sigilli nostri impressione confirmavimus cambitionem tocius decime tam minute quam grosse, quam damus mutuo monachis *Molismi*, quam habebamus apud *Chevru* (151), pro decima tam minuta quam grossa, quam possidebant in parrochia *Belli Tyllii*. Actum est hoc tempore YVONIS, prioris de *Buhoteria*, et FULCONIS, prioris *Feritatis* et *Amilleii* (148).

(Arch. de la Côte d'Or. Cartulaire B de Molesme, fol. CIIII).

CCI bis

Translation de Guillaume Hubond, abbé de Grestain, à St-Martin de Pontoise.

(1185)

Prædictus archiepiscopus transtulit magistrum WILLELMUM HUBAUDUM, qui erat abbas Grestenensis et monachus Becci, ad abbatiam Sti Martini Pontisarensis, quamvis abbatia Gresteni *tripliciter esset ditior* quam illa. Sed propter affinitatem vel familiaritatem, quam habebat erga illum, et quia erant compatriotæ, voluit ipsum habere juxta se.

(Chron. de Robert de Torigni, éd. par Léopold Delisle, t. II, p. 135. Publications de la Soc. de l'Hist. de Normandie).

CCX bis

Association de prières accordée par les moines de Corbie à diverses personnalités.

[Entre 1192 et 1198]

Omnibus infrascriptis concessimus plenariam societatem in vita et morte, tanquam uni ex fratribus nostris.

Domno WERRICO, abbati *Lobiensi*.

HENRICO DE CASTELLO monacho *Sti Salvatoris Aquicincti* (*superposé en interligne à un texte effacé*).

PETRO monacho *Sti Cornelii de Compendio* (*id.*)

ROTBERTO DE CAPELLA canonico *Sti Acceoli* (*effacé*).

GAUFRIDO priori de *Goi*.

HATONI m(onach)o de *Flai*.

BERENGARIO monacho de *Cluniaco* (*effacé*).

BARTHOLOMEO m(onach)o *Cluniacensi*.

NICHOLAO m. de *Feemi*.

HUGONI m° de *Castel*.

ADE m° de *Castel*.

GOZUINO m° *S. Gillemi*.

SENBADONI (?) m° [*Abbatisvilla*] (*effacé*) Wlmari abbatis.

ODILONI m° *S. Cornelii de Compendio* (*effacé*).

WALTERIO m° *Sti Amandi* (*effacé*).

Mag° HELUINO abbati de *Pontisara* (*effacé*).

ROBERTO capellano ejus (*effacé*).

EVRARDO m(onach)o *Lauduni*.

Magistro RAINALDO *Lateranensis* ecclesie canonico.

NICOLAO priori *Sti Taurini* (*effacé*).

ODONI monacho de *Marolis* (*effacé*).

BERNARDO priori de *Monsterolo* (*effacé*).

SYMONI et WILLELMO m° (monachis) ejusdem loci.

JOHANNI monacho de *Morolio* (*superposé à une ligne effacée*).

Concessimus domno PETRO cognomine HE-REMITA, priori *Sti Quintini de Monte* plenariam societatem (etc.) (*superposé à un texte effacé*).

BARTOLOMEO abbati *Sti Autberti Cameracensis*.

WERRICO et EGIDIO canonicis ejusdem loci.

Concessum est in plenario capitulo Corb.

GUICHARDO DE RUMENEYS (*effacé*) monacho *Trenorchiensi*, ut in vita et in morte habeat indifferenter quam unus ex professis nostris.

Hoc similiter HUGONI DE COMPENS longe ante extiterat concessum.

(Obituaire de Corbie. Ms. lat. 17768, fol. 43).

Ces mentions sont suivies d'un assez grand nombre d'autres, parmi lesquelles nous relevons les suivantes : « GALTERO medico, canonico de *Brains*. — WALTERO, priori *Sti Judoci*. — ROTBERTO, templario de *Fonteines* ». La dernière inscription est de 1257 ; on reçoit à Corbie, comme convers, un frère Pierre, d'Ourscamps.

Un extrait du nécrologe de Corbie, conservé dans le ms. lat. 12781, fol. 260, porte :

« VI Id. Aug. STEPHANUS *Pontisarensis* abbas ».

Il s'agit de l'abbé Etienne Iᵉʳ, qui fut nommé aussitôt après la réforme de Saint-Denis, au début du XIIIᵉ siècle, et ne siégea qu'un petit nombre d'années.

CCXX bis

Associations de prières entre les moines de Saint-Martin et divers monastères.

[Vers 1199]

Sciant omnes, tam presentes quam futuri, quod [nos], monachi *Sti Martini* prope et extra muros *Pontisaræ*, habemus societatem cum istis :

Cum FF. *Cluniacensibus.*
        Sti Dionysii in Francia.
        Vezeliacensibus.
        Stæ Catharinæ in Monte Rothom(agensi).
        de *Livriaco.*
        Sti Michaelis in Monte.
Cum sororibus *Bte Marie de Berthaldicuria.*
Cum FF. *Sti Germani a Pratis.*
        Sti Petri de Latiniaco.
        B. Mariæ de Praellis.
        Corbiensis monasterii.
        Majoris monasterii Turon(ensis).
        de *Yvriaco* super M.
        Sti Lupi de Serens.
        de *Calmis in Bria.*
        BB. Petri atque Prejecti *Flaviniac(ensis).*
        de *Ulterioriportu.*
        Frigidismontis.
        Sti Mauri Fossatensis.
        Sti Maglorii Parisiensis.
        Sti Faronis Meldensis.

(Ex Mss. litteris rotulariis. — Copie de D. Estiennot, ms. lat. 12741, p. 92).

La présence dans cette liste de Saint-Denis, inscrit en tête après Cluny, donne lieu de croire qu'elle fut dressée au moment où Saint-Martin fut soumis à la réforme dionysienne.

RECTIFICATIONS
ET NOTES COMPLÉMENTAIRES

Le premier chiffre marque les pages du texte ; les chiffres entre parenthèses se rapportent aux notes.

1 (1). Dans les *Appendices*, nous avons remarqué l'alliance d'Hermer, prévôt de Pontoise, avec Raoul Deliés, fils d'Amauri, dont il épousa la fille, Comtesse ou Jourdaine. Si cet Hermer est identifiable avec *Hermerus Tostata*, le grand-père de Jourdaine, Amauri, pouvait à bon droit intervenir pour lui signaler l'injustice de sa revendication.

La traduction exacte de *Tostata* est *la Rôtie* : c'est un sobriquet bachique. La relation supposée par Dom Estiennot entre ce surnom et le fief du Brûloir est donc imaginaire.

La donation de Dreux de Jérusalem est rappelée dans d'autres passages du Cartulaire que Dom Estiennot a reproduits, en les disséminant aux pages 470 et 268, dans ses *Antiquitates Velocassium* (ms. lat. 12741) :

Notum sit o. f. t. p. q. f. quod Drogo qui dicebatur DE JHERUSALEM dedit Deo et *Sto Germano Pontisarensi* et monachis illic Deo servientibus terram quam habebat apud *Maynuldisvillam*, ita liberam ut ipse possidebat. Hæc terra non solvit decimam, aut campipartem, aut sepulturam, aut oblationes, aut desponsalia... Hæc postea monachi Stæ Honorinæ calumpniaverunt... et placito accepto inter *Conflantenses* et *Pontisarienses* coram decanis archiepiscopi *Rothomagensis*, convenerunt... quod presbyter haberet sepulturas et sponsalia... Adfuerunt THEOBALDUS abbas et URSIO prior. (Ex Cartulario Sancti Martini, cap. 144).

Sciendum est quoniam HUGO TERNELS et ALPAIDIS uxor ejus dederunt consuetudines terræ *Maynuldis villæ* cum ipsa terra DROGONI DE JERUSALEM, pro eo quod ex suo fecit ecclesiam de *Labevilla* quæ fuerat illorum. Post mortem HUGONIS TERNELS, cum GAUTERIUS OLIVERIUS ALPAIDEM acciperet in conjugem, quæsivit memoratus DROGO ut concederent hanc terram *Sancto Germano Pontisariensi*, quod et fecerunt... Abbericus (corr. Albericus) Ternels concessit... Post longum tempus, cum monachi *Pontisarienses* ea quæ suprascripta sunt quiete tenuissent, memoratus Abbericus (*sic*) Ternels dedit ea que habebat in ecclesia de *Labeuilla* monachis *Stæ Honorinæ de Conflante.* Monachi itaque Stæ Honorinæ calumpniaverunt sepulturam et oblationes et desponsalia hospitum qui manebant in alodio *Sti Germani Pontisariensis.* Inde placitatum est inter monachos *Pontisarienses* et *Conflantenses.*

(Ex Cartulario Sti Martini, cap. 44 (*sic*).

Le texte de ce dernier fragment rend inadmissible l'hypothèse du président Levrier, concernant la personnalité de Dreux de Jérusalem : celui-ci n'est pas le comte Dreux du Vexin, mais un seigneur riche et pieux qui bâtit l'église de Labbeville, et se trouvait visiblement apparenté à *Aupais* (*Alpais*), successivement femme de *Hugues Terneau* (de Poissy) et de *Geofroi Olivier.* — Ce Dreux serait-il le fils de Hugues Francon de Gisors, cité en 1066 ? (Voir Cartulaire, nº III).

2 (7). Dom Estiennot avait lu : *Odonis Insaniati.* — De même une copie, dans la collection Moreau (XLVI, 50) d'une charte de Robert vicomte de Blois (vers 1105), porte qu'il confirme à Saint-Mesmin de Micy *donum Richardi Insansati, militis mei.* Si l'on admet cette leçon, il faut traduire : *le Fol.*

2 (9). L'hypothèse de Lévrier sur l'origine de Rohais de Dammartin, qu'il identifie avec Rohais d'Hérouville, repose sur une pure homonymie. La charte de fondation de St Leu d'Esserent a été publiée par M. le chanoine Eugène Müller (*Le Prieuré de St-Leu d'Esserent, Cartulaire,* p. 1). Il est hors de conteste que Hugues était le second fils de Manassé, comte de Dammartin, tué à Bar dans la bataille où périt Eudes II de Champagne, le 15 novembre 1037, et de Constance, qui fit inhumer Manassé à St Vanne de Verdun (*Monumenta Germaniæ, Scriptores,* VIII, 401 ; XI, 288). Manassé, chambrier du roi en 1031, était frère de Haudoin III, comte de Ramerupt (Bouquet, *Historiens de France,* X, 626) et laissa trois enfants : *Eudes,* son successeur ; *Hugues,* qui remplaça Eudes après 1060 ; une fille, *Eustachie* (Guérard, *Cartul. de St Père de Chartres,* p. 154). Comme Hugues est qualifié *Buglensis comes* par Yves de Chartres (Bouquet, XV, 142), la possession de Bulles ne peut lui venir que de sa femme Rohais : c'est évidemment aussi cette dernière qui apporta à son mari en dot l'église et presque toute la terre d'Esserent.

2 (10). Arnoul, 6º abbé de Saint-Père, succéda à Mainard, mort le 29 mars 1022, suivant dom Aubert ; il finit ses jours le 8 mars, en 1032 si l'on en croit le même historien, en 1033 selon la *Gallia christiana* (Guérard, *Cartulaire de Saint-Père de Chartres,* Prolégomènes, p. CCXLII).

4, Charte V. L'original du diplôme de Philippe Ier, qui ne figurait plus à son lieu dans le fonds de Saint-Martin lorsque nous en fîmes le dépouillement, a été retrouvé ; il est écrit sur un parchemin de 440 mm. de hauteur sur 410 de largeur, et on y voit encore des restes de sceau plaqué. Le texte de ce document a été publié, avec les variantes provenant de divers *vidimus,* par M. Maurice Prou (*Recueil des actes de Philippe Ier,* Paris, 1908, p. 125). — Voici les rectifications à tirer de l'original :

P. 4, l. 9 : « honore *cum digno* ». — L. 20 : « in tantum resurrexerat ». — L. 32 : « S. Vuidonis de Monte Lethario. S. Adan de Insula ». — P. 5, l. 1 : « S. Tetboldi de Montemoriniaco. S. Lanscelini de Belvaco ».

4 (20). Ce n'est pas Galeran de Meulan qui figure en tête des grands officiers, mais bien *Galeran de Senlis,* nommé grand chambrier du roi entre le 30 avril et le 27 mai 1051 (Cf. Appendices, p. 299, et Maurice Prou, *Actes de Philippe Ier,* p. CXLIV).

4 (21). *Gui I de Montlhéry* n'était point fils de Thibaut File-Etoupes, comme l'ont supposé tous

les anciens généalogistes. Nous avons retrouvé et publié (*Les Vicomtes de Corbeil et les Chevaliers d'Etampes*, dans le *Bulletin de la Société historique de Corbeil, 1899*) une charte donnée entre 1031 et 1043 et une autre de 1037, où figurent *Milon de Montlhéry*, ses fils *Gui* et *Hugues*. Ce dernier est cité comme témoin de la fondation du prieuré de St-Hilaire-sur-Yères, peu avant 1047 (Ms. lat. 12895, fol. 128). Un acte de dimanche 7 novembre, indiction 7 (1070) est passé : « tempore... Milonis quoque atque Widonis, *magni Milonis* de Monteletherici filiorum ». (Coll. Baluze, XXXVIII, 172). Le manuscrit d'Aimoin, d'où on a tiré la généalogie acceptée par MM. Merlet et Moutié (*Histoire de Chevreuse*), présentait une lacune entre les mots : « Tempore Roberti regis, Theobaldus, cognomine Filans Stuppas, forestarius ejus... » et ceux-ci, qui ont été ressoudés aux précédents : « ...firmavit Montem Lethericum. Ipse habuit filium nominatum Guidonem qui accepit in uxorem [Hodiernam] dominam de Feritate et de Gommet » (Lib. V, cap. XLIV). Il est pour nous hors de doute que cette famille doit se rattacher à Gui, prévôt de Thibaut de Tricheur, qui obtint de ce comte, en 971-972, la concession d'un moulin à farine dans le vicomté de Chinon, *de potestate Burgoili*, en faveur d'un vavasseur nommé Constance (Coll. Baluze, XXXVIII, 172). Gui le Grand et sa femme Jourdaine (*Hodierna*), donnèrent à l'abbaye de Bourgueil l'église de Chevreuse (Ms. fr. 24133, p. 555) au temps de l'abbé Raymond (mort en 1079). — Hauréau, *Gallia Christ. continuata*, XIV, 657). Cette abbaye avait été fondée par Emme, fille de Thibaut, comtesse de Poitiers, sous le règne de Lothaire (Ms. lat. 17127, fol. 124).

5 (24). *Lancelin Ier*, mort avant le 30 novembre 1092, laissa pour fils *Lancelin II* dit *le Jeune* ; leur parenté avec Raoul de Beauvais, sénéchal de Philippe Ier (1065-1069), encore vivant en 1092, est attestée par une charte de l'évêque Foulques, éditée dans les *Mémoires de la Société archéologique de l'Orléanais*, t. XXX (1906), n° 3, p. 5.

6 (36). Corr. Boutencourt, cant. Chaumont-en-Vexin (Oise).

6 (33 et 38). Becherel pourrait être aussi Becquerelle, commune d'Essuiles, canton de St Just-en-Chaussée (Oise), plusieurs personnages voisins appartenant au Beauvaisis. Toutefois, il existe un *marais de Becherel*, à Bray-et-Amenucourt, sur l'Epte (canton de Magny) et le territoire de cette commune contient un lieu dit *Frocourt* ou *Saint-Leu*, que nous signale M. E. Grave.

7 (44). Pouilly est un hameau détruit, où se trouvait une fontaine dont les eaux furent détournées en 1218 par les moines pour alimenter leur ferme de Quiquenpoix, avec l'assentiment du seigneur de Boisemont. (*Chartrier de St-Martin*, n° 254).

10 (71). D. Duplessis (*Hist. de l'église de Meaux*, t. II, p. 10) reproduit partiellement cette charte et adopte la lecture suivante :

« EBRARDUS, ejusque frater HINGO qui MALIVICINI cognomento vocantur ».

Cette leçon paraît confirmée par le texte de la charte XXVII, où se trouve, d'après le même D. Duplessis, cette mention :

« Hujus elemosinæ MALIVICINI testes sunt EBRARDUS, ROBERTUS, YMGO »

Si l'on adopte cette leçon, une rectification est à faire aux Appendices, p. 273.

8 (55). La donation de Denis Payen et de Raoul de Gadancourt, de chacun la moitié de l'église d'Oinville, sont datées de janvier 1102, nouv. style (Guérard, *Cartulaire de Saint Père de Chartres*, p. 509).

9, titre du n° X, lire : *Abbécourt*, au lieu de *Hébécourt*. Voir charte CCI, p. 157.

12 (84). Roger était le prévôt de la comtesse de Crécy.

14, n° XVI. La date attribuée à ce document (1085) est erronée. Il porte en effet la souscription de Renaud, archidiacre. Or le seul personnage auquel elle puisse s'appliquer, Renaud de Chelles, ne fut archidiacre de Brie qu'à partir de 1089 (Ms. l. 10977, fol. 78) ; son prédécesseur, Yves de Mello, était encore en fonctions en 1088 (Ibid., fol. 67).

14 (92). *Rodbertus de Gizecio et Arnulfus filius ejus* figurent en 1070 au *Cartulaire de Saint Père de Chartres* (éd. Guérard. p. 188).

17 (111). Clinquemeure est un hameau de la commune de Radinghem, c. Haubourdin, arr. Lille (Nord).

17 (110). Le surnom de *Satellus* appartient à une famille parisienne. Le nécrologe de N.-D. de Paris commémore au 9 octobre *Hugo Satellus* qui donna 10 livres au chapitre « ad reparandas sedes in choro ». (Guérard, *Cartul. de N.-D. de Paris*, IV, 166).

Le diplôme du 21 mai 1073, dont le texte correct a été publié par M. Maurice Prou (*Recueil des actes de Philippe I*er, p. 168) porte des souscriptions disposées sur trois colonnes. En tête de la seconde on lit : S. *Ivonis comitis Bellimontis* ; en tête de la troisième : S. *Fromundi fratris ejus* ; mais cet *ejus* se réfère à la souscription : S. *Garnerii* qui termine la seconde colonne. Ives de Beaumont n'a donc pas eu de frère nommé Fromond.

18 (115). Bazancourt, hameau de Cormeilles-en-Vexin, doit être préféré comme identification à Bazincourt dans l'Eure, suivant la remarque de M. L. Plancouard.

20 (127). Chantereine, hameau important de la commune d'Avernes, c. Marines.

22 (135). Rebetz, commune de Chaumont-en-Vexin (Oise).

23, nos XXV et XXVI. Ces notices nous font connaître un *Gautier Musavène*, cité le 17 décembre 1099 comme allié ou vassal de Raoul II Deliès (*Liber Testamentorum Sti Martini de Campis*, no XXVI, p. 33). — C'est un des plus anciens représentants de cette famille qui possédait de nombreuses terres au Nord-Est de Paris. Dans l'un des Cartulaires de Molesme, aux Archives de la Côte d'Or, nous avons retrouvé un acte émanant d'un représentant de cete famille, vassal d'Ilbert de Clermont. Cette pièce se trouve datée par le synchronisme de Garnier, vicomte de Beaumont-sur-Oise en 1110 (Douët d'Arcq, *Rech. sur les Comtes de B. s. O.*, p. 4). Elle a trait à une libéralité au prieuré molesmien de St-Pathus (canton de Dammartin, à la lisière du département de l'Oise).

« Notum sit omnibus Sancte Ecclesie fidelibus quod ego Hugo Musa Avene cognominatus, laude et assensu uxoris mee Marie, filiarumque mearum, Hodierne scil. et Radulfi, mariti sui, et Adelidis et Flandine, trado et concedo Deo et Bte Marie et ecclesie *Molismensi* dimidiam terram meam de *Goachio*, fratrum sub obedientia *Molismensis* cenobii in ecclesia *Sti Patusii* commorantium usibus et utilitati omnimodo futuram. Feci hoc laudante et confirmante donno Ilberto de Claromonte, de cujus casamento pred. terram tenebam, filiis ejus Odone et Philippo. Testis est ex parte illorum, Ursus. Ex parte vero mea et ecclesie, Guarnerius vicecomes *Belmontensis*, Roricus de Lusarchiis, Petrus cognomento Aculeus et Adam frater ejus, Antelmus Baatus, Hermerius et Ernulpus, Odo et Symon filius ejus. Porro post scripte donationis mee testis sunt : Odo filius Rainardi, Drogo filius Berengarii et Albertus Saliens in bono... (Cartulaire A de Molesme, fol. LVI) ».

Les Musavène se retrouvent, peu après, parmi les bienfaiteurs de l'abbaye du Val près l'Isle Adam. Leur trace se rencontre encore dans les Cartulaires de Saint-Denis, de l'Hôtel-Dieu de Pontoise, etc.

24, no XXVII. Dom Duplessis, dans l'*Histoire de l'église de Meaux* (t. II, p. 11) a donné un texte meilleur de la charte de fondation du prieuré de la Buhotière. Il est malheureusement incomplet. Nous croyons devoir le reproduire, laissant entre crochets deux mots omis au début :

In nomine Sancte et Individue Trinitatis. *Buhoterie* [ecclesiam et] terræ medietatem *Sancto Germano Sanctoque Martino de Pontesia* Robertus Adelaidis filius dedit, exceptis xx arpennis quos omnino sine parte in eleemosina dedit, et aream ad habitandum, eo pacto quod si quis hospitum ecclesiæ aliquam forifacturam fecerit in principali terra, ROBERTUS duos solidos et dimidium habebit, et monachi qui justitiam fecerint alios duos et dimidium habebunt ; et quicquid hospes forifecerit, nihil præter v sol. ex lege solvet, excepto furto. Et ad *Luperium* (Louvière, éc. St-Cyr-sur-Morin, c. Rebais) sine parte unum arpennum et aliam terram per dimidium. Et *Pischeriaci* terram per medium et tertiam partem sepulturæ. Et qui duas alias partes habebat, coram illo dedit, et iterum arpennorum decimæ tertiam partem. Hoc quoque ejus fratres concesserunt, scilicet HENRICUS, ADELELMUS, VUALRANNUS et BERNARDUS. Hujusque elemosinæ MALIVICINI testes sunt EBRARDUS, ROBERTUS, YMGO. Et ELIX de cujus feffo est hæc terra, concessit ; hujusque rei testes sunt ROBERTUS cognomento RUFUS, etc., (*sic*). Hanc elemosinam ROBERTUS dedit pro salute animæ sui patris, matrisque suæ, pro se et omnium fratrum suorum, sororumque suarum, atque consanguineorum suorum omnium.

24 (149). La rectification proposée n'est pas justifiée.

25, n° XXVIII, dernière ligne, *lire* : Dom Estiennot, III, II, 21. — Édité par Luchaire, *Louis VI le Gros*, p. 229, avec la date approximative : 1093-1094.

25 (153). L'orthographe de ce surnom, constatée par un grand nombre d'autres textes, est *Ternellus* (*Ternel* ou *Terneau*). Voir Appendice VII.

26 (154) et 27 (157). Les rattachements généalogiques relevés dans ces notes s'inspirent des hypothèses de Levrier, sur lesquelles il y a lieu de formuler des réserves.

28, charte XXXIV, corr. l'intitulé : *Raoul III et Raoul IV Délils donnent à Saint-Martin l'église de Cléry* (vers 1130). — Cf. sur cette rectification, l'Appendice I, pp. 248-249.

30 (168). *Anscau II*, évêque de Beauvais, mourut le 21 novembre 1100 et non 1099. Il existe de lui, aux Archives nationales, un acte original (S. 1359, n° 1 bis) daté du 31 décembre 1099.

35. Dom Estiennot, dans les *Antiquitates Velocassinii* (p. 483), a donné d'un passage de cette charte un extrait contenant quelques variantes :

Universis tam fidelibus p. q. f. Notum sit quoniam... HUGO, HERMERUS et GERVASIUS fratres concesserunt *Sto Martino* et monachis ecclesiam de *Nongento* et atrium ipsius ecclesiæ et tertiam partem decima ejusdem villa et nemus quod dicitur Sti Martini. Pepigerunt etiam abbas et monachi memoratis fratribus HUGONI scilicet et HERMERO ut si vellent fieri monachi, habitus Sti Benedicti et ordo eis daretur. Post hæc RADULFUS DELICATUS venit ad *ecclesiam Sti Martini Pontisariensis* et concessit elemosynam quam dederant HUGO et HERMERUS et GERVASIUS scilicet ecclesiam de *Nongento* et atrium ejusdem ecclesiæ et tertiam partem ejusdem villæ et *nemus* quod dicitur Sti Martini ; ex ejus enim fevo omnia erant.

(Ex Carthulario Sti Martini, cap. 18).

36, l. 6, corr. « Hilduinus vierius de *Valle Crenne* ». Cf. la charte XCIII, p. 71, et les lettres de l'archevêque de Rouen de 1151, confirmant à St-Martin « culturam de *Valle de Crena* ».

38. D'après un historien de Saint-Martin, dom Robert Racine, moine de Saint-Denis, « l'abbaye de Saint Martin de Pontoise possédoit des biens à Chaumont en Vexin dès les premiers

tems de sa fondation. Ses abbés y envoierent deux de leurs religieux pour les defricher et les mettre en valeur, et leur vie edifiante en attira d'autres, assés abondants pour la construction d'un monastere. *Le prince Louis, depuis Louis VI* en connoissant l'utilité, favorisa le projet par ses largesses et lui fit expedier des lettres d'institution ». (*Histoire de l'abbaie de St Martin de Pontoise* (1769), livre I, chap. XXI ; ms. 2885 de la Bibl. Mazarine; autre ms. original, provenant de la collection L.-D.-C. Gueriteau). La chronologie générale insérée dans l'introduction place *en 1116* la mort d'Hildeburge et ajoute : « *Le roi Louis VI* ratifie les biens du prieuré de Chaumont ». M. Luchaire (*Louis VI le Gros*, n° 71) a signalé cette contradiction et n'a pu trouver d'autre source concernant la prétendue intervention du *prince Louis* que le passage de dom Racine et le ms. 2856 de la Bibl. municipale de Pontoise, simple refonte de l'œuvre du bénédictin de Saint-Denis opérée par Paul-François Pihan de la Forest, procureur du roi à Pontoise en 1787. M. Luchaire, sur leur foi et sous toutes réserves, classe cet acte supposé de Louis VI entre 1098 et 1108. Nous ne croyons pas à son authenticité ; si tant est qu'il ait existé une pièce de ce genre, elle serait purement et simplement une adaptation du privilège de 1116 (n° LVIII) confirmatif des libéralités d'Hildeburge, qu'on aura détourné de son sens primitif par une mauvaise lecture ou une fausse interprétation des termes géographiques qu'il renferme. C'est seulement en 1207 qu'on rencontre un acte concernant le prieuré de Saint-Martin d'Aix-lès-Chaumont, dépendant de Saint-Martin de Pontoise. Il n'est question d'aucune propriété à Chaumont ni dans le voisinage de cette ville, appartenant à l'abbaye, dans les bulles pontificales du XIIᵉ siècle, notamment dans celle si minutieusement détaillée d'Alexandre III, du 13 février 1170 (n° CLX, pp. 126-130).

39, l. 2. Il faut vraisemblablement rectifier ainsi : « filio *Tevini* ». Le prénom de Thévin fut porté par les vicomtes de Meulan (Appendice III, p. 335).

42, annexe XLVI, l. 3, corr. : *courvoies* (corvées).

42 (241), corr. : « Gaubert de Boury et Richard son frère commandaient les troupes du Vexin avec les fils d'Herbert de Serans, Osmond de Chaumont et Robert de Maudétour en 1097 ». — Orderic Vital, I, X : « *Rotbertus de Maldestorn, Osmundus de Calvimonte, Galbertus de Burris et Ricardus frater ejus, Godefridus et Petrus filii Herberti de Seranz, militiae Vilcassinorum praeerant et interdum hostibus acriter resistebant* ».

46, charte L. Dans ses *Antiquitates Velocassium* (ms. lat. 12741, fol. 251), Dom Estiennot tire du Cartulaire une autre mention intéressant la famille des Becherel :

Ecclesiam *Vallis Engelgardis* dedit Sto Martino et abbati et ibi servientibus monachis GARNERIUS filius ARCHENFREDI DE BECHEREL, rogante fratre suo PAGANO, et concedente matre sua FLOHILDE, pro animabus antecessorum suorum, ea conditione ut si GARNERIUS evaderet de infirmitate, PAGANUS fieret monachus.

(Ex Cartulario Sti Martini, cap. 103, pag. 31. Id contigit circa an. MCXV).

46 (259). Le culte de saint Flaive s'est conservé à Villemaur, où existait un prieuré de *Saint-Flavit* dépendant de Sainte-Colombe de Sens. Un reliquaire en bois, d'une extrême vétusté, contenant des reliques dont l'authenticité a été canoniquement constatée le 3 juillet 1894, est déposé dans l'église paroissiale de Notre Dame de Villemaur (Communication de M. l'abbé Thiriot, curé).

48. La date de la charte LIV (vers 1110) doit être ainsi précisée : « entre 1114 et 1124 ». La première limite est donnée par la présence d'Adam III, père d'Anselin ou Anseau I, à un diplôme royal du 19 août 1113 (Coll. Moreau, XLVII, 84) ; la seconde, par la mort de l'abbé Thibaut I.

49, charte LV. Dom ESTIENNOT n'a conservé de cette notice qu'un fragment au livre III de l'*Historia Sancti Martini*. Dans son autre recueil, *Antiquitates Velocassium* (ms. lat. 12741, fol. 179), à propos de l'église Saint-Maclou de Pontoise, il tire de cet acte et d'un autre se rapportant à la famille du donateur les indications suivantes :

Subscripsit quidam INGELBERTUS *de Sancto Macuto* donationi facta domûs molendini de *Baarth* monachis *Sti Martini Pontisarensis* ab HUBERTO BUCELLO et HUGONE vicecomite DE CALVOMONTE circa annum millesimum centesimum. (Ex Cartulario Sti Martini, cap. 37). Hunc fundatorem ecclesiæ Sti Macuti fuisse asserenti inficias non irem. Hoc unum mihi constat quod saltim anno M° nonagesimo jam ædificata erat ecclesia parrochialis Sti Machuti, ut patet ex invadiatione villæ *Commeniaci « facta in foro Pontisara juxta Sanctum Maculum* ubi pisces venduntur ». Dati sunt XVII sol. super memoratum wadium ante *Eleemosinam Pontisaræ,* quos dedit ODELINÆ, sorori HUBERTI BUCCELLI, ODO presbyter *Sancti Macuti,* qui postea factus est monachus (Ibid. cap. 43).

50-56. Nᵒˢ LVI-LVII-LVIII. — Ces trois pièces sont reproduites, avec des variantes sans intérêt, dans les *Acta Sanctorum* des Bollandistes (Juin, I, 362).

55 (273). Le surnom de *Goellus* qui se prononçait *Gobeu,* a un caractère ancestral. Voir Appendice XII, p. 473, note 930.

56 (281). Louis-le-Gros est le seul roi capétien qui ait daté ses diplômes de la consécration ou du règne de sa femme, et seulement pendant une dizaine d'années : cette mention se raréfie dès 1123 et disparaît en 1125. Adélaïde joua un rôle prépondérant dans la chute aussi éclatante que soudaine du chancelier Etienne de Garlande (Bouquet, *Historiens de France,* XII, 77). Elle poussa Louis VI à inféoder le comté de Vexin au prétendant Guillaume Cliton, à qui elle fit épouser sa propre sœur Jeanne de Maurienne, puis à entreprendre une expédition pour porter ce jeune prince au comté de Flandre (*Vita Caroli Boni* dans les *Acta SS. Martii,* t. I ; Luchaire, *Hist. des Instit. monarchiques,* I, 148).

Adélaïde mourut, non pas à Montmartre, mais en Espagne en 1154 (Vaissette, *Hist. du Languedoc,* I, note 53) au cours d'un pèlerinage qu'elle fit avec son fils, qui était de retour le 9 février 1155, comme le prouve un diplôme donné à Maguelonne (LL. 1605, fol. 32 , acte dont le début est, par interversion, transcrit au fol. 35) où Louis VII rappelle que sa mère a donné Barbery à l'abbaye de Montmartre. — Voir ci-après la note sur la charte CIX, p. 86.

59. Intitulé de la charte LXI, corr. : *Moncelles* (282).

57, l. 5, corr. : DE CLERIACO (51) ; l. 22, corr. : DROGO DE ROTNEL (37).

58, l. 9, corr. : ecclesiam *Sancti Lupi* (290) ; — l. 16, corr. : RADULPHO DE CLERY (51).

62. Le document ci-dessous devrait occuper le nᵒ LXIII bis. Il appartient au gouvernement de Thibaut I, abbé de Saint Martin de Pontoise, et de l'abbé de Saint-Maur Thibaut II, qui apparaît de 1107 à 1133 :

Tempore venerandum abbatum domni scilicet TEOBALDI *Fossatensis,* domni quoque TEOBALDI *Pontisariensis,* ista societas inter nos et Pontisarienses monachos confirmata est, quod, audito abbatis illorum obitu, tricenarium pro eo faciemus, similiter illi facient, cum nostri obitum audierent. Pro monacho vero professo, tria officia et tres missas in conventu, unusquisque sacerdos unam missam ; alii qui non sunt sacerdotes psalmos II. Qui autem psalmos nesciunt, quinquagies

Pater noster. Nomina defunctorum in memoriali scribentur. Capitula utriusque monasterii utrique erunt communia congregationi.

(*Fragments d'un obituaire de St-Maur des Fossés*, publiés par M. Maurice Prou ; Mémoires de la Société de l'Histoire de Paris, t. XIV, p. 217).

Parmi les mentions d'association de prières, on trouve :

ROBERTO de *Buhoteria*, similiter.

Cette mention doit s'appliquer à Robert, prieur de la Buhotière.

59 (293). Le nom d'Herbert a été porté à la génération suivante dans la famille de Magny-en-Vexin.

Herbert de Magny et *Thibaut* son fils sont témoins en 1169 d'un jugement de la cour du roi Louis VII entre les moines de Jumièges et Hugues Brostin (Arch. de la Seine Inf. Gr. Cartul. de Jumièges, ch. 16).

C'est de ces deux personnages, Herbert II et Thibaut de Magny, qu'émane la donation reproduite en note.

69. n° LXXXVII. Ajouter aux sources : « Ex authentica et ex Cartulario, cap. 171. Dom ESTIENNOT, l. III, iii, 16 ».

71. Nous nous étions conformé, pour la date de la charte XCIII, au sentiment de dom Estiennot, mais elle doit être reportée à environ un demi-siècle en arrière. Les témoins sont contemporains de saint Gautier. *Enguerran de Chars*, notamment, est cité en 1078 (Ms. lat. 12776, fol. 87).

73 (334). La famille *Corsaint* ou *Corps saint* remonte au moins à « Theobaldus filius Corpus-Sancti » témoin entre 1071 et 1079 (*Liber Testamentorum Sancti Martini de Campis*, p. 74 ; ms. l. 10977, fol. 28). L'Obituaire renferme plusieurs mentions concernant des membres de cette famille.

74 (339), corr. : Moulincourt, comm. d'Ully-St-Georges, cant. de Neuilly-en-Thelle (Oise).

76, l. 91, corr. : *de Ronkerolis* (176).

76 (341), dern. alinéa, lire : *Raoul IV Deliés, fils de Raoul III et d'Agnès qui probablement était de la maison de Ronquerolles* (Cf. p. 248).

77, l. 15, corr. : GUILLELMUS DE ARGENTEOLIS (283).

79, l. 29, corr. : ASCELINUS DE GUNDELCURIA (175).

81, l. 8, corr. : W. DE ARGENTOGILO (283).

83, l. 8, corr. : *Curdemanche* (315).

89, l. 7. Il faut sans doute rectifier : filii BAUDUINI DE GENCY.

84, l. 7, corr. : tria molendina.

— l. 11, corr. : et decimam alliorum.

86. Cette charte présente, ainsi que les deux suivantes, un intérêt spécial, quant à la vie de la reine-douairière Adélaïde dont elle fait connaître l'entourage. On n'y voit plus figurer son chapelain, *Ebroinus Castanetensis*, à qui en 1141, Louis VII accorda en bénéfice viager la chapelle Saint-Denis construite par Louis le Gros au château de Senlis (A. N. K 189, n° 191. Luchaire, *Actes inédits*, 90).

92. Dom Estiennot a reproduit en partie la charte CXVIII dans les *Antiquitates Velocassium* (ms. lat. 12741, p. 261) en indiquant comme source : « Ex Cartulario, cap. 59 ».

93. La charte CXX n'est pas inexactement datée « avant 1151 », mais cette détermination est beaucoup trop vague. Contrairement à l'hypothèse de dom Estiennot, qui l'a rangée dans le cha-

pitre v du livre III de son *Historia monasterii S. Martini*, c'est-à-dire sous l'abbatiat de Guillaume II, elle est d'un demi-siècle antérieure et contemporaine de saint Gautier. On y trouve les souscriptions de Pierre de Pincencourt, frère de Raoul II Deliés ; de Raoul de Cergy, auteur de la charte VI (p. 5) ; d'Enguerran de Chars, cité en 1078 ; enfin de Lambert I de Senots, très probablement le fils de Hugues de Gisors nommé avec son père en 1066 (p. 3), et auteur de la donation ci-après, dont la date précise est 1093 :

« LANBERTUS DE SENEOTH et uxor sua ARENBURGIS, filiique illorum ANSCULFUS et LANBERTUS dederunt Deo et *Sto Joanni* necnon *Sto Luciano* ac monachis *Buriaco* degentibus, molendinum de *Buriaco* ad modiatas pro IX modiis frumenti unoquoque anno ; sed Dna Arenburgis cujus maritale erat ipsum molendinum, donavit jamd. monachis pro anima filii sui ODARDI nonum modium... Testes ANSCULFUS filius ANSCULFI DE MONCIACO... regnante regi PHILIPPO, et episcopo FALCONE sedi *Belvacensi* presidente, indictione I° ».

(Cartulaire de St-Jean d'Angely, fol. 8. Coll. Moreau, XXXVII, 75.)

97, l. 16, corr. : ENGELRANNI filii sui (371).

— l. 22, corr. : *Telosa* (352).

100, l. 25, corr. : apud *Charz* (49).

101, l. 11, corr. : DROGO DE SANCTO CYRO (350).

102, l. 11, horr. : OSMUNDO DE CHARZ (49).

105 (396). Dom GRENIER rappelle (Coll. Moreau, XLIV, 199) une charte du 24 juin 1070, où figure un *Gilbert I de Mello*, à propos d'une donation à Saint-Leu d'Esserent où paraissent comme garants « dominus *Gislebertus de Marlo* et *filius ejus Drogo* ». C'est ce *Dreux I* dont le P. Anselme fait un beau-frère d'Yves I, comte de Beaumont-sur-Oise, opinion confirmée par l'emploi, comme prénom de clergie dans la famille de Mello, du prénom d'Yves traditionnel dans la maison de Beaumont. On doit donc considérer comme fils de Dreux I le *Gilbert II de Mello* qui fut père du clerc *Yves*, dont la charte CXXX relate les prodigalités. — Cf. *Le Prieuré de Saint-Leu d'Esserent ; Cartulaire*, éd. par M. le chan. Eug. Müller, p. 10 et 204.

110, l. 15, corr. : del *Ruel* (332). Cette mention concerne bien *Le Ruel*, commune d'Haravilliers, et non *Rueil*, hameau de Seraincourt.

110, l. 16. *Godefridus de Amblevilla* n'appartient pas à la maison d'Amblainville ; c'est un seigneur d'Ambleville (cant. de Magny-en-Vexin, arr. de Mantes). Godefroi d'Ambleville, fondateur de la chapelle Saint-Léonard du Vaumion, vivait encore en 1182 (Communication de M. Grave).

110, l. 25, corr. : DROGONE DE SERRANNO (292).

111, l. 12, corr. : in vicecomitatu *Ulterioris portus* (le Tréport).

112, charte CXXXVII. Il est bon de souligner l'intérêt de cette notice pour l'histoire des familles de chevalerie dans la vallée de Montmorency. Elle établit la parenté des maisons de Tour (Saint-Prix) et d'Eaubonne.

112, charte CXXXVII. Le *Buxiacus* dont il est ici question, près duquel est une terre usurpée par Eudes de Tour (Saint-Prix), doit être Boissy, château voisin de Taverny.

116, l. 4. *Havin*, curé de Saint-Leu, était frère de *Hugues de Taverny* ; sa mémoire est rappelée dans un acte de 1182 (A. N. LL 1157, fol. 593). Il mourut en 1180, comme on le voit par la charte CXCV, où l'abbé de Saint-Martin dispose de vignes dont Havin eut la jouissance viagère.

123, l. 24, ajouter : DROGONE DE SANCTO CYRO (350).

— l. 29, corr. : domnus GAUTERIUS.

127, l. 31. La forme : *de Mesiachi* doit être corrigée, d'après la charte de 1151 (p. 96, l. 2), en *Mesiafin*. C'est l'ancien nom de Margency (cant. de Montmorency).

127, l. 28, corr. : *Morlencurth* (381) ; l. 34, corr. : *Briengencurth* (379).

128, l. 9, corr. la ponctuation : *de Sirefonte* (378) ; apud *Vallem Gaudiaci*...

129, l. 19. *Mons Calvaris* est la traduction de Montchauvet, ancienne forme romane de Mont-chevreuil.

129, l. 14, corr. : grangiam de *Belleio* (391).

130 (429). corr. : Eaubonne, cant. de Montmorency.

132, charte CLXIV. Le sceau qui n'existe plus sur l'original, a été décrit ainsi par Dom Estiennot, qui a reproduit cet acte dans ses *Antiquitates Velocassium* (ms. lat. 12741, p. 273) :

« Sigillum magnum tale est : Ex una parte militem districto gladio hostes insequentem equoque insidentem sistit ; ex altera tale : *de... à la croix pleine de... cantonnée de quatre lyons léopardés de...* »

134, l. 17, corr. : que dicitur *Telosa* (352).

136, Charte CLXX, intitulé ; corr. : « *Thibaut II de Gisors donne la moitié de l'église de Chars* ».

137, l. 6, corr. : IVO MALUSFILIASTER (47), GODEFRIDUS DE SANCTO ANDREA (283).

149, l. 10, corr. : anno Verbi incarnati M° C° LXXVII°.

150, l. 30, corr. : PETRUS DE RONCHEROLIS (176).

152, l. 2, corr. : *Gautier Tirel V.* — Voir Appendice X, p. 456.

— l. 13, corr. : *Adam IV.* — Voir Appendice VI, p. 420.

— (438). Note à rectifier d'après la généalogie établie dans l'Appendice X.

154, l. 22, corr. : ROBERTUS DE HAINOUVILLA (384),... WILLELMUS DE BEHERVILLA (306).

— charte CXCVII, corr. l'intitulé : *Sentence arbitrale d'un délégué du Pape entre l'Abbaye et le curé d'Arronville.*

157, charte CCI, corr. l'intitulé : *Gaimbert, abbé de Coulombs, cède la chapelle d'Abbécourt aux moines de Marcheroux.*

157, l. 27, corr. : *Orgivalle* (387).

157 (446), corr. : t. *XI*, col. 328 (au lieu de t. IX).

166, l. 12, corr. : clausum Ildeburgis (273).

167, l. 22, corr. : de *Argentolio* (283).

172, l. 18. — Andainville, près de la Bresle, qui s'appelait au VII° siècle *fluvius Aucia* (la rivière d'Auge ou d'Eu) était bien en Vimeu. C'est là que Loup, archevêque de Sens, fut exilé, en 614, *in villa quae dicitur Andesagina, in pago quodam Neustriae, nuncupante Vinemago* (*Monumenta Germaniæ, Scriptores rerum Merovingicarum,* IV, 181).

215, l. 7, corr. : Procruste.

217, l. 14. Le colonel BORRELLI DE SERRES, dans son étude si documentée : *La réunion des Provinces septentrionales à la Couronne par Philippe-Auguste* (*Amiénois-Artois-Vermandois-Valois*), publiée en 1899, a fait table rase d'une erreur légendaire accréditée par le P. Anselme, Colliette, etc., admise après eux par tous les historiens, et à laquelle nous avions ajouté foi. Il a démontré que Mathieu III, comte de Beaumont-sur-Oise, eut deux femmes homonymes, deux Aliénor ou Eléonor, l'une héritière du Valois, dont il se sépara et qui n'eut, après lui, aucun nouvel époux ; l'autre, fille de Raoul comte de Soissons. C'est celle-ci qui se remaria, *en secondes noces,* à Etienne II de Sancerre, dont l'obituaire de St-Martin rappelle l'intervention en faveur du prieuré de Chambly, et commémore l'anniversaire au 19 mars (20 mars d'après le nécrologe de St-Quentin (Nouv. acq. lat. 1584), en 1252. La mention du 1er mai : *Alienor, comitissa de Balloio,* ne concerne pas Aliénor de Valois, morte le 20 juin 1218 (B. de SERRES, p. LXXIX) mais la seconde Aliénor, comtesse de Beaumont, dont l'obit fut célébré, le 1er mai, à N. D. du Val (Ms. lat. 5462, fol. 377) et le 28 avril au Bec (Ms. lat. 13905).

PUBLICATIONS DE LA SOCIÉTÉ HISTORIQUE DU VEXIN

CARTULAIRE

DE

L'ABBAYE DE SAINT-MARTIN

DE

PONTOISE

PUBLIÉ D'APRÈS LES DOCUMENTS INÉDITS

Par J. DEPOIN

Secrétaire général de la Société Historique du Vexin
Administrateur de la Société Historique de Corbeil
Membre de la Commission des Antiquités et des Arts de Seine-et-Oise
Officier de l'Instruction publique

CINQUIÈME FASCICULE

SUITE ET FIN DES APPENDICES GÉNÉALOGIQUES
RECTIFICATIONS ET CORRECTIONS

PONTOISE
SOCIÉTÉ HISTORIQUE DU VEXIN
52, RUE BASSE

1909

www.ingramcontent.com/pod-product-compliance
Lightning Source LLC
Chambersburg PA
CBHW052057090426
42739CB00010B/2215